应用导向·数智赋能·产教融合
——新商科人才培养与教学改革论文集

李伟　殷智红◎主编

经济日报出版社

北京

图书在版编目（CIP）数据

应用导向·数智赋能·产教融合：新商科人才培养与教学改革论文集 / 李伟，殷智红主编. -- 北京：经济日报出版社，2025.6. -- ISBN 978-7-5196-1576-5

Ⅰ.F7-4

中国国家版本馆CIP数据核字第2025RJ7032号

应用导向·数智赋能·产教融合——新商科人才培养与教学改革论文集
YINGYONG DAOXIANG · SHUZHI FUNENG · CHANJIAO RONGHE——XINSHANGKE RENCAI PEIYANG YU JIAOXUE GAIGE LUNWENJI

李　伟　殷智红　主编

出版发行：	经济日报出版社
地　　址：	北京市西城区白纸坊东街2号院6号楼
邮　　编：	100054
经　　销：	全国各地新华书店
印　　刷：	三河市国英印务有限公司
开　　本：	710mm×1000mm　1/16
印　　张：	21.25
字　　数：	299千字
版　　次：	2025年6月第1版
印　　次：	2025年6月第1次
定　　价：	88.00元

本社网址：www.edpbook.com.cn　微信公众号：经济日报出版社
请选用正版图书，采购、销售盗版图书属违法行为
版权所有，盗版必究。本社法律顾问：北京天驰君泰律师事务所，张杰律师
举报信箱：zhangjie@tiantailaw.com　举报电话：(010) 63567684
本书如有印装质量问题，由我社事业发展中心负责调换，联系电话：(010) 63538621

目　录

教师发展篇

关于发展性教师评价的文献综述／姚　迪　牟　蘋 …………………… 3
产教融合背景下的"双师型"教师培养路径研究／陈道志　邓琦琦 …… 9

教学创新篇

"以学生为中心"的财务决策课程教学改革路径
　　探索／吴　霞　王彦芳 …………………………………………… 21
SPSS 相关课程教学研究文献综述／陈韶琼　殷智红 ………………… 30
基于视知觉理论探究新媒体视觉营销策划教学设计／杨俏村 ………… 42
经济学教学改革与思政育人实践研究／张苏雁　赵玉荣 ……………… 51
数智化背景下员工关系管理课程教学改革研究／杨　洁　王　梓 …… 60
新商科背景下人力资源管理课程教学改革探讨／覃永贞 ……………… 69

人才培养篇

商科新质人才的重要价值、典型特征与能力框架／李　伟 …………… 79
大学生对应用在线学习平台的态度及其对学习投入的影响研究
　　——以"云班课"教学平台为例／邱晓星　李　伟 ……………… 92

智能融合视角下电子商务应用型人才培养评价指标体系
　　构建研究／真莉莎　王　秦 …………………………………… 103
浅析乡村振兴背景下首都高校劳动教育／杨思雨　任　杰 ……… 114
大学生领导力建构路径研究
　　——以北京某高校学生会主席为个案／王莉方 ……………… 121
工商管理类专业学生数据素养评价指标体系构建研究／殷智红 … 140
人工智能背景下的市场营销专业学生个性化学习
　　探索／刘　军　王　梓 ………………………………………… 150
我国高校国际化办学模式的对比分析／李润华 …………………… 161
职教高考制度的价值意蕴、现实困境及推进
　　路径／刘旭东　赵玉荣 ………………………………………… 170

数智赋能篇

基于云班课平台的线上线下混合教学模式实践
　　研究／牟　蘋　姚　迪 ………………………………………… 183
基于雨课堂和 BOPPPS 模型的分层教学实践
　　——以专升本金融学课程为例／彭爱美　张　峰　赵玉荣 … 194
AIGC 赋能对会计专业教学改革的应用探索／邱　红　朱东星 … 207
由"授人以鱼"到"授人以渔"
　　——谈 AIGC 赋能教育对学习者问题解决能力的
　　　培养／邱　红　张　静 ……………………………………… 214
数智化背景下专升本会计学专业审计课程建设
　　研究／王彦芳　吴　霞 ………………………………………… 226
人工智能技术在高等职业教育教学中的应用研究／滕　曦 ……… 235
数智融合支持下统计学课程教学改革与实践／任　杰 …………… 241

学以致用篇

浅析网络红人小红书营销对大学生购物行为的影响分析 / 郭雅琼 …… 251

流动比率、速动比率指标的局限性及其改进 / 贾丽智　邱　红 ……… 273

我国企业海外并购提升了企业价值吗

——以 A 公司连续并购事件为例 / 刘方方 …………………… 281

控股股东股权质押与公司盈余管理 / 庞世明　张　谦 …………… 291

基于三权分置的数据资产确权研究：法律文书视角 / 王献东 ………… 304

短视频对哈尔滨冰雪旅游的影响因素分析 / 吴　霞　王彦芳 ……… 312

数字经济赋能低碳转型发展的路径研究 / 杨　博 ………………… 326

教师发展篇

关于发展性教师评价的文献综述

姚 迪[①] 牟 蘋[②]

摘 要 发展性教师评价是一种面向未来的新型教师评价体系。对每一位教师的评价都应是对其当前发展水平和特点、对工作的情感态度、当前工作条件和未来发展的完整且全面的评价。本文回顾了发展性教师评价的相关研究成果，深入探讨了教师评价在国内外的发展历程、国内的相关研究以及研究空白。主要结论如下：首先，对教师评价模式的研究过于集中，主要集中在奖惩性评价和发展性评价两种模式上，而对其他评价模式的研究相对较少；其次，对教师评价内容的研究参差不齐，更多的是关注课堂教学质量和科研评价，而对完整的教师评价体系的研究相对较少；最后，对教师评价体系存在的问题及对策的研究较多，而对教师评价体系构建的研究较少。

关键词 发展性教师评价 文献研究

一、引言

发展性教师评价是一种以教师专业发展为中心，强调发挥教师主体性的评价方式，希望通过评价促进教师的自我反思，达到提高教师自身专业

[①] 姚迪，北京联合大学应用科技学院教师。
[②] 牟蘋，管理学硕士，北京联合大学应用科技学院教师，主要研究方向为金融保险，通讯作者，E-mail：bytmoupin@ buu. edu. cn。

水平和学校教学质量的目的。这是一种面向未来的新型教师评价体系。对每一位教师的评价，应该是对其现有的发展水平和特点、对工作的情感态度、目前的工作状况、未来的发展等方面的完整且全面的评价。一个完整的教师评价体系包括评价的目的、评价所使用的规则和标准、评价的对象、评价的范围、评价的步骤和方法、评价的手段、参与评价的人员以及评价所提供的反馈信息等。本文从研究对象和研究内容两个方面对近十年来有关发展性教师评价的文献进行了综述。

二、国内外相关研究

（一）国外相关研究

"教师评价"这一概念最早出现于19世纪末20世纪初，是教师评价史上具有里程碑意义的事件，它改变了教师评价长期以来的自发状态，标志着正式的教师评价体系的形成。国外的教师评价经历了以下三个重要阶段。

1. 探索阶段

20世纪初，教师评价处于探索阶段，尚未形成完整的教师评价理论。这一时期的教师评价主要关注教师是否具备从事教育活动的能力和素质，评价依据主要来自管理者的主观印象，评价结果主观性强、模糊性大。20世纪50年代，教师评价体系正式形成。

2. 以奖惩为基础的评价阶段

从20世纪50年代到70年代末，主要实行以美国为代表的奖惩评价。该制度是一种评价方式，对教师的工作成果进行评价，进而做出解聘、晋升、加薪等决定，主要目的是加强教师的绩效管理，为管理者决策提供依据。由于经费和晋升岗位有限，不能保证所有优秀教师都得到奖励，也不能保证所有不合格教师都受到惩罚。由于奖惩力度有限，没有达到预期的效果。另外，考核奖惩与教师的个人利益直接挂钩，如果考核结果得不到有效利用，很容易挫伤教师的工作积极性。

3. 以发展评估为基础的阶段

20世纪80年代以来，以英国为首的发展性评价受到广泛欢迎。作为一种形成性评价，其目的不在于做出奖惩决定，而在于促进教师的专业发展，实现教师个人与学校发展的双赢。在英国，《学校质量报告》于1985年出版，其中提出了一种新的教师评价体系——发展性教师评价体系（DTAS）。这种教师评价体系的特点是奖惩分离，从教师的需要出发，帮助教师改进行为，促进教师的专业发展。结论证明，发展性教师评价制度在教师评价制度改革方面取得了实质性的进展，提高了教师的专业水平体系。20世纪80年代末，英国逐渐摒弃了传统的教师评价体系，推广使用发展性教师评价。20世纪90年代，以美国加利福尼亚州为首的许多州和学区打破了统一的评价标准，重视教师的个性发展和自主参与意识，提高教师的自我参与和自我评价能力。

（二）国内相关研究

本文以中国知网（CNKI）为检索平台，以教师发展性评价为关键词。通过检索近十年相关文献，共获得962篇文章。随后对这些文章进行了梳理归纳和总结。

从图1可知，近十年"发展性教师评价"相关研究的文献数量整体呈现先升后降的趋势。2015年是该领域研究的高峰期，文献数量达到最高点，超过100篇。此后，研究数量逐渐减少，尤其是在2017年，出现了明显的下降。尽管在2018年有所回升，但总体研究热度未能回到2015年的水平。

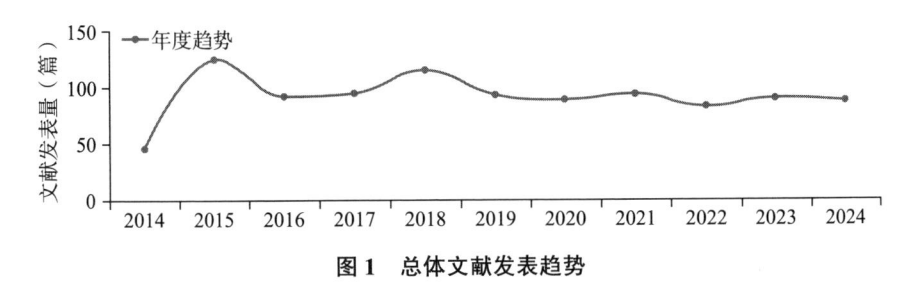

图1 总体文献发表趋势

围绕"发展性教师评价"的研究主要集中在"教师评价""教师专业发展""发展性评价"等主题上，其中与"教师评价"主题相关的文献数量最多，达到 109 篇（见图 2）。其他较为热门的主题包括"教师专业发展"和"发展性评价"，分别有 86 篇和 75 篇文献。可以看出，这些主题都是与教师的职业发展和评价方法密切相关的领域。

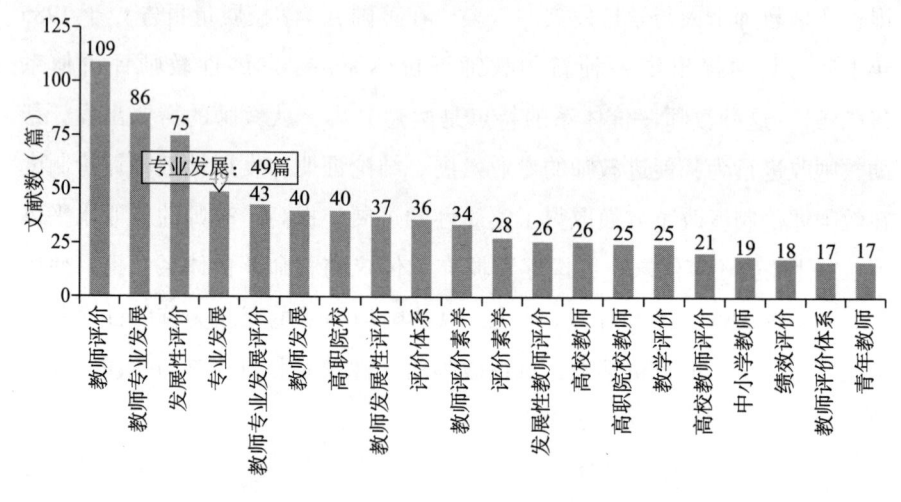

图 2　主要主题分布图

从中国学术界的研究发现，中国的发展性教师评价主要有以下三个特点。

1. 教师评价理论研究

这类研究数量最多，争议也最大。例如，杨建云、王卓的《论我国发展性教师评价的实质》认为，中国的发展性教师评价不同于其他形式的评价，它不再是教师管理的手段，本质上是对教师的一种专业指导，通过教师评价调动教师的发展积极性，促进教师的专业发展。朱秀娟的《奖惩性教师评价与发展性教师评价的整合研究》认为，既不宜拘泥于奖惩性评价，也不宜拘泥于发展性评价，应对两种教师评价进行优化整合，构建更全面、更科学的教师评价体系才是最佳途径。

2. 关于教师评价内容的研究

这类研究更具实用性，值得特别关注。叶爱英和颜辉盛的《国内发展性评价研究综述》一文采用内容分析法，对国内期刊上发表的发展性评价文献和优秀硕士论文进行了综述，从文献数量、文献来源、文献研究类型等方面进行了定量统计分析。他们的研究为读者提供了更多启示。这类研究具有很强的现实意义。

3. 教师评价方法研究

王萍的《高校教师绩效管理及教师评价方法研究——评〈教师评价指标体系的国际比较研究〉》一文对国内外有关教师评价指标体系的文献进行了定性和定量分析，并详细介绍了中国台湾、中国香港地区教师评价体系的指标，首次翻译介绍了美国、芬兰等国家高校教师评价的指标，对我国教师评价方法的改进和完善具有重要的参考意义。

(三) 研究差距

近年来，关于发展性教师评价体系的研究成果较多，为本研究奠定了坚实的理论基础，也启发了研究思路。通过文献研究发现，目前的研究主要存在以下两方面问题。

一方面，教师评价模式研究趋于集中。对教师评价模式的研究主要集中在奖惩性评价和发展性评价两种模式上，或个别研究，或两者比较，学界对这两种评价模式褒贬不一，各执一词。

另一方面，对教师评价内容的研究参差不齐。对教师教学评价，特别是课堂教学质量评价的研究较多，其次是对教师评价方法和指标的研究，而对完整的教师评价体系的研究相对较少，对科研评价的研究最少。

三、结论

本文结合中国知网上检索的文献，从国内外教师评价的发展历程、国内相关研究和研究空白三个方面对教师评价进行了深入探讨。在国外，教师评价已从早期的奖惩性评价逐步转向以教师专业发展为核心的过程性评价，其中以英国和美国的教师评价制度为代表。在国内研究方面，学者对教师评价的理论、内容和方法进行了广泛的探索，但同时也存在一些问题。

过去十年内"发展性教师评价"领域的研究呈现出先上升后下降的趋势，表明该领域在一段时间内受到广泛关注，但近几年有所降温。主要研究集中在"教师评价""教师专业发展"以及"发展性评价"等核心主题上,显示出研究者对教师评价方式及其对教师职业发展的影响的高度重视。尽管近年来文献数量有所减少,但研究的多样性仍在不断扩大,这些趋势表明,未来该领域会继续深化对具体评价方法和其对教师发展的影响的研究。总之,构建科学、合理、完善的教师评价体系是我国教育改革的一项重要任务,为我国教师队伍建设提供了有力保障,促进了教育事业的健康发展。

参考文献

[1] 任丹颖. 基于知识图谱的我国教师评价研究热点分析 [J]. 教育科学研究, 2019 (5): 84-91.

[2] 秦生龙, 李闽. 高职院校教师工作评价机制的构建 [J]. 中国职业技术教育, 2018 (4): 85-88.

[3] 陈淑维. 高职院校教师专业发展评价制度构建策略 [J]. 中国职业技术教育, 2017 (35): 91-95.

[4] 蒋飞, 冯婷婷. 对"双一流"建设指导下高校教师评价体系的思考 [J]. 上海教育研究与评估, 2019 (4): 35-38, 60.

[5] 郝世文, 饶从满. 美国教师评价改革:学生学习目标法的运用及警示 [J]. 外国教育研究, 2019 (10): 3-14.

[6] 李超. 美国中小学教师评价改革的实践经验及启示——以马萨诸塞州为例 [J]. 教育导刊, 2019 (5): 90-96.

[7] 刘志飞. 日本教师评价及其标准研究:内容、问题与启示 [J]. 国际公关, 2019 (10): 248-249.

[8] 杨建云, 王卓. 论我国发展性教师评价的实质 [J]. 教育科学, 2005 (1): 14-16.

[9] 牟金保. 我国教师专业发展评价研究:现状、热点及趋势 [J]. 西藏民族大学学报(哲学社会科学版), 2020 (2): 146-152.

[10] 曾文茜, 罗生全. 国外中小学教师核心素养的价值分析 [J]. 外国中小学教育, 2017 (7): 9-16.

产教融合背景下的"双师型"教师培养路径研究[①]

陈道志[②]　邓琦琦[③]

摘　要　在经济全球化和技术革新的推动下，社会对应用型人才的需求不断增长，这对应用型本科院校的教育模式和人才培养质量提出了新的挑战。本研究聚焦于产教融合背景下"双师型"教师的培养路径，旨在探索如何通过结合产业界的实际需求来提升教师的实践教学能力和学生的职业技能水平。通过文献综述、专家访谈和案例分析，本研究识别了"双师型"教师培养的关键成功因素，包括深度的校企合作、师资队伍结构的优化、评价与激励机制的建立以及教师专业发展的清晰路径。研究结果表明，这些因素对于提高教师的教学质量和学生的就业竞争力具有显著影响。本研究为应用型本科院校提供了实践指导和政策建议，以促进教育与产业的深度融合，培养符合新时代要求的"双师型"教师。

关键词　产教融合　"双师型"教师　教师培养

在当前经济全球化和技术快速发展的背景下，社会对高等教育的需求

---

① 基金项目：2022年高等教育科学研究规划课题重大课题"职业教育本科'双师型'教师标准与培养模式研究"（项目编号：22GDJY0109）。课题主持人：陈道志。
② 陈道志，博士，北京联合大学副教授，研究方向为电子商务与高等教育。
③ 邓琦琦，硕士研究生，首都体育学院教务处助理研究员，研究方向为高等教育教学管理。

正发生深刻变化。应用型本科院校作为培养应用型人才的重要基地,面临着教育模式创新和人才培养质量提升的双重挑战。在这一过程中,"双师型"教师,即同时具备深厚的理论知识和丰富的实践经验的教师,对于提高教学质量、增强学生实践能力和创新精神具有至关重要的作用。产教融合作为一种教育改革策略,通过将产业界的实际需求与教育体系紧密结合,为"双师型"教师的培养提供了新的路径和机遇。随着产业结构的升级和经济结构的转型,社会对应用型人才的需求日益增长。应用型本科院校在培养这类人才方面具有独特的优势,但也面临着教师实践能力不足、教学内容与产业需求脱节等问题。传统的教师培养模式已难以满足现代教育的发展需求,亟须探索新的教师培养路径。产教融合背景下的"双师型"教师培养,不仅能够提升教师的实践教学能力,还能够促进教育内容与产业需求的有效对接,对于提高应用型本科院校的人才培养质量具有重要的现实意义。

本研究旨在探讨产教融合背景下应用型本科院校"双师型"教师的培养路径,以期为应用型本科院校教师培养提供理论指导和实践参考。研究主要解决以下问题:产教融合对"双师型"教师培养有何影响?应用型本科院校在"双师型"教师培养方面面临哪些挑战?如何构建有效的"双师型"教师培养机制?通过回答这些问题,本研究希望能够为应用型本科院校的教师培养提供新的思路和方法。

一、文献回顾

在探讨产教融合背景下"双师型"教师培养路径的研究中,已有众多学者对此进行了深入的探讨和分析。本部分将对相关文献进行综述,以奠定研究的理论基础。

(一)产教融合的概念和发展历程

产教融合是指教育与产业深度结合,形成协同育人的模式。这一概念在近年来得到了广泛关注,其目的是通过教育与产业的紧密结合,提高教育的实践性和针对性,培养更符合市场需求的人才(李丹,2018)。产教融合的发展历程表明，随着经济的发展和产业的升级，教育体系必须适应这种变化，以培养出能够满足新经济需求的人才（古翠凤、喻晶晶，2018；马慧莲，2019）。

（二）"双师型"教师的定义和特征

"双师型"教师是指既具有扎实的理论知识，又具备丰富的实践经验，能够在教学中将理论与实践相结合的教师。这类教师通常具有企业工作经历，能够将最新的行业知识和技术动态带入课堂，提高教学的实用性和前瞻性（张坤哲，2019）。

（三）国内外"双师型"教师培养现状

在国际上，许多职业教育发达的国家已经形成了较为成熟的"双师型"教师培养体系。例如，德国的"双元制"教育模式，就是通过学校和企业的紧密合作，共同培养具有"双师"素质的教师（林佳，2020；钟迪、金碧辉，2020）。在国内，随着职业教育改革的不断深入，越来越多的应用型本科院校开始重视"双师型"教师的培养，但仍然面临着诸多挑战，如校企合作机制不健全、教师实践能力不足等问题（郭雪，2021；刘兆义等，2022）。

尽管已有研究对"双师型"教师的培养进行了广泛的探讨，但在产教融合背景下，如何构建有效的"双师型"教师培养路径，仍然是一个值得深入研究的问题。本研究的创新点在于，结合当前产教融合的新形势，探讨适应新时代要求的"双师型"教师培养模式，以期为应用型本科院校提供可行的培养策略。通过上述文献综述，本研究将在现有研究的基础上，进一步探讨产教融合背景下"双师型"教师培养的路径和策略，以期为应用型本科院校的教师培养提供新的视角和方法。

二、产教融合背景下"双师型"教师培养案例分析

随着产业界的变革和教育需求的升级，传统的教师培养模式受到前所未有的挑战。为了应对这一挑战，越来越多的教育机构开始探索与产业界

的深度合作，以期培养出能够适应现代教育和产业发展需求的"双师型"教师。在这样的背景下，本研究选取了一系列具有代表性的案例，这些案例不仅涵盖了不同地区、不同类型院校的实践，也包括了多样化的产教融合模式和策略。通过对这些案例的深入分析，希望揭示产教融合在"双师型"教师培养中的有效做法，探讨这些做法如何促进教师专业技能水平和教学能力的提升，以及如何通过校企合作实现教育资源的优化配置。

（一）案例选择

案例选择基于以下标准：（1）明确的产教融合实践；（2）"双师型"教师培养的创新策略；（3）可量化的教师和学生发展成果。选择的案例包括国内外不同地区和领域的教育机构，以确保分析的广泛性和代表性。

（二）案例描述与成效分析

基于以上案例选择标准，笔者选择了三个案例，因为未经该校同意，所以采用字母代号来替代该校名。三个案例背景、实施策略及成效分析见表1。

表1 案例描述与成效分析

案例名称	背景	实施策略	成效分析
X应用科技大学的校企合作模式	X应用科技大学，位于中国南方，以工程技术教育为特色	该校与本地制造业巨头建立合作伙伴关系，共同开发课程，邀请企业工程师参与教学，为学生提供实习机会	合作模式强化了教师的实践技能，提高了学生就业率，并为企业带来了创新解决方案。成效的取得得益于校企双方的紧密协作和资源共享
Y大学的"双师型"教师认证体系	Y大学，位于中国北方的一所二本院校，专注于应用型人才的培养	该院校建立了一套"双师型"教师认证体系，要求教师完成企业实践、教学能力评估和行业认证	认证体系的实施显著提升了教师的专业技能水平和教学水平，同时提高了学生的满意度。这一成效归因于明确的认证标准和对教师专业成长的持续支持

续表

案例名称	背景	实施策略	成效分析
Z大学的产学研一体化平台	Z大学，位于中国西部，是一所注重科研与教学相结合的综合性大学	大学建立了产学研一体化平台，鼓励教师参与企业研发项目，同时为学生提供参与实际项目的机会	平台的建立促进了教师科研成果转化，增强了学生的创新能力和实践技能。这一成效得益于跨学科合作和产学研的深度融合

（三）案例讨论与启示

在对X应用科技大学、Y大学和Z大学三个案例的深入分析中，本研究识别了产教融合背景下"双师型"教师培养成功的关键因素主要有三点。

1. 深度融合

成功案例均体现了教育与产业的深度融合。这种融合不仅体现在课程内容和教学方法上，也体现在教师与企业之间的紧密合作。通过校企合作，教师能够及时了解行业最新动态，将实际工作经验融入教学中，从而提升教学的实践性和针对性。

2. 明确的目标与评估体系

明确的培养目标和评估体系是保证教师培养质量的关键。案例中的院校通过建立具体的评估标准和认证体系，为教师的专业发展提供了清晰的方向和目标。这种目标导向的培养模式有助于教师持续提升自身的教学和实践能力。

3. 政策与资源支持

政策的支持和资源的充足为"双师型"教师培养奠定了坚实的基础。案例中的院校通过政策引导和资源投入，为教师提供了参与企业实践、进修学习和学术交流的机会，从而促进了教师的专业成长。

通过对案例进一步分析，我们可以看到产教融合在"双师型"教师培养中发挥了重要作用。将理论知识与实践技能相结合的教师培养模式有助于教师在教学中更好地衔接理论与实践，提高教学的实效性和针对性。持续改进和适应行业变化是培养"双师型"教师的关键。校企合作的成功实施需要政府、学校、企业、教师以及学生的共同参与和努力。只有多方协同合作，才能实现教育资源的最大化利用和教育目标的高效达成。

三、产教融合背景下的"双师型"教师培养路径

根据对产教融合背景下"双师型"教师培养的成功实践案例进行分析，结合文献综述、专家访谈等研究方法，详细梳理"双师型"教师培养的现状、挑战和有效策略后，笔者得出以下"双师型"教师培养路径。

（一）深化校企合作的策略

研究过程中，通过分析国内外成功的校企合作案例，本研究认识到校企合作是"双师型"教师培养的关键。有效的策略包括以下三个方面。

1. 建立校企共同参与的教师培养机制，确保教师培养与企业需求同步。

2. 设立企业实践基地，为教师提供定期的企业实习和实践机会。

3. 与企业共同开发课程和教学项目，使教学内容与企业技术发展保持一致。

这些策略的提出基于对行业需求的深入理解和对教师角色的重新定位，旨在通过实践提升教师的专业技能水平和教学能力。

（二）师资队伍结构的优化

在研究过程中，通过对现有师资队伍的分析和对未来教育需求的预测，本研究指出优化师资队伍结构的必要性。优化措施包括以下三个方面。

1. 引进具有行业背景的专业人士，丰富教师队伍的实践经验。

2. 鼓励教师跨学科合作，以适应产教融合和技术交叉的趋势。

3. 建立教师发展计划，包括进修、访学和学术交流等内容，提升教师的学术水平和教学能力。

这些措施的提出旨在构建一个多元化、动态发展的师资队伍，以更好地适应教育和产业的发展需求。

（三）评价与激励机制的建立

本研究通过问卷调查和访谈教师的方式，发现现行的评价和激励机制在一定程度上限制了教师的发展潜力。因此，提出如下建议。

1. 建立以教学质量和产业实践能力为导向的教师评价体系。

2. 实施绩效工资和职称晋升制度，将教师的实践教学成果和产教融合贡献作为重要评价指标。

3. 提供专业发展奖励，如教学创新奖、产学研合作奖等，以激励教师积极参与产教融合活动。

这些机制的建立基于对教师动机和行为的深入分析，目的是激发教师的内在动力，促进其专业成长。

（四）教师专业发展的路径

本研究通过跟踪教师的职业发展路径，发现为"双师型"教师设计清晰的专业发展路径至关重要。建议的路径包括以下三个方面。

1. 设立教师职业发展平台，提供职业规划指导和继续教育资源。

2. 鼓励教师参与行业认证和技能竞赛，提升个人职业资格和技能水平。

3. 支持教师参与产学研项目，通过项目实践提升研究和创新能力。

这些路径的提出基于对教师职业发展需求的深入洞察，目的是为教师提供持续发展的机会和平台。

四、结论与建议

（一）研究结论

本研究通过文献综述、专家访谈、案例分析等方法，对产教融合背景下"双师型"教师培养路径进行了深入探讨。研究结果表明：一是，校企合作是"双师型"教师培养的核心，通过共同开发课程、提供实习机会和参与教学项目，可以有效提升教师的实践教学能力；二是，优化师资队伍结构，包括引进具有行业背景的教师、鼓励跨学科合作和建立教师发展计划，对于构建多元化和动态发展的教师队伍至关重要；三是，建立以教学质量和产业实践能力为导向的评价体系，以及实施绩效工资和职称晋升制度，对于激励教师积极参与产教融合活动具有重要作用；四是，为"双师型"教师设计清晰的专业发展路径，包括设立职业发展平台、鼓励参与行业认证和技能竞赛，以及支持参与产学研项目，有助于教师的持续专业成长。

（二）政策建议

基于研究结论，本研究提出以下政策建议：一是政府应出台更多支持性政策，鼓励校企合作，为"双师型"教师培养提供政策和资金支持；二是教育部门应与行业企业合作，共同制定"双师型"教师培养标准和认证体系，确保教师培养质量；三是应用型本科院校应加强与企业的合作，建立长效合作机制，为教师提供更多的实践机会和资源；四是学校应建立和完善教师评价与激励机制，将教师的实践教学成果和产教融合贡献纳入评价体系。

本研究虽然提供了"双师型"教师培养的路径和策略，但也存在一定的局限性。例如，研究样本主要来自特定区域的应用型本科院校，无法完全代表所有类型和地区的院校。此外，研究主要关注教师培养的短期效果，对于长期影响的评估不足。未来的研究可以进一步探讨不同地区和类型院校"双师型"教师培养的差异化策略，以及培养效果的长期追踪评估。同时，可以深入研究校企合作的长效机制和教师专业发展支持体系的构建。

参考文献

[1] 古翠凤，喻晶晶. 产教融合背景下"双师双能型"教师团队建设［J］. 集美大学学报（教育科学版），2018，19（06）：10-14.

[2] 李丹. 产教融合背景下"双师型"师资队伍建设研究［J］. 前沿，2018，415（05）：39-45.

[3] 马慧莲. 产教融合背景下高校"双师型"教师培养路径研究［J］. 黑龙江教

育学院学报,2019,38(06):25-27.

[4]张坤哲.基于产教融合的应用型高校"双师型"师资队伍建设探究[J].科技风,2019,399(31):247.

[5]林佳.产教融合视域下电商专业"双师型"教师队伍建设探究[J].经济研究导刊,2020,444(22):103-105.

[6]郭雪.基于产教融合的应用技术型高校双师型教师队伍建设[J].中外企业家,2020,674(12):177.

[7]钟迪,金碧辉.基于产教融合的"双师型"教师团队培养方式研究[J].黑龙江教师发展学院学报,2020,39(05):40-42.

[8]刘兆义,洪敏,杨海潇.产教融合视域下高水平"双师型"教师队伍建设路径探索[J].武汉冶金管理干部学院学报,2022,32(01):42-44.

教学创新篇

"以学生为中心"的财务决策课程教学改革路径探索[①]

吴 霞[②] 王彦芳[③]

摘 要 在"以学生为中心"的教学理念指导下,针对会计学专业财务决策综合实践课程面临的教学挑战,提出了一系列教学改革措施。分析了人工智能技术对会计人才培养的影响、遗忘曲线和知识迁移能力对高层次思维能力形成的影响等问题。在此基础上,提出了财务决策课程建设的路径探索,统筹规划课程建设、构建基于岗位分工的课程内容体系、建设线上线下教学资源平台、改革线上线下混合教学模式,以及改进课程质量和效果评价模式。该教学方法通过将理论知识与实际案例相结合,激发学生的学习兴趣,培养学生的实践能力和创新思维,有效提升了学生的综合素质和专业技能。

关键词 以学生为中心 教学改革 财务决策

自20世纪中叶罗杰斯提出以学生为中心的教学观点以来,教育模式经历了显著的转变。特别是1998年联合国教科文组织在巴黎召开的世界高等

[①] 基金项目:北京联合大学2023年教改项目"以学生为中心的财务决策综合实践课程混合式教学改革与实践"研究成果(项目编号:JJ2023Y050)。
[②] 吴霞,副教授,硕士研究生导师,研究方向:财务管理、职业技术教育研究。
[③] 王彦芳,讲师,研究方向为审计实务,通讯作者,Email: buuwyf@163.com。

教育大会宣言中，明确提出了高等教育需要转向以学生为中心的新视角和新模式。2020年11月教育部发布的《新文科建设宣言》中明确提出"坚持学生中心、坚持产出导向、坚持持续改进，构建中国特色的文科教育质量保障体系，建设文科特色质量文化"。"以学生为中心"的教学改革已成为我国教育教学改革的主要方向之一。

在教学改革中，教学内容和课程体系一直是改革的核心、重点和难点，教学内容要有差异化和层次化，以便为学生提供个性化学习教学资源。也可借力现代化技术手段，重塑课程教学内容，激发学生学习兴趣。通过技术手段打通线上和线下、虚拟和现实学习场景，形成线上线下融合的学习情境，实现了"课前—课中—课后"全过程的互动和反馈，满足学生个性化学习需求，以学生为中心，实现个性化教学与服务的新样态。

财务决策综合实践课程是会计学专业开设的一门集理论基础和职业实践于一体的实践训练必修课程，课程4个学分，96学时，属于会计学专业课程体系中实践技能训练课程群的重要组成部分，课程内容涵盖会计核算、税务、运营、资金、决策等专业基础知识。财务决策课程中的各个知识被应用到不同实例中时，都具有一定的特定性、差异性和复杂性。这门课程主要培养学生灵活应用知识、推导新知识、广泛迁移知识的能力。

一、课程主要教学问题

财务决策综合实践课程的培养目标是培养学生灵活的会计基础知识应用能力，发展财务管理、经营决策等高层次思维能力，形成自律自主学习能力以及友好合作沟通能力。在实际教学过程中发现存在以下问题。

（一）人工智能技术影响会计人才培养变革

人工智能的发展带来了会计人员的分野，初级的、重复性的、程序性的会计工作将逐步被人工智能替代。市场对同时具备会计和人工智能专业知识的多学科交叉复合型人才的需求较高。人工智能对会计学专业人才培养产生深远影响。目前我所在的学院会计学专业人才培养方案仍停留在企业财务 ERP3.0 的基础上，智能财会 4.0 引入课程还在探索阶段。

(二) 遗忘曲线和知识迁移能力会影响高层次思维能力形成

德国心理学家艾宾浩斯研究发现学习遗忘是有规律的，属于正常现象。在教学中教师应用基础知识解决案例问题时，学生常常有恍然大悟的表现，这都是知识遗忘的表现，遗忘曲线影响着学生知识迁移能力的形成。会计学专业基础课程中也设置有实训课程，基于操作技能的实践学习虽然有利于深化学生对基础知识的认知，但对学生知识迁移能力培养的效果不明显。教学中发现学生的共性问题是知识迁移能力不足，在学习新知识技能时，不能与已有知识相结合，现在学习的与已经掌握的知识技能不能很好地融合，而是形成各自存在，或互不影响的简单知识、技能的叠加。理论和现实都证明学生的高层次思维能力，即知识迁移能力、问题解决能力、创造性思维等还有待加强。

(三) 思想观念偏差和指导赛事工作量较高会影响参赛率

财务决策课程所依托的教学平台每年都举行全国性学科竞赛，但学生参赛率不高。究其原因，其一，该项竞赛还没有纳入学校竞赛白名单；其二，学生参赛对日常学习会有影响，尤其是专升本只有两年学制，期间还要花费大量的时间准备考公考研，学生在主观上不愿意参加学科竞赛；其三，从组织参赛来看，竞赛队伍的选拔、竞赛梯队的培育以及赛前培训等直接影响参赛队伍的竞争力，而会计专升本学生在校期间短，很难形成新老队员传帮带的效果，教师指导赛项工作量大。

基于以上原因，财务决策课程改革的关键是做好课程内容调整和优化，引入新的教学技术，为学生提供线上线下混合学习资源，将实践教学和理论教学有机融合在一起。

二、财务决策课程建设的路径探索

(一) 统筹规划，强化课程建设顶层设计

作为实践类课程，在教学中把企业请进课堂，通过"专业技能需求分析、课程与技能关联关系分析、学习指导与推荐"三个不同层次的校企协同分析,构建的分层式、阶段化课程内容体系,充分融合了企业生产、管理及决策等职业性内容,使课程更具系统性和前沿性;以岗位分工和团队合作的形式组织教学,培养学生的职业素质,将竞赛引入课堂,激发学生的拼搏精神和团队合作精神;教师在整个项目中不仅要关注课程本身的建设,还要考虑课程内容对学生的适用性。坚持"以学生为中心"实施针对性教学,使"教"围绕"学",变"讲师"为"导师"。将学科知识隐含在解决问题的过程中,让学科知识服务于解决实际问题,鼓励学生利用线上教学资源自主学习,在"导—学—教—评"过程中,不断激发学生学习积极性、主动性。图1介绍了财务决策综合实训课程建设整体思路。

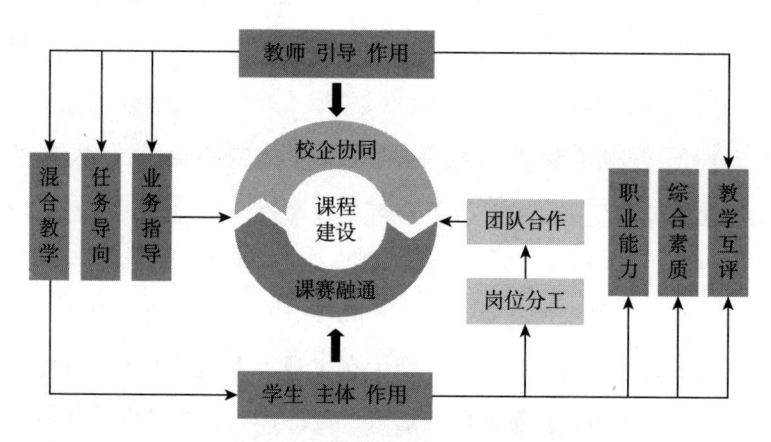

图1 财务决策综合实训课程建设整体思路

(二)构建基于岗位分工、任务导向的"一线、二真、三融、四岗"课程内容体系

根据该课程的建设理念、教学目标以及智能财务的需求,在课程内容选取上主要考虑企业最常见的会计岗位需要,以会计职业能力培养为基本出发点,以提升学生综合职业能力为最终目标。可将其概括为"一线""二真""三融""四岗"。

"一线"即以思政引领高层次会计职业能力培养为主线,依照智能财务需求的业财税融合流程来构建本课程的教学内容。

"二真"即职场环境真、业务处理真。职场环境以制造业企业为背景，业财税一体化全场景融入教学，形成浓厚的职场氛围；课程设计的经济业务和资料都来自企业，各种票证都采用现行财政、税务、银行等部门统一要求的规范票证。

"三融"即以学生为中心，教师为引导，将知识、技能、素质融于一体，最大限度地涵盖会计专业的主干课程内容；将理论与实践融为一体，实施线上线下混合教学模式；将教、学、赛融于一体，让学生在学中做，做中学。

"四岗"即按照有关规定和会计实际工作情况，将会计职业分解为资金管理岗、成本会计岗、运营管理岗、财务主管岗四个典型岗位，设置对应的任务，学生分岗位进行实际操作，并定期进行岗位轮换。具体如图2所示。

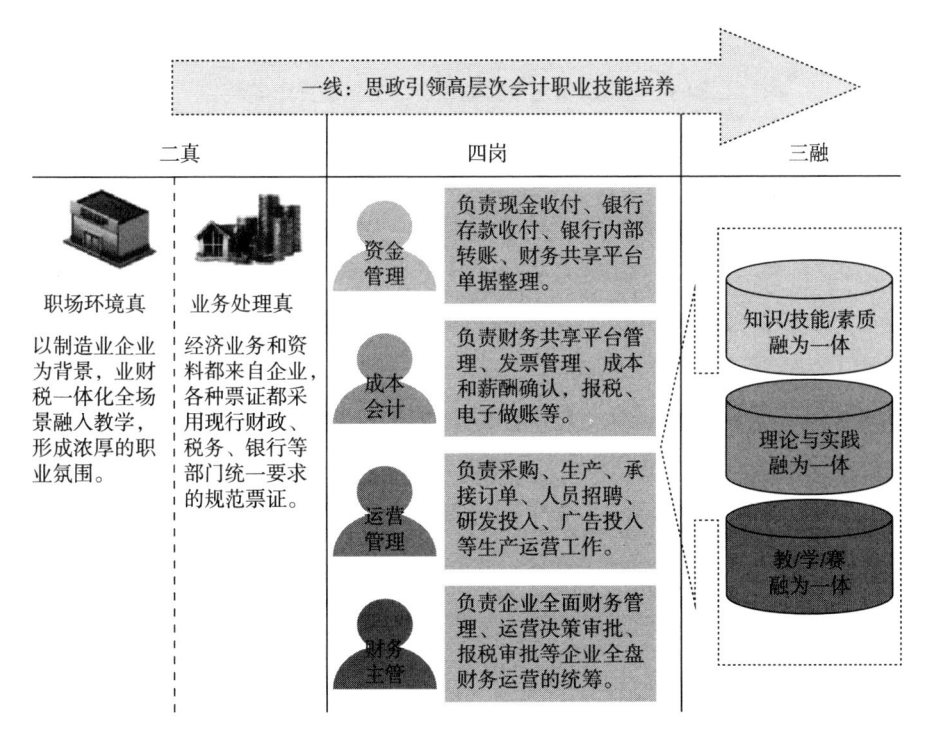

图2 财务决策综合实训课程内容体系

（三）建设线上线下教学资源平台

在明确会计职业岗位的最新能力需求、准确定位本课程教学目标后，对混合式教学内容进行反向设计，继而进行线上教学资源的建设。线上教学资源包括微视频、基础知识资源库、线上自主讨论答疑系统、各项教学文本等数字化资源的制作、整合和优化，如图3所示。

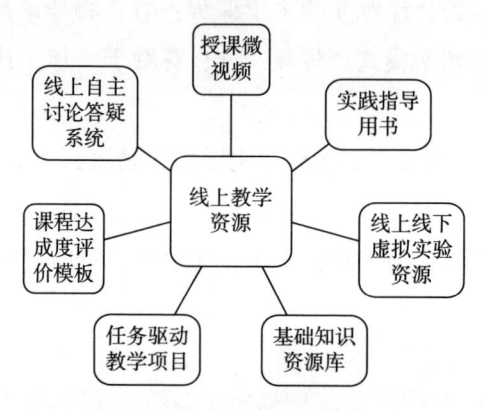

图3 财务决策综合实训课程线上教学资源体系

依据新文科课程建设的要求，整合优化线下教学资源。在教案、教学实施等环节中充分挖掘能促使学生主动学习的任务，让教师的被动教变成学生的主动学。首先，以会计学专业毕业要求为导向将课程内容重组优化为财务决策的经营分析、成本分析、研发分析和财务共享四个模块，充分挖掘财务决策中的典型案例并有机融入教学中。将大学生创新创业大赛、财务决策大赛等比赛内容用以充实教学资源。其次，教学设计中引入课内讨论、抢答及分组研讨、综合分析财务和运营相关问题等内容。最后，逐渐淘汰认知型、演示型实验内容，更新综合型、设计型的开放性实践任务。在实践任务中融入财务共享、业财法税一体化操作，使学生在实践中能了解和掌握一定的先进软件操作技能，提升综合分析、动手、创新操作和沟通等能力，也提升了课程的高阶性、创新性和挑战度。

（四）线上线下混合教学模式改革

以学生为中心的教学中，教师作为引导者与学生之间构成了一种认知师徒关系，即学生像专家那样在解决实际问题的过程中建构知识，将专家在解决实际问题中所用的情境化的思维过程和策略展示开来。基于"以学生为中心，混合式教学模式"实施教学，如图4所示。课前组织学生自主学习线上资源并自测理论知识，自拟模块的难点和重点以备上课讨论。课中教师精讲任务中涉及的重点难点问题，设置创新案例，通过师生互动、生生互动、学生课内赛复盘展示、教师点评、师生讨论和质疑等方式培养学生的综合分析财务决策问题的能力、职业素质和价值观。课后，学生通过线上知识点回顾、总结、互动讨论提升高层次思维能力。

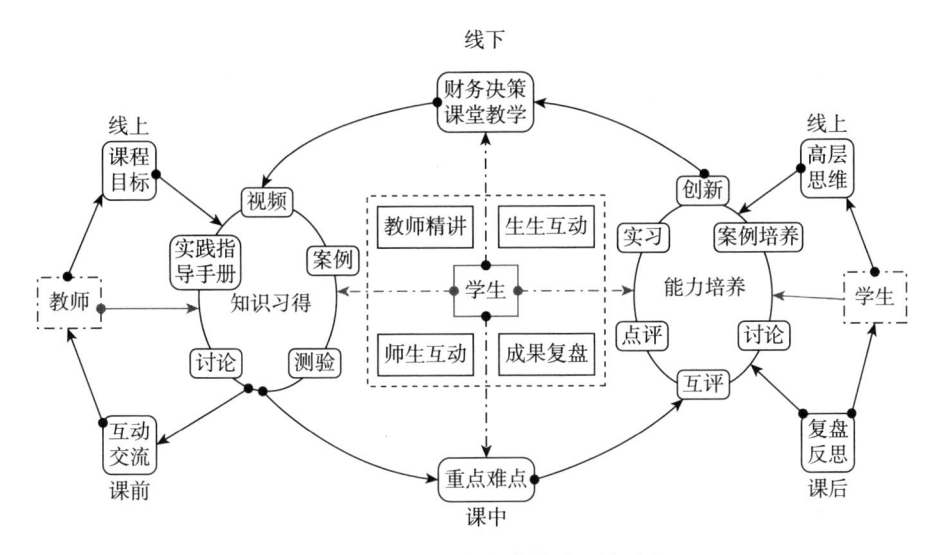

图4 线上线下混合教学模式实施过程

（五）课程质量和效果评价模式改进

课程采用过程性考核，通过多维度考核方式全面考查各教学环节中学生对课程目标的掌握情况。包括出勤考核（10%）、过程考核（30%）、课内赛（30%）和团队成果汇报（20%）和实训总结（10%）五部分构成，如图5所示。在各教学环节评价中突出体现"以学生为中心"和积极应用信息技术的教学理念，在线上平台采用分组讨论、师生互评的方式综合评价学生的基础知识、团队合作能力和问题分析能力。突出学生线上讨论、互问、答疑能力，与线下教学相结合以提升学生的思辨能力和思维高阶性。

图5 财务决策综合实训课程考核方式

为提升教学质量，实现课程建设闭环管理，在课程的最后一课上由学生对课程教学内容、教学方式、教师表现进行评价并提出改进建议。教师收集信息后针对集中出现的问题进行反思和讨论，对下一轮教学实施细节进行修订，形成教学闭环，实现螺旋上升。

三、结语

随着财务决策综合实践课程的不断优化与深入实施，课程组在教学模式、知识点、实践项目、考核内容和方法等方面进行了一系列的创新与改革。这些改革举措旨在实现以学生发展为中心、以学生学习为中心、以学习效果为中心的教学理念，从而促进学生综合素质的全面提升。

在课程实施过程中，课程组构建了"理论引导—项目教学—岗位实践"的教学模式，这一模式有效地将理论知识与实践技能相结合，使学生在理解财务决策理论的同时，能够通过实际案例的分析与解决，进一步深化对知识的理解和应用。学生通过参与项目，不仅掌握了财务决策的核心技能，而且能够在实践中发现问题、分析问题并提出解决方案，这一过程极大地激发了学生的学习兴趣和主动性。

通过对教学内容的精心设计和实践项目的不断优化，学生得以在真实的财务决策环境中锻炼和提升自己的能力。课程组鼓励学生自主组队、规划项目任务，并利用所学的理论知识指导项目实施，这一过程不仅转变了学生的学习方式，也消除了学生在学习过程中的困惑，使他们更加明确学习的目的和方法。

此外，课程组还注重对学生学习效果的全面考核，通过多元化的考核方式，如团队合作、项目展示、案例分析等，全面评价学生的学习成果。这种考核方式不仅考查了学生的专业知识，也考查了他们的团队协作能力、创新思维能力和问题解决能力。财务决策综合实践课程的改革与实践不仅提高了学生的学习积极性和主动性，而且有效地促进了学生综合素质的提升。

参考文献

［1］周远清．努力提高高教研究的质量和水平，为繁荣高等教育科学做出新贡献［J］．大学（研究与评价），2007（1）．

［2］胡志超，王云超，冯薇，等．"以学生为中心"的工科混合式教学课程设计探索与实践［J］．高教学刊，2023（2）．

［3］吴艳阳，黄婕，潘鹤林．化工原理课程思政教学改革与实践［J］．化学教育（中英文），2023（2）．

［4］姚婉清，佘能芳．BOPPPS教学模式的教学设计要素分析及案例设计［J］．化学教育（中英文），2022（18）．

［5］舒伟，曹健，王华，等．我国会计本科人才培养的现状、挑战及对策［J］．会计研究，2021（8）．

［6］胡俊南，杜思远，王振涛，等．大数据时代多学科交叉复合型会计人才培养研究［J］．财会通讯，2022（7）．

［7］刘丽华，孙翠香，关志伟．专创融合视域下高职院校创客教育实践路径［J］．中国职业技术教育，2022（35）．

SPSS 相关课程教学研究文献综述[①]

陈韶琼[②]　殷智红[③]

摘　要　自与 SPSS 软件相关的数据分析课程开设以来，与教学相关的研究也越来越多，内容主要集中在 SPSS 数据分析教学的经验总结和案例探讨、SPSS 软件在其他学科或课程中的应用、SPSS 数据分析相关课程的思政教育、SPSS 数据分析课程改革的宏观思考四个方面。SPSS 数据分析相关课程的教学研究还有很大的发挥空间。本文旨在从教学经验成果、存在问题和建议、思政教学的探索三个方面对这些文献做一个梳理，为 SPSS 数据分析课程的教学研究做一点贡献。

关键词　SPSS 软件　数据分析　教学研究　文献综述

当下，互联网、大数据、云计算、人工智能、区块链等技术日新月异，已全面融入人类社会各个领域，而数据作为新技术的核心，其重要性不言而喻，甚至可以说"得数据者得天下"。数字经济已成为全球新一轮科技革命和产业变革的新引擎。2024 年 7 月全球数字经济大会发布的资料显示，2023 年，美中德日韩 5 个国家的数字经济总量已超过 33 万亿美元，

---

① 基金项目：2023 年北京联合大学教育教学研究与改革项目——面向数字经济的工商管理类专业数据素养培育课程内容优化研究（项目编号：JJ2023Z007）。

② 陈韶琼，硕士，讲师，研究方向：数据分析教学。

③ 殷智红，副教授，工商管理专业，主要研究方向为职业教育。通讯作者，Email：yykjtzhihong@buu.edu.cn。

同比增长超 8%。从 2018 年 8 月提出第一个国家层面的数字经济整体战略《数字经济发展战略纲要》，到 2021 年的《"十四五"数字经济发展规划》提出数字经济是继农业经济、工业经济之后的主要经济形态，再到近年来一系列政策进一步在各个领域对数字经济做了更详细的解释，我国政府对数字经济的重视程度与日俱增。

在这样的时代背景下，培养高素质应用型数据分析人才也迫在眉睫。除了统计学、数理统计等一系列理论课程以外，将数据分析软件引入数据分析的传统课堂已成为教学新趋势，SPSS 软件是其中的重要分支。SPSS 软件广泛应用于自然科学、技术科学、社会科学的各个领域中，是世界上最流行、应用最广泛的专业统计分析软件。它界面简单、适用性强，即使是编程和统计的非专业人员也可以使用；兼容性好，可处理 Excel、SQL Server、Access、文本等各种形式的数据，可输出成常用的 Word、HTML、Excel、PDF、PPT 等各种文件；涵盖了数据分析的整个流程和绝大多数的统计方法，具有丰富的图形演示系统。

自与 SPSS 软件相关的数据分析课程开设以来，与教学相关的研究也越来越多，内容主要集中在 SPSS 数据分析教学案例探讨和经验总结、SPSS 软件在其他学科或课程中的应用、SPSS 数据分析相关课程的思政教育、SPSS 数据分析课程改革的宏观思考等方面，研究成果全为期刊论文，没有学位论文及图书等更系统的形式，由此可见，SPSS 软件与数据分析相结合的教学研究还有很大的发挥空间。本文旨在从教学经验成果、存在问题和建议、思政教学的探索三个方面对这些文献做一个梳理，为 SPSS 数据分析课程的教学研究做一点贡献。

一、教学经验成果

（一）教学内容

杨清清等在教学实践中有意识地把学生为主体和教师为主导的实验教学理念相结合，教学内容分为讲授、实验、实践三大模块，其中实验和实践模块占课程的大部分时间，着重培养学生的动手能力；把基础理论知识和实际问题相结合，设计了"时间分配研究""消费现状调查""人际关系影响因素"三个与学生生活密切相关的主题，让学生完成从设计调查方案和调查问卷，到搜集数据、运用 SPSS 进行数据分析并对结果进行分析，最后撰写"基于 SPSS 的统计实践报告"，并通过 PPT 向全体同学汇报实践成果和心得这一整套的实践环节。调查显示 90%的同学认为该实验课程有助于将统计学理论知识和管理问题相结合，64.5%的同学认为通过团队式学习有助于锻炼团队协作能力和沟通能力，51.3% 的同学认为课程将对其马上要进行的毕业设计有很大的帮助，29.5%的同学认为实践课程有助于其真正接触社会以及锻炼口头表达能力和总结能力。

段晓梅对 SPSS 软件和《市场调查与预测》结合课程的教学内容研究颇有启发性。内容分为讲授和操作两大模块。讲授模块分为描述统计应用模式（即 SPSS 基本描述性统计、SPSS 的频次分析、SPSS 的交叉分析）、假设检验应用模式（用 SPSS 软件去估算市场调查问卷样本数据的可靠性，涉及的分析过程是 SPSS 的均值分析和 SPSS 的方差分析）、量表分析应用模式（用 SPSS 软件去分析市场调查问卷各个变量之间的内在联系，涉及的分析过程包括 SPSS 的相关分析、SPSS 的回归分析、SPSS 的因子分析、SPSS 的聚类分析、SPSS 的判别分析）三个部分。操作模块分为实验选题的确定、与选题相关的问卷设计与问卷调查、问卷的 SPSS 数据编码录入与分析、分析报告撰写和报告汇报四个部分。

张军成等基于行动导向教学法，将教学内容分为四个模块。描述性行动导向教学模块侧重培养学生对样本的构成比例、数据的平均水平和分布范围等进行统计分析、结果呈现和管理应用的能力；该模块知识要点包括频率描述、交叉表、描述性统计和图形制作等。探索性行动导向教学模块侧重培养学生对样本和数据的内在特点以及两组数据的潜在关联进行统计分析、结果应用的能力；该模块知识要点主要包括主成分分析、探索性因子分析、聚类分析和典型相关分析等。检验性行动导向教学模块侧重培养学生对变量数据的群体差异、相关性和因果关系进行统计检验及结果应用的能力；该模块知识要点主要包括平均值比较、相关分析和回归分析等。

预测性行动导向教学模块旨在培养学生根据统计分析模型对数据的发展变化做出预测并指导管理实践的综合能力；该模块主要体现在对探索性和检验性行动导向教学模块相应分析结果的进一步应用。

(二) 教学方法

郭晓晶等按照"问题分析—方法选择—软件实现—结果解释"的思路，在SPSS软件教学视频的制作上取得了突出的成果。录制教师首先以实例问题导入，分析问题应采用的统计方法，帮助学生回顾知识；其次演示SPSS软件对该统计方法的实现过程、参数的设置及结果的编辑（如统计图）等，并根据SPSS结果进行问题的解释，解决实例中的问题；最后总结所讲授的主要内容，统计方法的SPSS实现过程。该系列视频在之后的传统课堂教学和翻转课堂教学中都受到了学生的欢迎。调查结果显示，传统课堂的自修课教学中15人（50%）自愿观看了全部或大部分视频，且27人（90%）认为视频的内容能够满足学习的需求。翻转课堂教学中，所有学生观看了教学视频且均认为非常有用，13人（86.7%）认为与传统授课模式相比，以教学视频为主的翻转课堂学习效率更高，能够更好地掌握教学内容。

王沛沛详细分析了案例驱动法结合任务驱动法在SPSS统计教学中的应用。该教学法分五步来实现：第一步，通过创造情境提出案例，教师应尽力将完整的知识体系结合时事热点融入案例中；第二步，学生以讨论小组为单位，在教师的引导下分析案例并提出需要解决的问题；第三步，教师提供解决案例问题和完成任务的思路，演示具体操作；第四步，学生完成案例操作后，教师引导学生小组间讨论或师生互动讨论，举一反三，灵活多变地将知识运用到更多的情境中；第五步，教师总结案例或引导学生自行总结，复习相关知识点，以学生能独立完成新的任务为目标。

卢曲琴等通过各项考核指标和问卷调查，分别分析了案例教学法和任务驱动模式在教学实践中的效果，使用了案例教学法的实验组在期末理论和实习考试中，平均成绩均高于对照组（$P<0.05$），调查问卷的11个方面中，实验组在其中6个方面认同度高于对照组（$P<0.05$）。使用了任务驱

动模式的实验组在理论课及实习课的期末考试中，平均成绩均高于对照组（$P<0.05$）。

姜忠鹤等把全国市场调查与分析大赛引入教学当中，实现"教、赛、学一体化"的人才培养创新模式，教学内容从教、赛、学三个层面进行思考和探索，将学科竞赛融入教学全过程，将教学过程分为讲、练、写、答、赛五个阶段，在小组分组、课程论文和答辩方面一定程度上模拟了全国市场调查与分析大赛的形式，学生可以把完善后的课程论文作为参赛作品。

王瑜等总结了将"大学生创新创业项目"引入教学的创新模式，学生以小组为单位申请项目，项目成果到大四可以转变为毕业论文。学生带着项目和任务，在指导教师的指导下，完成从框架及问卷设计→数据收集→整理和录入→统计分析→项目结题报告→毕业论文撰写→论文答辩→毕业的过程，实践表明，该模式下学生的项目成果和毕业论文质量均得到大幅提高。

（三）考核方式

叶向的研究提出了融传统考试、综合能力考查、课程综合实践于一体的多元化考核方式。考核分为三部分：平时分阶段实践报告（占50%）、期末综合报告（占40%）、综合报告互评（占10%）。平时分阶段实践报告主要针对课程进度分阶段让学生撰写实践报告，由助教评分，教师核查。期末综合报告则是通过整理前期各阶段的调查分析成果（如统计报告、统计图表等），撰写针对整个项目的综合报告（包括调查项目简介、方法、结果与分析、小结等），由学生根据作品互评分，教师和助教核查。综合报告互评通过学生分组实现，每组有评者和被评者，采用投票方式对期末综合报告进行互评，成绩（作品的评分）根据得票多少计算（如计算公式为基础分70分，每票计2分），而综合报告互评成绩（评他人准确度分）根据投中准确率计算（如计算公式为基础分70分，投中相应的作品，每票相应地计3、6、9分）。

蔡洁等采用SPOC教学模式的教学实践中，重视过程的多元化评价体系也具有借鉴意义。这一评价体系包括：平时实验成绩与课堂表现（25%）、机试（40%）为主，并辅之以综合实训（35%）的形式，以此检验学生的软件应用水平以及运用统计方法解决实际问题的能力。平时实验成绩与课堂表现主要包括学生课前在线测试、课堂参与程度、课后实验等完成情况；机试部分采用湖南大学信息学院杨圣洪教授开发的通用教学作业管理平台。该平台的主要功能包括：题库管理、作业管理、测试管理、考试管理、主观题评阅、任务统计及教学班级管理等。其中考试可以采用自动阅卷的方式，亦可以采用人工阅卷的方式；综合实训则由实训教学过程中四个阶段的成果，以及学生自评、互评和教师评价的有效结合构成，具体为：开题（20%）、问卷设计与数据采集（20%）、数据分析检查成绩（20%）、结题报告和答辩（40%）。

二、存在的问题和建议

（一）存在的问题

从教学结果来看，当下 SPSS 应用相关的课程教学实践仍存在很多问题。

首先，学生对分析结果解读困难，看不出分析结果的错误所在。究其原因还是在于学生统计学基础知识薄弱，只知道机械模仿老师的操作，并不懂分析方法背后的原理。造成这一现象的原因一是课时受限，从大部分案例来看，当前 SPSS 相关课程普遍存在课时不够的情况，老师为了完成教学任务，对分析方法的原理不能进行充分讲解；二是受多方因素影响，很多学生缺乏学习动力和兴趣，即使有心在课外自学，也会因为理解的困难而放弃。

其次，学生对 SPSS 软件的操作不熟练，不能在复杂的情境中综合应用。造成这一现象的原因一是练习不够，有的学校硬件设施缺乏，机房电脑不够，学生没有充足的操作实践空间；二是由于课时不够，教师在课上重点讲解理论，对实操部分演示一带而过，没有给学生留出足够时间练习；三是因为学生人数太多，老师无法一对一地充分指导，学生在实操过程中遇到错误不知道如何解决，课下独立完成练习更是难上加难，继而导致放弃。

最后，很多学生对各种分析方法的理解停留在表面，没有深入探究每个分析方法的适用条件，对综合性的案例束手无策。这就导致学生在做每章课后习题时，知道分析方法是本章所讲解的知识点，通过翻阅资料很容易就把题做出来，但一旦到了考试中遇到的只有题目，没有章节知识点提示，便出现一学就会、一考就废的现象。这一方面固然受限于课时不够，老师不能给学生提供更多的综合案例进行演练；另一方面也存在因为教师自身水平不够，无法提供真实的实践案例供学生参考；此外，缺乏通俗易懂、兼具基础案例和综合案例的教材也是重要原因。

（二）提出的建议

张润芝针对学生理论基础薄弱、教师对实践教学的忽视、成熟的课程教材缺乏等问题，提出了以下建议：首先，通俗地讲解理论，重点介绍"用软件去实现的具体条件，以及如何去检验所得出结论的正确与否"；其次，采取PBL（基于问题的学习法）形式组织课堂教学，以学生为主角，在教师的指导下，围绕着问题情境，学生以小组合作的方式共同解决实际或真实的问题；再次，提交综合案例或社会调查报告取代期末考试，以提高学生的综合应用能力；最后，鼓励教师建设微信学习群有效指导学生学习。

袁迎春从课堂之外的角度提出了自己的见解：首先，为发挥大学生参与课堂教学的主观能动性，应当重视对大学生需求的评估，且评估应当贯穿整个课程教学的始终；其次，针对学生不知道如何选择合适的分析方法以及如何解释分析的结果等问题，强调教师应当选择注重统计原理与菜单操作相结合的教学方法和教材，并在考核方式中提高实践部分的比例；最后，强调在硬资源方面，加强基础设施如机房的建设，软资源上通过培训和引进专业人才，建立素质过硬的教师队伍。

康晓欢针对教师缺乏工作经验、学生缺乏统计学知识、数据资料缺乏连贯性等问题，鼓励授课教师申请去企业相关岗位挂职锻炼，建议学校在课程安排上将统计学等理论课程作为 SPSS 相关实践课程的先修课,建议教师自行搜集与本专业相关度较高的案例和数据,或组织学生进行搜集和整理。

叶平芳针对教师重操作轻原理的现象,首先建议提高理论课时占比,理论和实验学时各占一半。其次,应该着重讲解每种统计技术的适用情境和结果解读,老师讲解要"接地气",注意结合日常生活中的现象和例子,充分地将理论知识运用于实践中。最后,针对实验环节习题缺乏数据分析的"真实感"和"实战感"的问题,建议采用项目式教学,让学生以小组的形式按选题、设计调查问卷、收集数据、分析数据的流程解决实际问题,并将最终的研究报告作为期末考核的依据。

马娟通过对翻转课堂教学的实践进行分析总结,提倡在课前为学生提供教学视频、PPT、案例及数据等教学资源,充分发挥学生的自主性,解决学生基础和学习能力不均衡、课时量不足等长期存在的难题。

赵慧琴等则立足于大数据时代的背景,针对教师科研项目和实践案例(尤其是大数据案例)缺乏,实验内容训练的侧重点与大数据时代的实际工作中的侧重点不一致,软硬件配置不够先进、不能满足大数据的需求,对学生收集数据(尤其是大数据)的能力培养不够,学生对大数据处理结果不能很好地分析解释等问题提出了以下建议。首先,教师在教学的过程中要多选取现今的一些公司企业的案例,尤其是关于大数据的案例,比如涉及中国移动、中国联通、淘宝网等有海量数据的案例分析。其次,教学内容要与大数据时代的实际工作紧密结合,调整实验内容讲解和训练的学时数。增加主成分分析和时间序列分析的学时,回归分析增加一些模型预测的训练,非参数检验由于实际用得并不多,可适当减少学时。再次,提高数据分析的软硬件配置,满足大数据分析的需求。硬件上,内存的容量要足够大,能够容纳海量数据;软件上,要有较新版本的 SPSS 软件,版本越高,功能越多,越符合大数据分析的需要。然后,为了提高学生自主学习能力,改革搜集实验数据的手段。一方面,让学生从国内外优秀教材、各类统计年鉴、市场调查资料中搜集统计分析资料,提高学生统计资料的获取、筛选能力；另一方面，通过中国知网数据库，查阅相关经济管理类专业文章，找出文章中有用的数据。最后，教师在上课过程中，要边讲统计方法理论边讲具体应用，有些是应用在软件操作的过程中，有些是应用在数据分析运行结果中。

李昌俊等强调新文科的教学内容应能够为学习者提供整合性的知识以解决各种真实问题，打散课程结构，优选课程内容，重构课程体系，创造性地提出了"343"教学模式，系统性地解决了文科背景的学生在 SPSS 相关课程学习中遇到的种种问题。情知模块中的"知行合一"策略弱化了统计学公式的运算在学生认知中的重要性，能极大提高学生的学习积极性；"认知结构"策略则简化了统计推断过程，帮助学生快速建立关于各种统计分析方法的知识大框架，有效解决学生不知道什么情况下用什么分析方法的难题。该研究总结的"统计推断的认知结构图"和"主要推断统计逻辑的文字描述"可作为教学的重要参考资料。

此外，李保林等提出了从经管类前沿成果、最新论文、统计年鉴等资料中搜集案例和案例数据，建设经管类专业案例库的建议。王美霞等精选的主要教学内容包括 SPSS 文件建立、描述性统计分析、参数检验、相关分析、回归分析、聚类分析、方差分析、因子分析等，这些教学内容与经济管理实验有非常紧密的联系。

三、思政教学的探索

郑珊珊等总结教学实践经验，提出从八个方面体现思政元素。①通过介绍各种分析方法的发现过程和统计学者的生平，学生了解到成功不是一朝一夕的事情，需要大量时间和经验的积累，所以必须坚持不断学习才能有所成就。②通过聚焦行业典型案例，学生体会到数据分析解决实际企业问题带来的社会价值。③大数据背景下数据安全问题尤其突出，教师在平时的教学中应强调在数据分析时增强安全意识。④通过不同数据分析方法得出不同结论，强调学生应学会辩证思维。⑤数据错误或分析结果错误会给企业带来损失，强调学生要有严谨的态度。⑥引导学生在统计调查过程中实事求是，在撰写调查报告过程中不出假数，遵守数据分析人员的职业道德。⑦根据调查数据撰写调查报告时，引导学生透过现象看本质，强化实践能力和创新能力，培养耐心细致的工作作风和严肃认真的工作态度。⑧问卷设计与展开统计调查过程中，培养学生具备团队协作的优良品质。

付远辉等通过对授课学生发放的调查问卷了解学生对课程思政的认知和接受度，结果显示，学生认可课程教学中实施的思政教育，62.7%的学生认为可通过播放纪录片等影视资料增强课程思政效果；51.2%的学生认为应将课程思政案例有效融入课程知识点的讲述中，避免出现课程思政案例与课程知识点的割裂现象；20.9%的学生认为课程思政案例的选择应与时俱进，尽可能选择大家熟知的公众人物。

刘玉飞等在教学实践的每个模块中见缝插针地融入了课程思政元素。在对SPSS软件的介绍和数据的预处理模块中，通过梳理统计分析软件在中国的发展历程，培养学生的文化自信；通过讲解SPSS数据分析的基本步骤，学生明白做事应尊重事物发展的客观规律；通过对比SPSS数据文件与学生以往接触的数据文件的结构不同，培养学生的思辨能力；通过讲解不进行数据预处理就直接分析会带来的分析结果偏误，培养学生严谨的思维方式和治学态度。在基本描述统计和假设检验模块中，通过对基本描述统计案例的讲解，培养学生的专业直觉，同时注重解放思想，敢于质疑和修正自己的观点，培养科学精神；通过假设检验的教学，培养学生大胆创新、勇于求证的治学态度。在相关分析、回归分析、聚类分析以及因子分析等模块中，通过相关分析的案例紧扣经济高质量发展、国内国际双循环、产业升级等主题，培养学生的家国情怀和大局意识；通过回归分析的讲解和实操，培养学生的探索钻研精神；通过聚类分析的案例讲解，使学生体会中国传统文化中关于"物以类聚、人以群分"的含义，树立正确的社交价值观；通过讲解因子分析的原理，学生学会在纷繁复杂的因素中归纳总结找出问题的本质，培养学生解决实际问题的能力。

参考文献

[1] 杨清清，郭滕达，廖良才.《SPSS应用实践》实验课程教学研究[J]. 当代

教育理论与实践，2012，4（08）：108-110.

[2] 段晓梅．基于SPSS软件的《市场调查与预测》实验课程教学研究[J]．教育教学论坛，2014（09）：58-60.

[3] 张军成，叶钰莹，林芷茵，等．行动导向教学法在"SPSS软件应用"本科课程中的应用[J]．科教导刊（下旬），2019（15）：110-111.

[4] 郭晓晶，吴骋，赵艳芳，等．SPSS统计软件教学视频的制作、应用及效果评价[J]．中国医学教育技术，2017，31（05）：528-531.

[5] 王沛沛．案例驱动法在SPSS统计软件教学中的应用[J]．教育现代化，2020，7（23）：80-83.

[6] 卢曲琴，刘勇，郑辉烈，等．案例教学模式在SPSS统计软件实习课教学中的启示[J]．中国卫生统计，2020，37（05）：761-763.

[7] 卢曲琴，刘勇，郑辉烈，等．SPSS统计软件实习课中实施任务驱动教学方式的效果分析[J]．中国高等医学教育，2020（02）：96-97.

[8] 姜忠鹤，闫杰．独立学院"SPSS软件应用"课程改革探索——以河海大学文天学院经济管理系为例[J]．沈阳大学学报（社会科学版），2018，20（03）：345-349.

[9] 王瑜，麦海娟．高校经管类专业《统计软件SPSS》课程教学模式改革研究[J]．统计与管理，2015（10）：12-13.

[10] 叶向．公共计算机教学改革中"SPSS应用"课程综合实践研究[J]．工业和信息化教育，2019（02）：75-78+83.

[11] 蔡洁，蔡宇辉，刘智明．以计算思维为导向的SPSS课程教学实践研究[J]．创新创业理论研究与实践，2021，4（03）：64-66.

[12] 张润芝．"SPSS统计分析软件与应用"课程教学的困境与提升途径——以内蒙古师范大学经济学院为例[J]．内蒙古师范大学学报（教育科学版），2019，32（02）：104-107.

[13] 袁迎春．《SPSS统计软件应用》课程的教学实践与改革思考[J]．科技风，2021（02）：37-39.

[14] 康晓欢．《统计分析与SPSS应用》实验课程的教学总结与反思[J]．大众标准化，2020（03）：81-82.

[15] 叶平芳．SPSS课程教学中存在的问题与对策思考[J]．新西部，2020（18）：

167-168.

[16] 马娟. 翻转课堂模式在《SPSS 统计软件应用》教学中的实践探索［J］. 高教学刊, 2018（03）：108-110.

[17] 赵慧琴, 刘金山. 基于大数据时代的《数据处理技术与 SPSS》实验课程的教学改革与探讨［J］. 电子世界, 2016（21）：30-31.

[18] 李昌俊, 贾巨才. 新文科背景下 SPSS 统计课的"343"教学模式探究［J］. 黑龙江教育（理论与实践）, 2024（03）：42-46.

[19] 李保林, 杨丽华. 经管类专业《SPSS 统计软件应用》实践课程改革研究［J］. 科技创业月刊, 2016, 29（23）：63-65.

[20] 王美霞, 王永明. 经济管理类专业 SPSS 软件实验教学改革研究［J］. 北方经贸, 2013（06）：129-130+133.

[21] 郑珊珊, 杨林. "SPSS 统计软件应用"课程混合式教学改革研究［J］. 科技风, 2022（28）：125-127.

[22] 付远辉, 何金生. "统计学方法选择及 SPSS 实现"思政内涵挖掘［J］. 教育教学论坛, 2024（05）：165-168.

[23] 刘玉飞, 常晓坤. 商务统计软件实训（SPSS）课程思政教学设计与实践［J］. 试题与研究, 2021（17）：49-50.

基于视知觉理论探究新媒体视觉营销策划教学设计[①]

杨俏村[②]

摘 要 本文主要围绕世界美学大师阿恩海姆在《艺术与视知觉》中涉及的"力与平衡""色彩与光线"及"空间与图底"视知觉理论，展开新媒体视觉营销策划教学设计方案研究。通过将阿恩海姆理论与新媒体视觉营销策划中的图片情境化展现、文字形态设计等多模块相结合，实现由静态到动态、由不规则到整体和谐、由平面体现立体层次的互动效果的视觉呈现等，以达到视觉营销信息传达的良好效果，最终达到营销的目的。

关键词 新媒体营销策划 阿恩海姆 视知觉理论 视觉营销 美学

一、新媒体营销课程与视知觉理论

随着互联网的普及，从搜索引擎到论坛、博客，再到后来的微博、微信、知乎、小红书、抖音、短视频、直播等，形式多样，竞品频出。2021年10月9日，商务部、中央网信办、发展改革委三部门联合发布《"十四五"电子商务发展规划》，全面总结了"十三五"时期电子商务发展取得

[①] 基金项目：2024年中国人生科学学会"十四五"科研课题（课题编号：K1102024061044）。
基金项目：2025年北京联合大学教改项目——多模态理论视角下AIGC赋能新媒体营销课程教学创新研究（项目编号：JJ2025Y051）。
[②] 杨俏村，硕士，讲师，研究方向为新媒体营销、中日对比研究。

的显著成果，分析了"十四五"时期电子商务发展面临的机遇和挑战，明确了电子商务发展的指导思想、基本原则和发展目标，提出了电子商务发展的七大主要任务、23个专项行动和六条保障措施。"新媒体营销"课程设置顺应时代潮流，教学模式与时俱进，实训环节实现平台情景式、网络延展式等立体化设计，整体实现了理论与实践相结合的生态闭环。

鲁道夫·阿恩海姆（Rudolf Arnheim，1904—2007）是20世纪伟大的美学家、艺术心理学家，常被称为知觉美学的代表，主要研究人与视觉刺激的互动关系，将心理学的科学理论与艺术现实结合，为艺术心理学奠定了科学基础。在他撰写的《视觉思维》一书中，他以"视知觉"为核心概念，从心理学、物理学等多方面探讨了知觉与思维之间的联系和统一性，强调视觉具有思维的特质。"视知觉"一词也出现于阿恩海姆发表的《艺术与视知觉》（Art and Visual Perception）一书中。《艺术与视知觉》堪称格式塔心理学美学的扛鼎之作，此书在当代西方关于艺术和审美经验的知觉特性的研究著作中颇具盛名。阿恩海姆的视知觉理论以理性的认知手段对感性的艺术作品进行理解，以解释的概念对具象的内容进行了分解与剖析。

视知觉包括两个主要方面，即视觉接收与视觉认知。视知觉是指人类通过"视觉方式"对客观事物进行认知并获得知觉体验。有研究结果表明，人接收的信息70%来源于视觉，20%来源于听觉。可见，视觉是人类获取信息的重要来源。也有研究指出，视觉因素对销售的影响约占87%。

视觉营销是可视化的一种视觉体验，本文以视知觉理论为研究基础，立足于"视觉营销"（Visual Merchandising，VMD）视角，将视觉思维贯穿于新媒体视觉营销策划教学之中，力求从视觉维度、美学视野，对不同模块的教学策划展开探索性拓展。

二、国内外研究及改革现状

（一）新媒体营销教学研究

在中国知网检索主题为"新媒体营销"的相关文献，近五年的中文期刊文献共771篇；"新媒体营销"教学的相关文献，近五年累计109篇，占比较低。

刘维彬（2023）结合 C-ADDIE 模型探究新媒体营销课程教学设计与实践；朱秋伊（2022）研究新商科背景下新媒体营销人才培养路径，如跨界融合等；陈道志等（2022）基于 OBE-CDIO 模式研究新媒体营销课程教学创新方案；张云侠等（2021）基于 BOPPPS 模型探讨混合式教学实践；罗慧（2019）提出行动模块教学及建设品牌工作室等。

近五年国外有关"新媒体营销"的研究，如德米特里斯·弗龙蒂斯、詹保罗·巴西莱（2022），佘雅轩（2021），珍妮弗·L·麦克拉克伦（2020）等探究新媒体营销策略；严蔡发（2021）将新媒体营销与旅游发展结合；日本学者石田实（2021）阐释新媒体营销的个性设定等因素；托马斯·肯普（2020）分析新媒体营销的生物学监测；佩那尔·达斯等（2019）验证新媒体营销可行性分析；努阿福·弗莱迪等（2019）探讨新媒体与戏剧营销的结合。

纵观国内外研究，以新媒体营销教学为主题的研究文献很少，针对新媒体营销策划进行教学设计的研究文献极少。

（二）新媒体视觉营销教学研究

视觉营销是指通过视觉元素吸引消费者的注意力和兴趣，从而实现产品或服务的推销和营销活动。检索中国知网上与"视觉营销"相关的文献，近五年的中文期刊文献共 152 篇；"新媒体视觉营销"相关的文献仅 7 篇。

其中，与"视觉营销"教学相关的文献资料累计 39 篇。研究内容主要涉及基于项目推进课程改革应用、基于用户体验分析课程教学方法、探讨基于视觉营销的 CIS 设计课程方法、"3 阶 3 层 3 梯"培养模式、混合式教学改革与实践、基于岗课赛证通融的课程改革方案、PDCA 循环管理法在课程实践中的应用、图形创意在视觉营销设计中的表现及应用、结合课程实践诠释产学研协同模式新的可能性等。

以"新媒体视觉营销"为主题的研究文献颇少，研究内容主要涵盖：肖博等（2023）、巩立超（2023）、方亚君（2022）分析新媒体平台视觉营销策略；段兴禹（2021）、刘剂（2020）、袁娜（2019）分析新媒体视觉营销在品牌营销中的构建及应用。

国外关于视觉营销相关的文献，维拉尼·萨奇特拉等（2023），斯帕克·凯等（2021），加里·安杰尔（2020），阿卜杜勒穆塔拉布·易卜拉欣·亚当（2020），格拉迪斯·艾多妮·科尔多瓦等（2020），莫尼耶多·雷吉斯·克波萨等（2018）颇多学者分析商店或货品视觉营销与消费者购买行为之间的关系；阿迪蒂亚·尼尔瓦纳等（2023）系统综述数字环境下视觉营销的历史沿袭；比斯特·西达尔特等（2022）探讨视觉营销定位；金云杰等（2022）考察视觉营销视角下的零售业促销手段；萨达查尔·阿姆鲁特等（2021）阐述可持续视觉营销实践在零售店忠诚度中的作用；赵元英等（2020）研究消费者的视觉营销态度对感知价值和复购意向的影响；劳伦·I.拉布雷克（2020）结合色彩研究理论分析视觉营销。

（三）阿恩海姆视知觉理论研究

在中国知网检索主题与"阿恩海姆视知觉"理论相关的中文期刊文献，近五年文献共 20 篇。严波等（2024）、任之瀚等（2023）、李昊蓉（2023）、崔佳琪（2023）、郝妍（2023）、郑亮（2022）等众多学者从绘画、美术构图、建筑等角度展开美学理论与艺术的结合研究。少数学者从诗词、医学等角度探析美学与心理学的结合等。近五年在国外研究中，如奥古兹·迪尔马奇（2023）、李珍景（2019）基于视知觉理论分别从艺术绘画、建筑维度进行分析；也有些学者从理论本身出发进行深入挖掘或批判研究。综合国内外研究现状，将阿恩海姆视知觉理论应用于教学方面的研究中，仅有钟玉婷等（2021）应用于地理教学；薛川（2021）、解丹（2020）应用于艺术教学。将阿恩海姆视知觉理论与新媒体营销策划教学相结合的国内外研究文献很少。

聚焦"新媒体营销"主题的文献研究中，国内在新媒体营销策略分析、路径探索、现状及创新发展、案例分析等方面的研究占比显著；教学研究占比偏低，研究内容主要涵盖在线开放课程、混合式教学、基于行动导向教学法等方式的课程思政探索、模块化设计等课程建设、教学设计改革、OBE 理念应用、CBE 等教学模式、体验式教学创设、翻转课堂、微课制作、人才培养路径、教学问题及对策研究、文案写作、产教融合、数字化转型等。国外多立足于新媒体营销策略分析、实践与应用，或与其他学科的结合研究等。国内外关于新媒体营销策划教学方面的研究比例很小。

聚焦"视觉营销"主题的文献研究中，国内主要侧重视觉营销策略分析，视觉营销法在商品陈列、设计、包装、橱窗展示等领域的应用等；国外主要侧重视觉营销对消费者购买心理、行为、决策产生的作用及影响，以及视觉营销维度研究、视觉营销策略分析等。

综上所述，国内外侧重视觉营销教学的研究很少，强调在"新媒体"环境下进行视觉营销的研究更少，将视觉营销理念作为主线贯穿于新媒体营销策划教学设计中的研究极少；再则，基于"阿恩海姆视知觉理论"，从视觉营销维度设计新媒体营销策划教学过程并将心理学、美学与之相结合的研究更是少之又少。因此，本文将以此为切入点进行探究。

三、基于视知觉理论探究新媒体视觉营销策划教学设计方案

世界美学大师阿恩海姆在《艺术与视知觉》著作中提及力、平衡、形状、形式、发展、空间、色彩、光线、表现等视知觉理论。本文将主要围绕阿恩海姆在《艺术与视知觉》中涉及的"力与平衡""色彩与光线"及"空间与图底"视知觉理论展开新媒体视觉营销策划教学设计。

（一）"力与平衡"视知觉理论融入课程教学设计

"力"这一概念是贯穿阿恩海姆整个美学思想的轴线。阿恩海姆在对视觉艺术的构图分析中，着重研究了"力"与"平衡"两者对于构图的重要性，两者共同构造出和谐统一的艺术知觉形式。"力的结构"作为视觉对象的表现基础，可以使文字、图片、平面设计等静态的内容产生动态效果。阿恩海姆"力"理论的核心概念也被称为"具有倾向性的张力"。"平衡"在视知觉活动中离不开"力"的动态体现，是图式中各种隐藏"力"结构的最终表现。平衡是我们感知到的一种视觉样式的最终形态，也属于力的平衡，是各种隐藏力结构之间各种张力的平衡，是"力"的式

样的一种体现，也是物体之间的力由于相互抵消或相互支持而达到的一种平衡状态。

在视觉艺术中，"力"并非物理力，而是一种心理张力，通过视觉元素的布局、色彩、形状等产生；而"平衡"则是指这些元素在视觉上达到的一种和谐状态。在新媒体视觉营销策划教学设计中，融入"力与平衡"视知觉理论，将文字形态设计、文案版式设计、图片情境化展现、调研图表样式策划、品牌标签风格体现、平台或页面规划、动态效果图及视频创意创作等内容策划模块，和"张力倾向与偏离""平衡与对称""对比与统一""比例与尺度""动感力频闪式样"等理论结合，实现由静态到动态、由不规则到整体和谐的视觉呈现。视觉元素的图文是吸引受众注意、传递信息的关键，色彩设计、位置定夺等力与平衡的把握十分关键。

（二）"色彩与光线"视知觉理论融入课程教学设计

"色彩"是视觉中最直观、高效的要素，色彩的设计及情感心理的流露直接影响营销的效果。美国营销界有"七秒钟色彩"理论，这也是色彩营销学的重要理论之一。

"色彩与光线"是视觉系统中最活跃的因素，也是阿恩海姆视觉理论的重要组成部分。色彩与光线对设计有着不同程度的视觉张力表现。色彩能够表达情感，而光线也是表现事物和情感的一个重要途径，对光线的处理手法不同，如相对亮度、明度、光影等视觉分析的不同设计，最终呈现的事物样式及情感也是不同的。从显性、隐性的角度看，色彩是以更直接、更快捷的方式将情感直接诉诸视觉系统，从而获得感性的心理效应；而光线的变化和运用，则是间接地、较为隐晦地、颇具理性地表现情绪和心理。

在新媒体视觉营销策划教学设计中，融入"色彩与光线"视知觉理论，将文字形态设计、文案版式设计、图片情境化展现、调研图表样式策划、品牌标签风格体现、平台或页面规划、动态效果图及视频创意创作、社交媒体图像制作及网页设计等模块，与"主次与重心""节奏与韵律""视觉表现要素""视觉交互要素""商品色调与视觉体验"等理论结合，形成显性与隐性、外在表现与内在情感、感性与理性的不同维度的效果呈现，吸引受众，提升关注度，最终达到视觉营销信息得以传达的良好效果。

色彩学理论会影响到观赏者的情感反应和行为，使用暖色调可以激发消费者的积极情绪，使用冷色调能够传达专业和信任感。同时，光线可以影响视觉感知和图像的立体感，通过光线及阴影的正确运用能够增强视觉内容的吸引力，最终达到通过色彩及光线的结合来构建和强化品牌形象的效果。

营销者可以通过色彩和光线的变化引导观赏者的注意力，以提高互动率及转化率；也可以通过增加视觉元素，结合引人入胜的设计风格，更好地匹配受众兴趣及需求，以更有效地吸引消费者参与。

（三）"空间与图底"视知觉理论融入课程教学设计

阿恩海姆的空间理论主要强调在艺术方面，空间感的形成来源于人类的视觉角度对事物的选择性感知。空间的形成要素主要是点、线、面、体。"图底"关系和纵深度的各层次是阿恩海姆基本的空间理论。

空间的层次感、秩序感、空间张力带来的韵律感，可以使作品更具有灵活性及艺术性。阿恩海姆的"图底"理论指的是，营造一种由视觉可感知的空间张力。在具有一定配置的场内，有些对象突现出来形成图形（焦点），有些对象退居到衬托地位而成为背景（底）。空间与图底、光线、色彩、力与平衡，都是具备立体感效果的艺术表现。

在新媒体视觉营销策划教学设计中，融入"空间与图底"视知觉理论，将文字形态设计、文案版式设计、图片情境化展现、调研图表样式策划、品牌标签风格体现、平台或页面规划、动态效果图及视频创意创作等模块，与"点线面体要素设计""视觉焦点设计""留白与虚实""轮廓与框架""深度与浅度""中心与无限"等理论结合，形成平面与立体层次的互动效果、实虚交互的视觉效果、静止与富有张力的跳跃感、整体空间形态的饱满效果等，通过视觉冲击及空间审美最大化地呈现设计特色，突出差异、避免同质化，从而达到营销的目的。

四、研究意义与价值

本文将阿恩海姆视知觉理论与新媒体视觉营销策划教学设计相结合，具体展开为视觉文字及交互式视觉页面的创意设定、图片或视频设计的多维度呈现及情境化体现、留白或视错觉现象等空间视觉层次感打造、动静态光影或色彩情感等氛围营造等模块内容。通过视觉效果的生动表现形成多重感官刺激，更加直观地展现营销设计的美感，规避同质化现象，凭借符合视觉感官的审美形式吸引受众关注，以实现商品或服务的推广，提高消费者的购买意愿，提升商品销量及市场影响力。

在整体知识构建的过程中，基于视觉营销理念，结合心理学美学知识，辅以人工智能设计的运用等，可以有效激发学生的学习兴趣和动力，满足学生个性化的学习需求与差异化风格，提高学生的策划能力、设计创造能力，培养学生的视觉思维能力、审美能力、思辨能力、创新意识等，以达到综合能力与整体素质提升的目标。

参考文献

[1] 陆丹丹，王天鹏. 从视觉思维到设计思维——设计思维溯源研究 [J]. 设计，2023，36（07）：94-96.

[2] 郑亮. 从阿恩海姆视知觉理论出发谈珂勒惠支绘画中"力"的运用 [J]. 苏州工艺美术职业技术学院学报，2022（4）：69-72.

[3] 宋伟，王英. 基于信息交互性界面的听觉设计研究 [J]. 科协论坛（下半月），2008（05）：45.

[4] 陈蕾洁. 基于用户生成内容的视觉营销策略设计与实践 [J]. 营销界，2023（15）：5-7.

[5] 王阳. 视知觉美学视野下的书法艺术探析 [D]. 河南：郑州大学，2021.

[6] 胡小娜. 橱窗设计中的色彩应用研究 [J]. 西部皮革，2021（24）：86-87.

[7] 陈童，程欢，程婧婷. 基于知觉灵性互动的虚拟龙江剧数字动态色彩设计 [J]. 文艺评论，2010（06）：59-63.

[8] 张皓. 浅析阿恩海姆的空间理论及在建筑空间建构中的应用 [J]. 大众文艺，

2020（07）：115-116.

［9］雷磊. 阿恩海姆的空间理论在中式建筑中的体现和运用［J］. 美与时代（城市版），2019（11）：14-15.

［10］张芳. 大数据背景下探究视觉营销在电商运营中的应用［J］. 商场现代化，2022（01）：59-61.

［11］鲁道夫·阿恩海姆. 艺术与视知觉［M］. 滕守尧，译. 成都：四川人民出版社，2023.

［12］鲁道夫·阿恩海姆. 视觉思维［M］. 滕守尧，译. 成都：四川人民出版社，2023.

［13］库尔特·考夫卡. 格式塔心理学原理［M］. 李维，译. 北京：北京大学出版社，2020.

经济学教学改革与思政育人实践研究[①]

张苏雁[②]　赵玉荣[③]

摘　要　为了深刻认识我国经济社会发展取得的重大成绩，立足中国实践、扎根中国大地、讲好中国故事，经济学课程思政教学改革势在必行。本文对高校经济学课程思政教学改革的课程目标、教学内容、教学组织与实施、课程考核、教学课件等方面进行了整体的设计和实施，通过问卷调研和实证分析，发现学生在教师和课程维度整体满意度较高，思政教改取得了良好的效果，同时，针对课程内容和课程考核方面满意度差异较大的问题，提出改进措施，完善经济学课程思政建设，实现课程思政集"知识传授"和"价值引领"的有机统一。

关键词　经济学　课程思政　教学改革

一、经济学课程思政教学改革育人的设计思路

经济学是高校经管类专业的基础课程，在专业课程和专业人才培养方面起到了重要作用。在专业课程方面，通过学习和掌握经济学原理，为后续专业核心课程的学习打下坚实的理论和应用基础；在专业人才培养方

[①] 基金项目：北京联合大学教改项目"新文科建设背景下经济学课程思政教学创新与实践"（项目编号：JJ2024Q013）。
[②] 张苏雁，副教授，博士，硕士生导师，研究方向为科技政策。
[③] 赵玉荣，经济学博士，北京联合大学应用科技学院副教授、硕士生导师，研究方向为教育经济学、教育经济与管理。通讯作者，E-mail：yktyurong@buu.edu.cn。

面，培养学生具有分析和解释经济现象的能力，学以致用的经济学思维以及终身学习的职业能力。围绕这两方面的重要作用，我们将经济学的课程目标归纳为知识层、能力层和价值层三个层次（见图1），其中基因式融入了社会主义核心价值观。

知识层	掌握经济学基本理论知识、基本分析方法和工具，夯实经济学基础	富强	民主	文明	和谐
能力层	能够运用所学经济学知识、方法和工具对现实经济问题和现象做出分析评价，学以致用，培养经济学的思维	自由	平等	公正	法治
价值层	辩证认识西方经济学的两面性，结合中国经济实践讲好中国故事，充实经世济民的爱国情怀	爱国	敬业	诚信	友善

图1 经济学课程思政的育人目标

在教学实施过程中，将每节课分为案例导入、讲授新课和拓展应用三个阶段。在案例导入阶段，通过思政案例引导，设计合理的思政案例和任务，在授课前抓住学生的关注点；在讲授新课阶段，通过内容关联启发，注重举一反三，结合学生熟知的内容，启发学生对新内容的消化和应用；在拓展应用阶段，通过价值内化实践，结合时事热点，提出相关问题，让学生通过"做中学"拓宽视野，提升合作创新、持续学习的能力。

课程考核对应课程目标，涵盖态度、知识、能力等指标。通过分解考核指标，包括过程性考核和终结性考核。过程性考核指标包括出勤、线下课堂表现、线上课堂表现、作业、期中测试、小组展示等；终结性考核指标为期末考试。通过系统科学的思政育人体系构建，学生能够学以致用并对专业知识感兴趣，坚定自己的职业追求，提高对自我价值的认同，坚持中国特色社会主义道路自信、理论自信、制度自信、文化自信。

二、经济学课程思政案例

课程思政对于专业课教师来说就是"守好一段渠，种好责任田"，专业课程思政应该是水到渠成的事情，教师要做到这一点，必须建立在对专业课程内容的熟练掌握和运用自如之上，课程思政才能达到融盐入水、不着痕迹的效果，让学生接受起来更容易。

（一）以均衡价格案例引导学生辩证认识西方经济学的两面性，结合中国实际，讲好中国故事

通过将政府推出的一系列公租房举措作为案例，一方面引导学生探讨公租房的出现给工薪阶层带来的好处，另一方面，引出均衡价格受到供求的影响。在讲解供求具体的知识点时，结合关系民生的时事新闻和政策解读，理论联系实际，讲好中国故事。

（二）从GDP衡量阐明国家政策的科学性，鼓励学生做担当民族复兴重任的时代新人

首先通过展示亚洲中日韩印四国60年来GDP的变迁史视频进行思政案例引导和讨论，使学生认识到我国60年来GDP的排名发生了翻天覆地的变化，人均寿命也有了很大提升，进而展开对GDP知识点的讲解，其中融合了"中国制造全球第一""优质的新疆棉"等富强、爱国和友善的思政元素。然后，向同学们展示支出法国内生产总值在国家统计实践中的应用，并且将GDP中消费的占比与世界上主要经济体的数据相比较，得出结论，我国消费还有很大的提升空间。最后，作为社会主义建设者和接班人，鼓励学生分别从政策角度、产业技术角度、人文角度深入思考，论述60年来中国GDP增长的原因，进行价值内化实践，实现了知识、能力和价值的三重目标。

（三）以总需求-总供给模型引导学生认识到社会主义制度的优越性

自俄乌冲突爆发以来，西方通货膨胀高企，通过美国和英国对于通货

膨胀采取的不同措施进行案例导入，运用所学总需求-总供给模型进行分析，使学生认识到这些措施给经济带来的长期负面影响，结合我国的供给侧结构性改革给经济带来的强大动力和给民生带来的福祉，体现了中国共产党全心全意为人民服务的宗旨，体现了富强、民主、平等的社会主义核心价值观。

三、制作配套的多媒体课件

"工欲善其事，必先利其器"，多媒体课件是教师在课堂上与学生沟通的媒介工具，多媒体教学的应用须体现教学设计。经济学课程教学团队结合课程的特点与教学内容，对课件重新进行了梳理和制作。

（1）运用图表形象地将零散的经济学知识系统化呈现，让学生从整体上了解经济学的知识架构，少走弯路。作为经济和管理类学科的专业基础课，对于初学者来说，经济学知识点广泛且零散，系统了解经济学的体系和框架对于后续准确和完整地掌握经济学理论和方法非常必要。

（2）运用具象化的生动案例呈现经济学的抽象理论与方法。抽象思维是经济学中最本质的方法，经济学运用的抽象理论和模型比大多数其他学科都要多，这需要教师对课程在专业中的定位与作用十分了解，有着长期经济学教学经验的积累，并能将其深入浅出地呈现。

（3）课件设计遵循认知规律，还原经济学知识的产生过程，启发学生主动思考。通过动画、图片和案例，还原经济学知识产生的时代背景，让学生身临其境，了解经济学产生的背景和应用场景，养成理性的经济学思维。

（4）结合时事热点，用丰富的素材引导学生关注和分析身边的经济事件，讲好中国故事。在教学实践中，通过课件呈现出精心的课程思政设计，辅助课程思政的价值内化。

四、教学效果反馈

为了检验两年来经济学教学改革的成效，本文通过问卷星向工商管理专业、市场营销专业、电子商务专业和会计学专业的大一和大二本科生随机发放问卷，共回收有效问卷282份，有效回收率为91.5%。本次问卷共有31道题目，分为两大部分。第一部分是个人基本特征，包括性别、专业、年级，主要是了解样本对象的个体特征。第二部分为问卷的主体部分，主要包括教师和课程两个维度，共25道客观题，采用李克特五级量表按照满意程度由高到低排序，数字越高表示对陈述问题的满意度越高，否则满意度越低，其中，教师维度共有7道题目，课程维度共有18道题目。

（一）调查对象基本特征

工商管理专业和会计专业招生均为4个班，人数较多，电子商务专业2个班，市场营销专业1个班，人数最少。表1为调查样本的基本特征。

表1 调查样本的基本特征

变量	内容	频数	频率
性别	男	163	57.80%
	女	119	42.20%
年级	一年级	210	74.47%
	二年级	72	25.53%
专业	工商管理	108	38.3%
	会计	103	36.52%
	电子商务	45	15.96%
	市场营销	26	9.22%

（二）信度、效度检验

对问卷中教师和课程维度的满意度进行信度、效度检验，信度检验的克朗巴哈系数对应为0.921和0.904，表明问卷数据的可靠性非常高；效度检验采用KMO抽样适当性检验和Bartlett球形度检验，KMO检验值为0.827，Bartlett球形度检验显著，说明问卷效度良好，结构合理，适合进行下一步的研究分析。

（三）满意度指标分析

1. 教师维度

如表2所示，在教师维度，测量指标TA1"先进的教学理念"、TS1"专业知识能力"、TS4"语言表达能力"、TS5"技术应用能力"均值相对较高，其他题项的均值都大于4，在标准差上也未出现较大差异，说明学生对"教学态度"和"教学能力"两个指标普遍很满意。

表2 教师维度各指标的描述性统计结果

维度	指标	题项	最小值	最大值	平均值	标准差
教师	教学态度	TA1	2	5	4.31	0.692
		TA2	1	5	4.11	0.703
	教学能力	TS1	2	5	4.35	0.651
		TS2	2	5	4.03	0.608
		TS3	1	5	4.08	0.639
		TS4	2	5	4.29	0.684
		TS5	1	5	4.27	0.677

第一，在"教学态度"指标的2个测量题项中，学生认为教师具备"先进的教学理念"，说明学生认可当前的课程思政设计，与课程内容结合得比较紧密。另外，学生对"教师的精神面貌"项，即教师上课过程的状态、情绪等也比较满意，与"先进的教学理念"相辅相成。

第二，"教学能力"指标的5个测量题项，得分均值也在4以上，表明教师具备较强的专业知识能力和技术运用能力。经济学课程团队的主讲教师均有多年的经济学教学经验，具备扎实的专业基础、清晰的授课思路以及准确的语言表达能力，能够深入浅出地让学生理解所学的知识及其逻辑关系。技术运用能力的评分也显示了学生对经济学课件的满意度较高。

2. 课程维度

如表3所示，在课程维度，除测量指标CC3"内容的启发性"均值为3.02，且差异性较大以外，其余指标得分均值都在4左右，表明学生认可经济学课程思政的整体设计。

表3 课程维度各指标的描述性统计结果

维度	指标	题项	最小值	最大值	平均值	标准差
课程	课程目标	CT1	2	5	4.11	0.652
		CT2	1	5	4.02	0.711
	课程内容	CC1	1	5	4.09	0.639
		CC2	1	5	4.14	0.648
		CC3	1	5	3.02	1.022
		CC4	1	5	4.21	0.701
		CC5	2	5	3.95	0.629
		CC6	1	5	4.18	0.724
		CC7	1	5	4.26	0.693
	课程活动	CA1	1	5	4.19	0.62
		CA2	2	5	4.06	0.653
		CA3	1	5	4.27	0.634
		CA4	2	5	3.76	0.759
		CA5	1	5	3.82	0.772
		CA6	1	5	3.88	0.636
	课程考核	CE1	1	5	3.22	0.981
		CE2	1	5	3.95	0.697
		CE3	1	5	3.84	0.735

首先，课程目标方面，题项CT1"符合课程标准"和CT2"目标清晰可测"均值都在4以上，说明各章节设定的知识、能力和价值目标能够满足学生的学习需求，且通过课程教学后可以达成，这样清晰可测的课程目标有助于学生的快速进步，提升教学效果。

其次，在课程内容方面，测量指标CC7"课程素材质量"、CC4"课程内容与思政内容的联系度"、CC2"内容遵循学生认知规律"的均值为4.26、4.21、4.14，表明学生认可课程与思政内容的结合，同时，课程能够结合学生熟知的素材，启发学生对新内容的消化和应用。测量指标CC3"内容的启发性"为3.02，且标准差较大，说明不同学生对课程内容的启发性评价差别较大。

再次，在课程活动方面，均值超过4分的测量指标有CA1"课前学习活动类型"、CA2"课堂教学活动类型"、CA3"课后作业类型"，可归纳为活动方式因素。可见，课前、课中及课后开展类型多样的教学活动，有助于提升学生的学习成效与满意度。

最后，在课程考核方面，测量指标CE1"考核方式"的满意度有待提升，且差异较大，说明部分学生对于期末闭卷考试形式不太满意，需要进一步完善思政课程的考核方式。

五、启示

（一）团队集体备课，精选课程思政内容

正在发生的时事新闻和经济事件为经济学课程思政提供了源源不断的生动素材，课程思政取之于社会，将来还要回馈社会，因此，课程思政的内容必须与时俱进，才能学以致用。团队集体备课，可以弥补单个教师自身的局限性，共享教学内容，通过定期交流课程思政经验，及时发现教学中的问题，找到解决方法，快速帮助青年教师掌握教学所需的技能技巧，设计并组织教学活动与进程，提高教学水平和积累教学经验，同时，加大课程思政教学改革的推广力度，使更多的学生从中受益。

（二）教学活动多样化，助力课程思政教学

精心设计的课程内容，需要配合相应的教学活动传递给学生，才能起到事半功倍的效果。教学活动要充分发挥目前已有的优势，做到课前导学、课中讲学、课后研学，与课程思政相向而行。课程思政建设需要教师针对学生特点，不断优化和改进教学活动。针对调研中不同学生认为内容的启发性差异较大的问题，主讲教师一方面可以运用雨课堂等新型的互动方式，提高学生的参与度，启发学生的创新能力；另一方面，可以通过小组辩论、交流学习和读书心得、相互打分等活动，加强学生小组内部和小组间的互动，由点到面，带动和覆盖更多学生领会课程思政的内涵与启发。

（三）优化考核方式，提升课程思政效果

课程思政来源于实践，效果也应回归到实践中检验。目前考核由过程

性考核和终结性考核（期末闭卷考试）组成，分数各占一半，可以进一步降低期末考试分数占比，增加过程性考核中阅读分享和小组调研等实践活动的占比，学生在实践中收获成就感，满意度自然会提升，从而解决本次调研中学生对课程考核满意度差异大的问题。

六、结语

教师是课堂的第一责任人，是提升课程思政教学质量的关键。教师应以身作则，首先，提高理论水平和道德修养，行胜于言。为党育人，为国育才，要求一名好的老师内外兼修，学生"听其言，观其行，知其心"，才能让课程思政更有说服力。其次，教师应具有同理心，换位思考。要将枯燥的经济学知识传递给学生，教师应具有同理心，换位思考，从还未走出象牙塔的学生角度思考他们的困惑，采用最佳的解决方案，才能让学生乐于接受。最后，教师要不断拓展知识阈值，与时俱进。教师要善于从新闻中挖掘课程思政元素和素材，真正将课程思政理论联系实际。

参考文献

[1] 邹晓涓.课程思政视角下《宏观经济学》本土化案例教学研究[J].湖北经济学院学报（人文社会科学版），2024，21（05）：145-149.

[2] 杜尚泽."'大思政课'我们要善用之"[N].人民日报海外版，2021-03-07.

[3] 钱娟，刘洋，刘圣彬.新文科视角下基于科研项目牵引的经济学类课程研究型教学模式探索与实践[J].高教论坛，2023（02）：47-54.

[4] 杨小珍.高校混合式教学质量影响因素研究[D/OL].南宁：南宁师范大学，2020.

[5] 刘越.经济学原理课程的思政元素实践探索[J].现代商贸工业，2024，45（06）：237-239.

数智化背景下员工关系管理课程教学改革研究[①]

杨 洁[②] 王 梓[③]

摘 要 数智化时代给高校教育带来了巨大的冲击，同时也对教师利用信息技术进行课程教学改革提出了新的要求。员工关系管理作为工商管理专业的专业课程，在教学改革过程中面临着学生问题意识弱、全程监测难等难题。本文从专升本学生的实际学情出发，在以成果为导向的教育理念的指导下，坚持以学生为中心探索教学改进措施，以期有效促进"员工关系管理"课程建设和教学改革，提高应用型管理人才的培养质量。

关键词 数智化时代 教学模式 员工关系管理

新一轮的技术变革和产业变革赋能高校教育环境和教学工具，人工智能、在线学习、沉浸虚拟学习环境成为教育发展的新趋势。作为培养高级应用型人才的重要摇篮，应用型高校需准确把握时代发展脉络，紧跟行业发展新需求，积极推进课程内容和教学模式的改革。

随着这些技术越来越多地融入学生的学习方式，学生的学习习惯和偏

[①] 基金项目：本论文系 2024 年北京联合大学教育教学研究与改革项目 "OBE 理念下面向应用型人才培养的员工关系管理课程教学改革研究"（项目编号：JJ2024Y046）的研究成果。
[②] 杨洁，教育学硕士，副教授，工商管理专业，研究方向为职业教育。
[③] 王梓，实验师，研究方向为计算机科学与技术。

好也发生了变化，传统课堂以及以纸质媒介为载体的文字、图表等内容越来越难激发他们的学习兴趣，他们越来越期待高度个性化和非线性的学习环境。因此，需要以学生为中心，对员工关系管理课程的内容进行重构，以及对整个教学进行优化设计，提出与之相匹配的教学目标、教学内容、教学模式和教学反馈等设计思路和具体实施策略。

一、课程概况与学情分析

（一）课程简介

1. 课程定位

员工关系管理是工商管理专业培养方案中的一门必修课程，该课程是在2023年工商管理专业（专升本）新版培养方案修订时新增的一门专业理论课，课程设置的基础是旧版培养方案中"员工关系管理与福利岗位技能训练"的理实一体课程。

2. 课程内容与目标

本课程的主要内容是以《中华人民共和国劳动法》《中华人民共和国劳动合同法》和《中华人民共和国社会保险法》为基础，主要包括以下几部分：（1）学习与员工管理相关的法律法规；（2）在企业中如何防范和规避员工关系管理中的法律风险；（3）员工劳动关系、纪律管理、劳动争议与预防和福利等方面的知识及其应用。

通过本课程的学习，让学生了解员工关系管理在企业管理中的角色和地位；掌握与用人单位员工管理相关的法律法规，学生能在具体情形下灵活应用相关的理论和方法，为用人单位在员工关系问题中如何防范和规避法律风险提供意见与建议。学生在学习专业知识的同时，通过总结本课程所蕴含的丰富德育元素，强化其在人力资源管理方面的大局意识和责任担当意识，树立终身学习的自我发展意识、诚信就业的法律意识，培养学生正确的择业观、公平参与人才市场竞争的发展观等，从而帮助学生更好地认识自我、发挥自身人力资源的最大价值。

（二）学情分析

本课程的授课对象是工商管理专业（专升本）一年级的学生，其学习情况的差异性较大，总体来看有如下特点。

1. 学生个体情况分析

专升本的学生大都是在专科学习阶段的优秀学生，一方面表现为个体学习欲望较强，但另一方面又表现为团队合作意识不足。另外，专升本的学生在专科阶段就在一线工作岗位接受过训练，而且身边多数同学都已经就业，因此他们与在校本科学生相比，具有较强的职业意识，这有利于课程的开展。

2. 学科知识背景分析

本专业学生的学科背景差异较大，工商管理专业专升本的学生来源比较宽泛，有专科阶段为相近专业的学生，也有部分专业相差较大的学生，因此，学生对工商管理学科的相关知识掌握程度差异较大。任课老师在教学实践中如何兼顾学生的学习背景差异并融入课程思政元素，是一个关键问题。

3. 学习动机分析

专升本的学生在学习动机及学习目标方面都比较明确。他们大多数在专科阶段与社会已有接触，也经历过就业的选择，大致了解企业对人才的需求和要求，因此，相对本科生来说，他们更懂得如何进行自我提升。

4. 学习特点分析

专升本的学生普遍学习态度认真，有一定的积极性，但学习过程中缺乏主动思考和开拓创新的意识，对知识的掌握不牢固、不深入。

（三）数智化背景下员工关系管理课程教学中的困境

员工关系管理课程设置后，课程组通过对前期教学的不断反思和提炼，找到该课程教学中存在的一些问题。

1. 学生学习具有一定难度

学生缺少相关法律知识的积累和实践，纯理论的教学内容不适合本专业的学生。由于本专业的学生前期未学过相关的法律知识，并且有一半以上的学生在专科阶段的学习背景与工商管理专业有较大差异，导致部分学生在课程学习上有一定的困难，尤其是在法律法规的实践应用层面难度更大。因此，本课程需以学生为中心，根据工作岗位的实际工作内容，以及应用型人才培养的特点对教学内容进行重构，让学生更易于理解相关理论知识和掌握具体情景的应用。

2. 教学设计中的问题

（1）以案例教学为主的教学方式在课堂上难以持续吸引学生的注意力

从目前员工关系管理课程的实施情况来看，案例教学是主要教学方式。由于专升本的学生在理论学习方面的兴趣和课堂专注力不足，因此在教学方法上需要更加多样化，让学生以深度参与的方式，比如情景模拟、角色扮演等，增加课堂互动。教师在教学过程中要随时关注学生的实际情况和学习需求，提升学生的课堂参与度和专注度。

（2）学生问题意识薄弱

员工关系管理要在企业实践情景中解释和解决具体问题，然而在课程教学实践中可以看出，学生的问题意识很难养成，即缺乏在企业中发现问题的能力。在传统课程教学设计下，学生通过教师知识点讲授、案例分析等方式掌握员工关系管理的相关知识和岗位技能。但是，学生很难灵活地将各种法律法规条款运用到解决企业员工关系的实际问题中。

3. 教学过程中的问题

（1）学生数量多，全面掌握学生的学习状况难度较大

在现实的教学中，本课程常用大班、合班的授课方式，教师获取和分析学生学习过程中的学习数据比较困难，教师全面、即时地了解每个学生的知识掌握情况难度较大。

（2）学生未养成课外拓展学习习惯

学生在课程学习过程中缺乏创新思维和工匠精神，仅限于完成教师布置的任务和作业，但在课程结束后，对课堂和作业中的问题很少做深入思考。

4. 教学质量评价中的问题

在教学过程中，为了展开学习讨论，提升学生的思辨能力，课堂上需将若干学生分为一组，以团队的形式去合作完成课程的案例分析和任务，因此，对学生全面评价存在一定难度。团队合作最初的目的是加强学生协作能力来提高工作实效。然而，如果有部分学生积极性不高、团队中组员能力不均衡等情况时，就会出现学生"搭便车"现象，这将影响对学生考核评定的公平性。

二、数智化背景下员工关系管理课程的教学设计

（一）课程设计思路

课程以"以学生为中心、以成果为导向、持续性改进"的OBE教学理念为导向，以工商管理专业的设计思路为依据，即从国家社会及教育发展需要、学校发展定位目标以及学生的具体学情出发，在使用大数据技术对专业就业的主要岗位用人需求进行调研分析的基础上，确定了本专业的人才培养目标与毕业的总体要求。

本课程将结合专业培养特色，从"教学内容""教学方法""考核评价"等维度构建创新型高素质应用型人才培养课程内容体系，具体如图1所示。

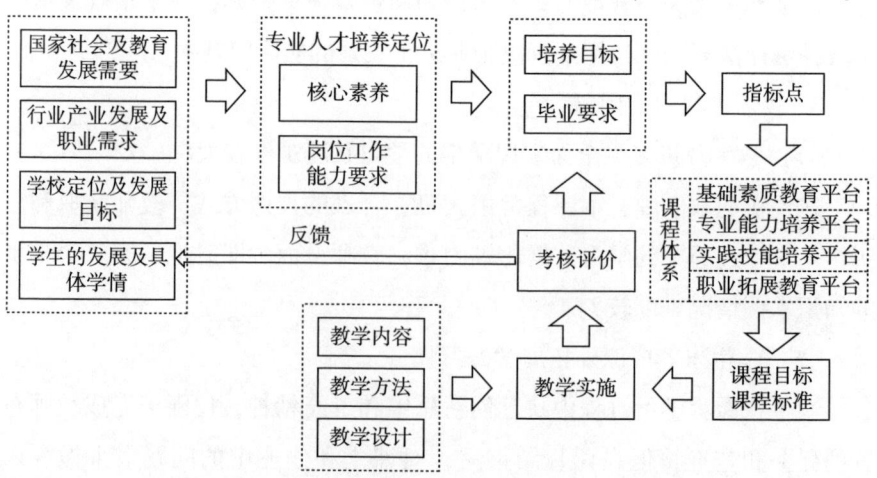

图1 工商管理（专升本）专业人才培养方案构建

在课程设计中,将课程定位为"在掌握企业的员工关系管理和福利知识的同时,培养学生的爱国情怀、法治意识、社会责任、人文情怀等",激发学生对国家的认同感与自豪感,有志于成为一名守法理、知荣辱、敢担当的当代青年。同时,本文遵循工商管理专业专升本学生培养的毕业要求,从应用型人才培养的目标出发,以工商管理专业专升本学生的学业能力培养为核心,以 OBE 理念为指导,根据学生的培养目标以及需要达到的能力要求,"反向设计"出课程内容,实现教学内容与人才培养要求的融会贯通。

(二) 员工关系管理课程内容的重构

重构教学内容是本课程建设的重点,是构建教学内容体系的基础。之前的"员工关系管理"课程多以理论教学为主,但工商管理(专升本)的学生并不具备法学的基础和实践的经验,学习起来难度较大。针对这种情况,课程组通过前期行业企业的员工关系岗位调研和归纳,将其岗位的主要工作内容归纳为入职管理、劳动合同管理、劳动争议、政策制度解答、档案管理、沟通管理、员工异动、员工福利、考勤管理、社保与公积金等,并对其岗位任务和工作内容进行具体分解,同时根据岗位任务所应具备的能力要求,最后重构本课程的教学内容,如表1所示。

表1 员工关系管理课程内容

教学单元	主要内容
第一单元 员工关系概述	课程简介、员工关系管理概述、员工关系热点问题、劳动法知识问答
第二单元 劳动关系管理	入职、离职流程与风险防范;劳动合同签订、解除与终止;试用期员工管理、员工档案管理、员工异动管理、经济补偿金与赔偿金计算
第三单元 员工纪律管理	员工考勤休假管理、员工行为规范管理
第四单元 员工沟通管理	劳动争议管理、员工满意度管理
第五单元 企业社保申报与审核	养老、工伤、生育、失业保险的计算与审核

同时,基于学生的认知和能力提升,并结合专升本学生不同的学习驱

动力需求，课程组搭建了多元化、阶段式和结构化的立体教学内容和资源库。

（三）课程的教学模式改革

在教学模式上，首要任务是创建高质量的课堂教学环节。本课程将采用"线上+线下"的混合式教学模式，教学方法设计中要以学生为中心，分为课前在线自主学习、课中合作探究、课后拓展提升三个阶段进行设计。课前以线上学习为主、课中以现场教学为主、课后以线上与线下学习相结合，三个环节均在本专业"双师型"教师的指导下进行，线上与线下相贯通，共同构建混合式教学模式，具体如图2所示。

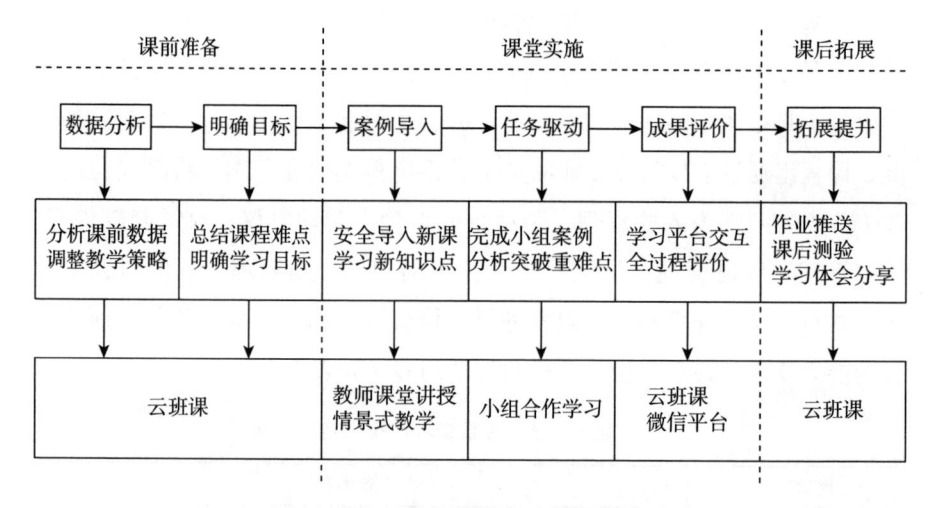

图2 员工关系管理课程教学模式设计

除了为学生搭建高质量的课堂教学情景外，课程还需要与企业进行合作，积极创造高质量的企业模拟情景，以及企业教学案例库。在课程开发期间，课程组邀请律师和企业专家"走进来"，为教学提供企业真实案例讲解与法律知识培训；使学生能够深入了解企业进行员工关系管理的实际工作内容和任务，提升学生解决问题的实践能力。

三、课程的教学方法设计

在课前导学和课后拓展、评价阶段，学生可以通过云班课平台，提前预习和拓展课程内容。通过平台上教师上传的与劳动法相关的法律法规和案例，学生可以在课堂外自主拓展知识面，激发学生的学习兴趣，为课堂学习做好充分的准备。同时，在课后评价阶段，教师会布置小组工作任务，帮助学生进一步巩固所学的知识。

课中教学实践活动是本课程的重点，以解决课程中知识的难点和重点、强化学生薄弱环节为目标。在这一阶段，教师会运用任务驱动、角色扮演、情景模拟、案例分析、合作学习等教学方法，以引导学生深入探讨课程内容和企业中的实际问题。这些教学方法可以促进师生及学生间的深度互动，提升学生的课堂参与度和学习积极性，从而提高课程教学质量。

四、教学评价改革

本课程改革重点关注的是学生的学习过程，因此，将课前、课中和课后三阶段进行量化评价分析。在综合考虑课程要求、岗位要求和思政要求后，构建了多元多维度的学习效果评价体系。在评价时注重对学生在完成任务中发现问题、分析问题与解决问题能力的考核，对在解决问题上有创新的学生特别鼓励，全面综合评价学生的能力。

本课程的考核方式分为过程性考核和终结性考核，过程性考核构成平时成绩，占总评成绩的 70%，终结性考核形成期末成绩，占总评成绩的 30%。过程性考核包括课堂活动表现、课堂任务完成度、案例分析、课堂测验部分的成绩。在小组任务活动中，增加了个人贡献的打分，以此避免"搭便车"的情况。

五、结语

"员工关系管理"课程教学改革，是适应数智化教育发展趋势的重要对策，对提升工商管理专业学生的综合素养、培养符合行业企业需求和适应社会发展的复合型人才具有重要意义。只有根据教育技术发展进行课程教学改革，才能促进教师的专业发展，提升教师的教学能力和技术素养。课程教学改革还有利于促进高校和行业之间的深度合作，为行业和企业的发展提供人力保障。

参考文献

[1] 李照青. 数智化背景下应用型高校"商业银行经营与管理"课程教学改革实践 [J]. 科教导刊, 2024 (14): 125-128.

[2] 王晨曦, 黄彦萍, 叶盈吟. 数字化转型背景下数智化财会人才培养体系创新研究 [J]. 华东科技, 2024 (05): 141-144.

[3] 王彤彤, 刘微. 基于 AACSB 认证标准的课程数智化嵌入式改革研究——以《财务报表分析》课程为例 [J]. 财会通讯, 2024 (08): 158-163.

[4] 麦艳航, 蒋晓霞, 盛于航. 数智化时代背景下教育统计学课程教学改革研究与实践 [J]. 高教论坛, 2024 (07): 57-61.

[5] 任婷婷, 仲旭, 汪海鹏. 财务数智化背景下企业财务管理课程实验重构研究——基于 OBE-CDIO 理念 [J]. 大学教育, 2023 (24): 32-35.

[6] 陈思颖. 教学在场：数智化背景下的教师专业联结 [J]. 教师教育研究, 2021, 33 (06): 58-63.

新商科背景下人力资源管理课程教学改革探讨[①]

覃永贞[②]

摘　要　随着社会经济环境的变化与技术进步，传统商科教学模式已经难以适应企业的实际需求。特别是在人力资源管理领域，新商科的兴起为课程教学带来了全新的机遇与挑战。本文以北京联合大学应用科技学院的人力资源管理课程为例，反思了新商科背景下课程教学状况，发现教学痛点，根据数字化时代的需求，从课程内容、教学方法、师资培训、学习路径、评估方式、课程思政、教学资源等方面构筑人力资源管理课程教学创新路径，以期为相关课程的改革与创新提供思路。

关键词　新商科　人力资源管理　课程教学改革

近年来，随着经济全球化和技术进步的深入，传统的商科教育模式逐渐显现出与现代企业实际需求脱节的问题。新商科理念的提出，旨在通过跨学科融合、数字技术赋能、全球视野等方式，构建更具创新性和实用性的商科人才培养体系。在这一背景下，人力资源管理作为商科教育的重要

---

① 基金项目：2022年度教育部人文社会科学研究规划基金项目"基于学习共同体的应用型高校教师教学学术提升机制研究"（项目编号：22YJA880054）。

② 覃永贞，教育学硕士，北京联合大学应用科技学院教师，工商管理专业，研究方向为人力资源管理、职业教育。

组成部分，也面临着课程改革的迫切需求。

人力资源管理课程在培养学生的组织管理、人员招聘、绩效评估等方面发挥了重要作用。然而，随着企业的快速发展和数字化转型的加速，传统的课程设置和教学方法难以满足现代企业对人才的需求。因此，在新商科的框架下，如何有效地改革人力资源管理课程，培养具有创新能力、技术应用能力和全球视野的人力资源管理人才，成为人力资源课程教学中亟须解决的问题。

本文将分析新商科理念对人力资源管理课程的影响，并结合实际教学中遇到的现实问题，提出相应的可行性对策。

一、新商科理念对人力资源管理课程的影响

新商科的核心理念是通过跨学科融合、创新教学方法、引入数字技术等手段，培养适应复杂商业环境的创新型人才。相比于传统的商科教育，新商科更加注重学科之间的交叉与融合，强调对学生的实践能力、技术应用能力以及全球视野的培养。在这一理念下，商科教育不再局限于单一学科的知识传授，而是以多元化、综合性的方式培养具有创新精神、团队合作能力以及适应复杂环境的复合型人才。

人力资源管理课程作为商科教育的重要组成部分，在新商科的理念下，需要进行深刻的转变。传统的人力资源管理课程主要集中在招聘、培训、绩效等基础理论知识的传授，而较少涉及实践应用、数据分析以及全球化视角的培养。新商科理念则要求人力资源管理课程不仅要涵盖基础的管理知识，还要通过技术手段提升管理效率，培养学生在复杂多变的商业环境中有效决策的能力。

在新商科背景下，人力资源管理者的角色也发生了转变。他们不仅需要具备传统的人力资源管理技能，还要能够运用大数据、人工智能等技术手段进行人员招聘、绩效评估和员工发展等工作。因此，人力资源管理课程的改革必须紧跟时代步伐，融入更多的技术与数据元素，培养学生的创新能力和技术应用能力。

二、课程教学痛点

本课程的授课对象为北京联合大学应用科技学院管理系工商管理专业的大二学生，其中一半以上的学生是由退伍士兵单独录取入学，其他的则是来自高职院校专升本的学生，退伍士兵学生的文化基础非常薄弱，专升本的学生理论基础相对薄弱，之前的专业也不尽相同，学习基础参差不齐；大多数学生对专业的认可度较高，但对就业的严峻性认识不足，导致学习目标不明确，部分学生在完成学习任务时存在"差不多就行"的思想；从日常教学反馈来看，学生的思维活跃，动手积极性强，能够熟练运用网络查找学习资料，但简单拼凑的多，梳理归纳的少，学生分析与创新能力较弱。

在了解学情的基础上，我们通过调查发现以下痛点问题。

1. 教学内容更新较慢

由于当前高校人力资源管理本科教材结构体系主要是基于传统的人力资源管理模块和职能管理而设计的，教学模块仍然以招聘、培训、绩效管理等传统内容为主，案例更新较慢，无法跟上时代步伐。同时，由于专升本的学生文化基础薄弱，理解和记忆理论知识内容感觉枯燥乏味，在学习时往往要花费大量时间背诵理论知识。

2. 课堂教学环境束缚

作为"Z世代"，他们拥有"互联网思维"，具有敢于表达、渴望关注、碎片记忆等特点。传统教室空间固定、环境单一，教与学传递形式单调，教师在讲台上授课，学生在讲台下被动听课，无法营造出平等交流的氛围，不利于发挥学生的积极性、主动性和创造性。

3. 教学方法缺乏实践性和创新性

尽管已经开始尝试引入案例教学和实践教学，但总体来看，人力资源管理课程的教学方法依然较为传统。以讲授为主的单向传递知识的方式，限制了学生的自主思考与实践能力的提升，尤其是在新商科强调的创新思维和跨学科能力培养方面，传统的教学方式无法满足学生的学习需求。人力资源管理作为一个实践性较强的学科，学生需要通过大量的实际操作和案例分析来掌握管理技能，如果缺乏与企业的深度紧密合作，没有足够的实践平台来为学生提供真实的项目和数据，那么学生在课堂上学习的理论知识就难以在实践中得到验证和应用，影响他们毕业后的职业竞争力。

4. 课程考核方式不合理

课程考核的目的除了客观评价学生的学习情况外，也能及时反映教学中的问题，为教学反思提供依据。以本课程为例，传统高等教育课程考核方式多采用期末试卷成绩和平时成绩相结合的方式，且期末成绩大多占总成绩的70%~80%，平时成绩多根据学生的出勤情况、课堂表现等确定，一般占总成绩的20%~30%。这种考核方式在一定程度上忽视了对学生平时学习的评价，不能有效评估学生学习的全过程，无法有效激发学生的学习动力。

5. 教学与思政的融合度不高

传统的人力资源管理课程讲授较为重视专业教育知识，忽视学生人格塑造，对价值观培养不够重视，对学生民族精神、家国情怀等方面的培育也有待提升。因此，在本课程教学中如何将思政和教育完美融合也是亟须解决的问题之一。

三、新商科背景下人力资源管理课程的改革路径

（一）课程内容的重构

在新商科背景下，课程内容要根据人力资源管理的发展不断更新。给学生讲授最新、最前沿的专业理论与知识是人力资源管理课程教学的重要目标之一，一方面要对课程教材结构性知识进行系统交叉更新，另一方面要对教学内容的时代性知识进行动态补充。跨学科融合成为商科教育改革的重要方向。对于人力资源管理课程而言，课程内容的设计应当突破单一学科的束缚，将多学科内容和最新的前沿知识融入其中。例如，增加与数据分析相关的课程内容，让学生了解数据在人力资源管理中的重要性，促进他们学习数据分析工具的积极性，如通过大数据分析预测员工流动趋

势、评估员工绩效等。此外，还增加了与专业前沿知识相关的课程内容，如雇主品牌、企业生态战略管理思维等，帮助学生了解最新的专业发展趋势和研究分析工具，提高学生对专业的学习兴趣。

技术的进步已经深刻影响了人力资源管理的各个方面。从招聘系统的自动化筛选，到绩效管理的实时数据监控，技术的应用提升了管理效率。因此，人力资源管理课程改革中，必须引入更多与技术相关的内容。例如，运用数据分析，帮助学生了解如何利用系统管理员工数据、进行薪酬和绩效分析等。与此同时，还可以结合人工智能在招聘和绩效评估中的实际应用，让学生通过模拟和项目实践，学习如何运用人工智能技术进行简历筛选、员工情绪识别等工作。这不仅能够提升学生的技术能力，还能帮助他们更好地适应现代企业的需求。

（二）教学方法的创新

在新商科的教学理念下，案例教学法已经成为培养学生实践能力的重要手段。对于人力资源管理课程而言，教师可以通过真实企业的案例，带领学生分析招聘、绩效管理、员工培训等方面的问题，锻炼他们的实际操作能力。同时，情景模拟教学也是一种非常有效的教学方法。通过模拟企业中的招聘简历筛选、无领导讨论、绩效评估等场景，学生可以在角色扮演中体验到真实的管理情境，从而提升他们解决实际问题的能力。例如，学生可以分成不同的团队，分别担任人力资源经理、部门主管、员工等角色，在模拟的公司环境中进行决策和管理，进一步增强他们的实际操作能力和团队合作精神。

项目驱动学习是一种以实践项目为导向的学习方法，它可以帮助学生在实际操作中掌握管理知识和技能。学校可以大力开展校企合作，提供真实的人力资源管理项目，让学生在解决企业问题的过程中应用所学知识。例如，学生可以参与企业的招聘流程、设计员工培训计划、进行绩效评估等，通过这些实践项目提升他们的管理能力和实际操作水平；在工作分析模块中，教师可以要求学生搜集感兴趣的职位的工作说明书和招聘广告，进行职业生涯人物访谈，总结该职位的胜任特征模型并设计职业发展规划，推动学生了解工作要求与职责。

在新商科背景下，实践经验对商科学生来说尤为重要。学校要积极加强与企业的合作，为学生提供更多的实习机会和实践平台。例如，学校与企业建立长期合作关系，让学生通过实习和项目合作，直接接触到现代企业中的人力资源管理工作，体验数字技术在招聘、绩效评估、员工管理等方面的应用，这不仅有助于学生将理论知识与实践相结合，更能增强他们的职业竞争力。

此外，有条件的情况下还可以设立校内的人力资源实验室，模拟企业的管理流程和技术应用，让学生在实验室环境中进行招聘模拟、绩效分析、员工培训等实践操作。这种模式可以让学生在校内就获得丰富的实践经验，为他们毕业后的职业发展打下坚实基础。

（三）教师的培训与发展

人力资源课程的改革不仅仅依赖于课程内容的调整和教学方式的创新，教师的专业发展同样是至关重要的。本课程的教师积极参加行业内的研讨会和培训，尤其是在数据分析、人工智能等新兴领域进行知识更新。通过持续的学习和研究，教师能够将最新的行业发展趋势融入课堂教学中，从而更好地指导学生。教师还通过参加行业项目和企业实习，了解现代企业的实际需求和运作模式。这将有助于教师设计出更符合实际需求的教学内容和案例，进一步提升教学效果。

（四）实时反馈与学习路径优化

随着在线教育技术的不断进步，MOOC、SPOC、雨课堂、蓝墨云班课等在线学习平台能够提供更加灵活和丰富的学习资源。目前人力资源课程利用线上工具打造了多元资源空间，教师运用拍照、手势等形式开展手机签到，指导学生完成课前任务；课堂讨论实时生成热词，解读相关的理论知识和原理，利用蓝墨云班课的投票、选人、抢答、评分等功能完成课堂任务；课程结束前由学生代表总结本节课的学习要点，课后进行随堂测试和问卷填写，及时监测学生状况，评估教学效果，推进教学反思。

通过数据分析，系统还能为学生量身定制个性化的学习路径，帮助他们在薄弱环节进行针对性学习。同时，教师可以利用在线测试和实时互动工具，及时了解学生在课堂中的表现，并为他们提供及时的反馈和指导。这种基于数据的教学方式，不仅能够提高学生的学习效果，还能帮助教师更好地优化课程设计和教学方法。此外，教师邀请行业专家和实训基地导师参与授课，重现人力资源管理过程。

（五）多元化的评估方式

传统的人力资源课程评估方式通常局限于期末考试或论文，这种评估方式在一定程度上无法全面反映学生的综合能力。在数字化时代的人力资源管理中，学生不仅需要掌握理论知识，还需要具备实践操作、数据分析以及技术应用能力。因此，课程评估应当从单一的纸笔考试转向多元化评估。例如，教师可以通过个人分享、案例分析、小组项目、数据分析报告、模拟面试等多种形式对学生进行评估。这不仅能够考查学生的实际操作能力，还能够通过小组合作锻炼他们的团队协作和沟通能力。这种多维度的评估方式有助于全面提升学生的综合素质。

（六）课程与思政的自然融合

如何让学生从认知到认同，再到知行合一，是课程思政的重点和难点。本课程通过层层递进的教学设计，来达到增强学生的民族自豪感和爱国情怀的目的。如对华为和腾讯等国内知名企业的人力资源管理实践进行分析，积极引导学生认识企业家精神，树立担当社会责任的意识；在讲到人力资源管理环境的时候，通过对新冠疫情防控下医务人员奔赴一线的壮举的讨论，引导学生认识到中国共产党和中国特色社会主义制度的优越性。

（七）教学资源的投入与配套设施建设

要推动人力资源课程的改革，必要的基础设施建设是不可或缺的。学校应加大资源投入，用于建设和完善数字化教学平台、实验室以及相关的技术设备。例如，建设现代化的教学实验室、购买先进的人力资源管理软件和数据分析工具、搭建数字化学习平台等，让学生可以在模拟的环境中操作和学习。同时，学校还应尽力完善校企合作机制，确保学生在学习过程中能够获得真实的实践机会，进一步增强对数字化教学资源的开发和共享，如建立在线课程平台，提供视频课程、电子书籍、行业报告等丰富的学习资源，供学生自主学习。这些教学资源的完善将极大地提升课程改革的效果，帮助学生在数字化时代背景下获得更加全面和深入的学习体验。

综上所述，新商科背景下的人力资源管理课程改革，既是对传统商科教育模式的一次革新，也是应对数字化时代商业环境变化的必然选择。本课程通过对课程内容、教学方法、师资培训、学习路径、课程评估、课程思政、教学资源等方面的系统改革，取得了一定的成效，面对"乌卡时代"（VUCA）环境的要求，人力资源管理课程一定要落实改革创新、改革教学模式，才能更好地培养适应社会发展需要的应用型人才。

参考文献

[1] 田红娜. 基于五维架构的"人力资源管理"课程教学创新探索与实践 [J]. 黑龙江教育（高教研究与评估），2023（05）：52-54.

[2] 王洪青，肖久灵. 数字化时代"人力资源管理"课程教学改革探究 [J]. 浙江工商职业技术学院学报，2023（4）：68-71.

[3] 王胜桥. 新商科背景下人力资源管理"三位一体"教学模式创新 [J]. 高教学刊，2024（24）：79-82.

[4] 丁航，陈晓红. 新文科视域下人力资源管理课程思政教学改革的策略探索 [J]. 现代商贸工业，2024（11）：202-204.

[5] 徐雅琴，李莉萍，李理. 新商科背景下人力资源管理专业课程体系改革的研究与实践——以湘南学院为例 [J]. 对外经贸，2024（02）：153-157.

人才培养篇

商科新质人才的重要价值、典型特征与能力框架

李 伟

摘 要 新质人才是发展新质生产力的关键因素。本文旨在探讨发展新质生产力背景下，商科新质人才的重要价值、典型特征及能力框架。在对商科新质人才及其重要价值进行归纳分析的基础上，提出商科新质人才的典型特征，具体包括创新创业思维、复合知识结构和数据分析技能。从核心能力、专业能力和综合能力三个方面探讨了商科新质人才的能力框架。其中核心能力包括创新思维能力、跨界整合能力和数据应用能力；专业能力包括市场洞察能力、市场分析能力、产品策划能力和客户管理能力；综合能力包括适应市场能力、团队合作能力、商务沟通能力、持续学习能力和多元文化素养。

关键词 商科新质人才 重要价值 典型特征 能力框架

一、引言

21世纪以来，新一轮科技革命和产业变革蓬勃兴起，人工智能、大数据、云计算等新一代技术迅猛发展，推动着生产方式、生活方式和思维方

---

① 基金项目：教育部产学合作协同育人项目（项目编号：220604157281751）。
② 李伟，北京联合大学应用科技学院教授，博士，主要研究方向为产业经济、职业技术教育。

式发生深刻变革。2025年的政府工作报告指出，因地制宜发展新质生产力，加快建设现代化产业体系。新质生产力是相对于传统生产力而言的，强调摆脱传统经济增长方式和生产力发展路径，是以科技创新为主导，以数字化为特征，旨在追求高效能、高效益、高质量的生产力，代表了一种新型、高质生产力的跃升，通过新的科技成果、新的生产工具、新的生产方式、新的管理方法和新的经济模式，推动经济社会的持续发展和进步，是符合新发展理念的先进生产力质态。新质生产力的核心是创新驱动，创新驱动的本质是人才驱动。发展新质生产力迫切需要大批新质人才。所谓新质人才，是指那些能够适应和推动新质生产力发展的高素质人才，是具有创新思维、前瞻性思维和跨领域融合能力，掌握和应用数字化工具，能够充分利用现代技术、适应现代高端先进设备、具有知识快速迭代能力的复合型人才，他们不仅是技术执行者，更是创新驱动者、价值创造者。

当前，数字技术与实体经济融合日益深化，商业环境正在持续发生巨变。新一代人工智能技术推动商业模式变革，表现在新技术、新工具与传统商业业态的结合，以及不同的行业、业态之间的交叉和渗透。基于此，传统商科人才培养模式面临严峻挑战。商科教育涉及经济学、管理学学科的近百个专业，在发展新质生产力背景下，商业行业企业迫切需要大量商科新质人才，从而倒逼传统商科教育必须实现转型发展。

面对新的商业环境，国际知名商学院积极推进商科教育改革。例如，在专业设置方面，哥伦比亚大学、杜克大学增设了商业分析专业，并在该专业中将计算机类、统计类课程融入传统商科内容；在课程体系方面，匹兹堡大学开设了"数字和社交媒体分析""营销与社交媒体战略"等课程；在课程内容方面，美国商学院教材更新周期缩短，将最新的知识和商业案例及时补充到课程中，增加了大数据、云计算、物联网等新技术的介绍，以及新技术对战略的影响、业务转型等内容。

数智化时代的商科人才培养也备受国内学者关注，尤其是适时提出"新商科"概念，指出新商科是新文科的重要组成部分，是以数字经济为背景，打破传统管理学和经济学的学科壁垒，融合现代技术的跨学科复合型商科。其实质是"交叉融合"，是采用新理念、新模式、新方法实施的融合式、跨学科教育，培养既掌握新技术、新技能，又懂得具体行业运作的复合型商科人才，具有"全球化、信息化、融合性、创造性"等新的特色。围绕新商科，高校在培养标准、教学理念、课程体系、教学方法和培养模式等方面积极探索，进行了大量改革创新实践。例如，浙江大学管理学院在本科教学改革中提出具有文理融合特色的数智化教学课程模式，以助推"新商科"本科专业建设；北京信息科技大学以商科实践探索为基础，基于"特色—资源—过程"系统构建了"信息+专业"的新商科人才培养体系。

目前，学术界对新质生产力的相关研究主要集中在形成逻辑、内涵特征及实践路径等方面，对新质人才，尤其是商科新质人才的研究较少，缺乏系统分析。因此，有必要立足发展新质生产力的时代背景，探讨商科新质人才的重要价值、典型特征及能力框架，为进一步提出商科新质人才培养的实践路径提供学术支撑。

二、商科新质人才的重要价值

新质生产力代表着未来产业变革的新趋势和生产力发展的新方向。发展新质生产力的时代背景对商科人才的专业素质提出了更高层次的要求。

（一）商科新质人才的定义

发展新质生产力需要大批新质人才。新质人才不同于普通技能型人才，新质人才的"新"主要体现为新思维、新知识和新技能；"质"则主要强调"高素质"。因此，本文认为商科新质人才是指在新质生产力背景下，具备创新创业思维、复合知识结构、数据分析技能的商科高素质人才。他们拥有扎实的商业基础知识、深厚的专业素养以及较高的综合素质，能够结合现代管理理论与实践，灵活运用数字化工具和数据分析技术，为商业企业提供创造性解决方案，引领商业创新和可持续发展。商科新质人才通过自身具有的多学科知识融合和敏捷适应能力，能够快速识别和及时应对市场变化，而他们所具有的社会责任感与数据伦理意识则有助于在复杂多变的商业环境中实现经济效益与社会价值的双重提升。

（二）商科新质人才的价值

1. 商科新质人才适应新质生产力发展的市场需求

新质生产力的快速发展深刻影响着商业环境，市场瞬息万变，这意味着商业企业需要具备前瞻性思维能力和灵活应变能力的商科人才，才能真正满足市场和消费者的需求。这种适应市场并做出敏捷反应的能力使得商科新质人才能够在复杂多变的商业环境中敏锐把握商业机会，有效应对市场变化，为商业企业的可持续发展提供智力支持。可以说，新质生产力的发展为商科新质人才提供了广阔的舞台。

2. 商科新质人才促进商业新质生产力的加快发展

新质人才是推动新质生产力提升的关键要素。商科新质人才能够为商业持续创新与发展注入新的动力。他们富有创新思维和实践能力，擅长应用大数据、人工智能等前沿技术和数据分析工具，帮助企业快速识别市场变化趋势和了解消费者需求，推动新产品、新服务的开发以应对不断变化的市场需求。这不仅能够提高企业的整体效率和竞争力，还能够激发整个行业的活力，为新质生产力的形成与发展提供原动力。

三、商科新质人才的典型特征

与以往的普通型技能劳动人才相比，商科新质人才善于批判性思考和创新性解决问题，他们拥有复合型知识结构和跨学科能力，不仅在商科领域具备深厚的专业知识，还具有多学科融合的知识体系，特别是数字素养较高，能够有效利用现代信息技术和数据分析技术为工作赋能，提升工作效率和决策精准度，从而为商业企业和社会创造更大价值。商科新质人才的典型特征包括创新创业思维、复合知识结构和数据分析技能，如图1所示。

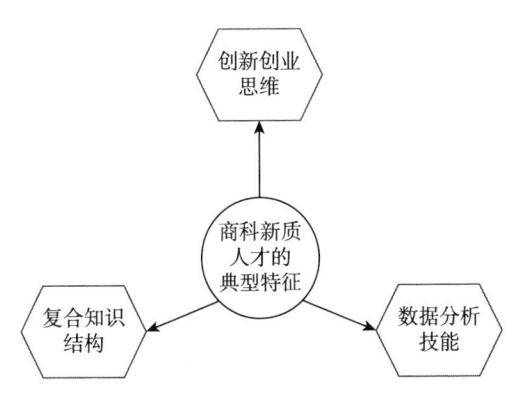

图 1 商科新质人才的典型特征

（一）创新创业思维

在当今快速变化的商业环境中，创新创业思维已成为商科新质人才的重要特征之一。创新，尤其是颠覆性科技创新，是新质生产力发展的核心引擎，新质人才作为创新的原动力，必须打破传统思维的束缚，跳出固有的认知框架，建立创新思维。创新思维方式不仅体现在对市场机会的敏锐洞察上，还体现在对新商业模式、产品开发和市场策略的不断探索与实践上。创业，是一种在通用能力、专业能力、职业能力基础上发展形成的综合能力，商科新质人才善于在多变的商业环境中寻找职业发展机会，通过不懈地学习努力形成面向未来的"新质学习力"，从而获得较强的个人创业能力和职业迁移能力。

首先，创新思维要求具备高度的创造力和灵活性。商科新质人才善于从多角度观察问题，在面对复杂的商业挑战时，不拘泥于固有的商业框架，能够主动捕捉商业机会和识别潜在问题，并以创造性的方式提出解决方案，从而推动商业企业在不断变化的市场中保持竞争力和可持续发展。

其次，创业思维坚持"问题导向"，商科新质人才以主动识别和解决实际问题为出发点，不仅有利于激发创新能力，而且能够快速融入团队和适应所处环境，从而在竞争日益激烈的市场中保持优势。同时，创业思维还增强了他们的风险意识，通过分析和判断，优化决策过程，帮他们在未来的商业环境中更好地应对挑战。

具备创新创业思维的商科新质人才，不仅为自身的职业发展开辟了广阔的空间，也为企业的持续发展注入了新鲜活力。

（二）复合知识结构

复合知识结构是商科新质人才区别于传统商科人才的另一个显著特征。在商业环境愈发多变的今天，商科领域对于单一学科的专业人才的需求逐渐下降，而对于具备多学科知识和技能的复合型人才的需求则日益上升。商科新质人才不仅要掌握传统商科领域的核心知识，还需整合人文社科、信息技术等其他学科的知识、技能和资源，通过加深对不同文化和多变市场的理解，创造新的商业价值。

复合知识结构使得商科新质人才在解决复杂商业问题时具备更强的灵活性和适应性。例如，在市场决策中，传统的市场分析仅依赖于历史数据和消费者行为分析，而具备数据科学知识的人才可以通过数据挖掘和机器学习等手段，进行更深层次的分析，为决策提供更为科学的依据。同时，跨学科的知识结构还能够促进创新，企业在新产品开发、市场拓展等方面，往往需要多角度的思考和综合的视野。

复合知识结构不仅提升了商科新质人才的专业能力，更为其在复杂多变的商业环境中决策和解决问题打下了坚实的基础。

（三）数据分析技能

在大数据时代，数据已经成为企业决策中的重要资源，数据分析技能对于商科新质人才的重要性愈发凸显。这一特征不仅关乎简单的数据处理能力，更体现了对数据背后深层次信息的理解和应用能力。商科新质人才能够从海量数据中提取有效的信息，并利用这些信息支持决策和预测，提升企业运营效率和市场竞争力，促进商业企业的可持续发展。

首先，数据分析技能要求具备扎实的统计学和数据科学基础。商科新质人才需要熟练掌握数据收集、清洗、分析与可视化等多种方法，同时还需掌握统计学基础知识、大数据处理技术以及使用各种数据分析工具，例如 Python、R 语言以及相关的数据分析软件。通过掌握这些技能，商科新质人才能够更高效地处理大量数据，并识别其中蕴含的商业趋势和机会，从而支持商业决策和战略制定。

其次，数据分析技能还包括对数据的批判性思维能力以及数据伦理意识。商科新质人才不仅要懂得如何处理和分析数据，还需具备洞察数据背后隐含关系的能力，理解数据应用中深层次管理和数据隐私保护问题，从而使得商科新质人才能提出更具前瞻性和可持续性的商业战略，降低决策的不确定性并保证商业业务的公正性。此外，通过数据驱动决策，不仅有助于企业优化资源配置，还能增强企业在市场竞争中的敏捷性和反应能力。

数据分析技能是商科新质人才在现代经济背景下不可或缺的能力。掌握这一技能不仅能提升个人竞争力，还能够为企业的战略决策提供有力的数据支持，帮助企业解决商业实际问题，实现更科学、更有效的管理。

四、商科新质人才的能力框架

新时代要求商科人才必须具备多种能力，以应对快速变化的市场环境和日趋复杂的商业格局。本文将从核心能力、专业能力和综合能力三个方面探讨商科新质人才的能力框架，如图 2 所示。

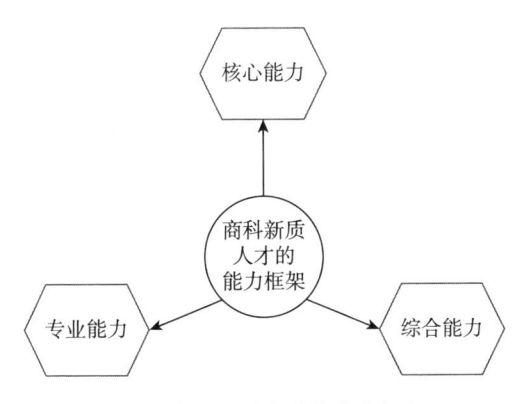

图 2　商科新质人才的能力框架

（一）核心能力

核心能力是商科新质人才在新质生产力背景下从事商业活动所必须掌握的关键知识和技能，是商科人才所具备的能力集合中最重要、最突出的能力。

1. 创新思维能力

创新是商业发展的原动力。随着信息化进程的加快，商业环境变得越来越复杂和充满不确定性，传统思维模式已无法适应市场需求，迫切要求商科人才具备创新思维能力以应对剧烈变动的市场环境。创新思维能力指的是个体在面对既定框架和常规思路无法解决的问题时，能够跳出固有思维模式，通过创造性思考找到新颖且有效的解决方案的能力。这种能力在当前快速变化的商业环境中尤为重要，能帮助企业捕捉新机会并保持竞争优势。

创新思维要求商科人才具备敏锐的洞察力和敢于突破传统的勇气，能够持续探索新的商业模式、业务流程、技术应用和管理方法等，同时具备将创意转化为实际商业成果的创业精神。

2. 跨界整合能力

现代商业问题复杂多变，往往涉及多个专业领域，新质生产力的发展也要求跨学科的交叉融合。商科新质人才需要具备跨学科知识、技能及其综合应用能力。跨界整合能力是指个体能够跨越单一学科的界限，将不同领域的知识、技能和资源进行有效整合，具有应对跨学科特性的复杂问题的能力。这种能力使商科人才能够在商业实践中通过多领域合作寻找最佳解决方案，增强问题解决的广度和深度，推动创新成果的落地转化和商业应用。

面对复杂多变的商业环境，跨界整合强调对多个学科知识技能进行整合，目的是提出更加全面和有效的决策以解决商业发展中的实际问题，推动传统生产力向新质生产力的转化。

3. 数据应用能力

在大数据时代，"数据为王"，数据已经成为企业的重要资产和进行科学决策的主要依据。商科新质人才尤其需要具备强大的数据应用能力。数据应用能力涉及采集、处理、分析和解释数据,以及将数据应用于实际商业决策中的综合能力,还涉及对数据伦理的理解和遵守。在数据驱动的商业世界,数据应用能力对于优化业务流程、提高运营效率和预测市场趋势至关重要。

数据应用为企业商业决策提供支持。因此要求商科新质人才不仅能够熟练地运用数据分析工具和技术,还包括对数据背后逻辑的深刻理解,能够从海量数据中提取有价值的信息。同时,强烈的风险意识及应对能力也不可或缺,以确保企业在复杂多变的市场环境中健康发展。

(二)专业能力

专业能力是指商科新质人才在特定商业领域内具备的专业知识和技能,这些能力使他们能够有效地开展商业活动和商业领域的特定工作。只有掌握了这些知识和技能,才能更好地适应商业环境,做出正确的商业决策。

1. 市场洞察能力

市场洞察能力是指个体在复杂的市场环境中,能够敏锐地感知和把握市场动态、趋势、潜在机会和风险的能力。这种能力依赖于广泛的信息获取、快速的信息处理和准确的判断力。在实际工作中,市场洞察力强的商科人才能够预测需求变化,及时调整策略,抓住市场机会,从而为产品创新和市场定位提供依据。

2. 市场分析能力

市场分析能力是制定有效营销策略的前提,是指通过系统的调研和数据分析,对市场情况进行综合评估和预测的能力,可以帮助企业准确了解市场需求和竞争态势。这包括数据收集、处理、分析、解释和可视化的能力。有效的市场分析能力能够帮助企业把握行业发展趋势,科学地制定市场策略,准确地定位产品和服务,从而提高市场竞争力。

3. 产品策划能力

产品策划能力是指根据市场需求和企业资源,设计并开发满足市场需求的新产品（服务），或者对现有产品（服务）进行改进的能力。这种能力要求创新思维能力和项目管理能力的结合，包括市场调研、产品定位、设计开发、测试与推广等多个环节。优秀的产品策划能力是企业持续发展的关键，它可以有效地将创意转化为具有市场竞争力的实际产品或服务，从而为企业带来利润。

4. 客户管理能力

客户管理能力是指通过对客户信息进行收集、整理和分析，以提供更准确的客户服务和支持，从而提高客户满意度和忠诚度的能力。在实际的应用中，大数据和人工智能技术的发展为客户管理提供了高效的管理手段。良好的客户管理能力不仅有助于提升服务顾客的水平、优化顾客体验、构建稳定的客户基础，还能更好地识别和理解顾客需求，提高市场响应速度和决策效率，促进个性化服务的实现。

（三）综合能力

商科新质人才的综合能力指的是在工作中表现出除核心能力与专业能力之外的其他重要能力，这些能力帮助他们有效地应对复杂问题、适应不断变化的市场需求，并与不同文化背景的人员合作。

1. 适应市场能力

适应市场能力是指在快速变化的商业环境中，能有效识别和迅速响应市场变动，促进产品与服务的及时调整和创新，以快速适应市场需求的能力。

2. 团队合作能力

团队合作能力是指在多元化团队环境中能够理解并尊重不同背景的团队成员的意见和建议，有效合作、协调资源，以实现共同商业目标的能力。

3. 商务沟通能力

商务沟通能力是指在内部管理和处理外部客户关系时，能够明确且有效地交流信息和观点，以建立和维护良好商务关系的能力。

4. 持续学习能力

在技术加速迭代的商业世界，终身学习成为必需。持续学习能力是指通过自主学习，持续更新自身知识与习得技能，以适应技术进步和行业发展的能力。

5. 多元文化素养

在全球化的商业环境中，理解并尊重不同文化的能力尤为重要。多元文化素养是指具备国际视野，理解和适应全球化背景下的商业规则，能有效与来自不同文化背景的人士交流与合作的能力。

五、结束语

商科新质人才培养对于加快形成新质生产力、推动新商科发展、实现经济社会高质量发展具有重要意义。本文提出了发展新质生产力背景下商科新质人才的重要价值、典型特征及能力框架，旨在为我国商科教育改革和人才培养提供支持，以期培养出更多适应数智化时代需求的商科新质人才。然而，本研究也存在一定的局限性。

（1）本文构建了商科新质人才的能力框架，但未能结合具体高校商科人才培养实践进行深入分析。

（2）本文探讨了商科新质人才的重要价值、典型特征和能力框架，但对如何培养商科新质人才未展开详细探索。

未来研究可以从以下方面进行拓展。

（1）深化理论研究，结合我国高等商科教育的实际情况，对商科新质人才的能力框架进行修正和完善。

（2）开展实证研究，以具体人才培养实践为案例，分析商科新质人才培养过程中的成功经验和存在的问题，提出商科新质人才有效的培养路径。

商科新质人才培养是发展新质生产力背景下高校商科教育的重要任务。期望在未来的研究中，能有更多学者关注并深化这一领域的研究，共同推动我国商科教育的繁荣与发展。

参考文献

[1] 杨德广. 努力培养与新质生产力相适应的新质人才 [J]. 教育发展研究, 2024, 44 (08): 3.

[2] 张林, 蒲清平. 新质生产力的内涵特征、理论创新与价值意蕴 [J]. 重庆大学学报（社会科学版）, 2023 (6): 137-148.

[3] 王竹立. 建构新教育学体系, 发展新质教育——从数智时代新知识观入手 [J]. 开放教育研究, 2024, 30 (03): 15-23+36.

[4] 唐晓峰, 陈向东. 新质人才培养：高校微生物学教学的新航标 [J]. 微生物学通报, 2024, 51 (04): 1051-1054.

[5] 祝智庭, 赵晓伟, 沈书生. 融创教育：数智技术赋能新质人才培养的实践路径 [J]. 中国远程教育, 2024, 44 (05): 3-14.

[6] 祝智庭, 李天宇, 张屹. 发展新质教育：基础教育数智化转型的新路向 [J]. 现代远程教育研究, 2024, 36 (04): 3-13+30.

[7] 张国平. 新商科人才培养模式与实现路径 [J]. 中国高等教育, 2021 (02): 43-44+50.

[8] 李亚荣, 张雪鹏, 张瑞. 新文科背景下融合型商科人才培养探索与实践 [J]. 商业文化, 2022 (8): 119-121.

[9] 张春萍. 加强新商科课程思政建设的路径探析 [J]. 中国高等教育, 2021 (10): 37-39.

[10] 霍宝锋, 张逸婷, 姚佩佩. 基于扎根理论的新商科人才培养 [J]. 中国大学教学, 2023 (04): 4-10.

[11] 孔祥维, 王明征, 陈熹. 数字经济下"新商科"数智化本科课程建设的实践与探索 [J]. 中国大学教学, 2022 (08): 31-36.

[12] 张国平, 王开田, 施杨. "四位一体、四维融合"的新商科复合型人才培养模式探析 [J]. 中国高等教育, 2022 (11): 50-52.

[13] 宋晓玲. 新商科背景下经管专业教学改革与创新研究 [J]. 高教学刊, 2022, 8 (22): 135-139.

[14] 金春华, 张满. 新商科专业人才信息化能力培养模式的探索与实践 [J]. 高教探索, 2023 (01): 51-56.

[15] 赵腾,严俊,林成城,等.数据要素视角下新质人才培养的机理与路径[J].情报理论与实践,2024,47(10):10-19.

[16] 郑世林,黄晴,陈劲祥.大国博弈下加快发展新质生产力的建议[J].学习与探索,2024(06):160-167.

大学生对应用在线学习平台的态度及其对学习投入的影响研究

——以"云班课"教学平台为例

邱晓星[①] 李 伟[②]

摘 要 随着信息技术的不断进步以及和教育教学日益深化的融合，在线学习得到快速发展，在线学习平台也日趋完善，众多高校选择云班课作为在线学习平台为师生提供多样化的教学互动。本文旨在探讨大学生对专业课程应用云班课的态度及其对学习投入的影响。通过问卷调查方法收集数据并对数据进行分析。结果显示，大学生对专业课程应用云班课平台整体持支持态度，而这种支持态度也对大学生的学习投入具有正向影响。针对在教学实施中的问题，本文提出教师应加强监督和引导，更重要的是必须在提高课程的教学质量上下功夫，提高学生基于云班课平台的学习效果。

关键词 在线学习平台 云班课 应用态度 学习投入 大学生

[①] 邱晓星，北京联合大学应用科技学院副教授，管理学博士，发展管理方向。
[②] 李伟，北京联合大学应用科技学院教授，博士，主要研究方向为产业经济、职业技术教育。

一、研究背景

信息技术的迅猛发展及其与教育教学的深度融合，促进了大学本科教育范式由"传授范式"向"学习范式"转变。新范式强调大学的目的不在于"教"，而在于更高效地促进学生学习。如何整合以"互联网+"为背景的各种教学资源，为学生提供自主学习、独立思考的平台，让学生对自己的学习负责，培养其主动学习、自主学习和终身学习的能力成为教育界关注的热点问题。

近年来，在移动互联网、多媒体技术以及人工智能快速发展的背景下，在线学习以其开放、灵活、不受时空局限以及支持个性化学习等特点获得了全球学习者的青睐，逐渐成为信息时代重要的学习方式之一。与之相适应，在线学习平台也在全球范围内得到了广泛应用，它们可以不受时空限制为学生提供在线教学、资源共享和学习服务。美国、英国、加拿大、澳大利亚等国家已经建立了相对完善的在线学习平台。在国内，随着移动网络环境的不断完善，以云班课、学习通、雨课堂等为代表的多种在线学习平台开始应用于高校教学活动中，并呈迅速扩展之势。其中，云班课凭借其功能多样、操作便捷、互动性好等特点脱颖而出，越来越多的大学课堂选择云班课作为在线学习平台为师生提供多样化的教学互动。

云班课利用智能手机等移动通信设备开展不限于课堂之内的互动式教学。教师首先在云班课平台为所授课程创建"班课"，然后就可以利用手机、电脑或其他移动设备管理班课，包括上传课程资源、组织教学活动和实施过程监控。上传课程资源和组织教学活动相对容易理解，实施过程监控是指使用云班课平台辅助教学，对于学生的课堂表现和问题困惑，教师可以随时点评、反馈和答疑。教师还能通过平台提供的"学情分析"功能，有效追踪学生的学习活动轨迹，并通过横向、纵向的学习对比分析随时掌握学生的学习动态，为开展基于数据驱动的个性化、精准化的教学改革提供数据支撑。

教师建立"班课"后，学生则使用教师提供的"邀请码"加入班课进行课程学习。学生每次参与学习活动，如上课签到、问卷投票、回答问题、参与讨论、分享观点、查阅资料、完成作业等，都可获得相应的"经验值"。学生获得的"经验值"可以作为对其学习表现进行客观评价的重要参考。

近几年，有关云班课在线学习平台的教学研究逐渐增多。王志宏和张杰（2020）将基于云班课平台构建的混合式学习模式运用于英语语言学课程教学，提出学生学习获得的"经验值"与期末考核成绩具有显著高度正相关关系的结论。丁乔等（2019）以云班课平台为基础进行了工程制图课程的教学实践，通过对学生学习轨迹的全程记录和跟踪，指出应用云班课平台有效促进了学生自主学习，使教与学的互动性更强。

云班课平台是一类具有极强体验性特征的教育服务型产品，学习者的态度在很大程度上影响其应用的有效性。已有研究者关注到学生对课程教学中应用云班课平台的态度，如王丽霞（2019）调查发现绝大部分学生认可云班课辅助课堂教学的形式。然而，现有研究更多是基于云班课平台开展的某类或某门课程的教学实践，研究的侧重点在于"应用效果"，关于云班课平台应用态度的研究仍不够系统和充分。

在线学习投入作为学习者参与在线学习活动中所表现出的一种积极状态，能够预测学习者的学习发展水平，在一定程度上反映了在线教学质量的高低。鉴于此，本研究关注的重点不仅是大学生对专业课程引入和应用云班课平台的态度，而且旨在探究这种"态度"对学生学习投入的影响，以期为提高基于云班课平台开展课程教学的有效性做出有建设性意义的探索。

二、研究方法及假设

（一）调查对象

选取北京联合大学应用科技学院金融学专业2022级的80名专升本学生为调查对象。这些学生均参与了基于云班课平台的2门专业课程（行为金融、金融产品营销能力综合训练）的教学实践，为期两个学期。

（二）研究假设

本研究旨在了解学生对专业课程应用云班课平台的态度及其对学习投入的影响，为此提出两个研究假设。

假设1：学生对专业课程引入和应用云班课平台持支持态度。该假设的两个子假设如下。

- 假设1a：学生性别对专业课程引入和应用云班课平台的态度有显著差异。
- 假设1b：学生入学方式对专业课程引入和应用云班课平台的态度有显著差异。

假设2：学生对应用云班课平台的态度对其学习投入有显著影响。该假设的三个子假设如下。

- 假设2a：学生对应用云班课平台的态度对其认知投入有显著影响。
- 假设2b：学生对应用云班课平台的态度对其情感投入有显著影响。
- 假设2c：学生对应用云班课平台的态度对其行为投入有显著影响。

（三）调查方法

本次调查采用问卷调查法。除学生基本信息外，均采用李克特五级量表形式。

对于有关学生对专业课程引入和应用云班课的态度，共设计14道题，详见表1。

表1 学生对专业课程引入和应用云班课的态度

	题项
Attitude 1	你对云班课引入课程教学的支持程度。
Attitude 2	你对课程教学继续使用云班课的支持程度。
Attitude 3	你对云班课的功能操作的熟悉程度。
Attitude 4	云班课的经验值排名增加了我学习的动力。
Attitude 5	云班课引入课程教学后，有助于促进我的课前预习。
Attitude 6	云班课引入课程教学后，有助于形成良性竞争的学习氛围。

续表

	题项
Attitude 7	云班课引入课程教学后，有助于了解自己的学习状况。
Attitude 8	在课堂中使用云班课发布活动，让我上课时更专注。
Attitude 9	在课堂中使用云班课发布活动，增强了师生的互动。
Attitude 10	使用云班课学习，提高了我自主学习的积极性。
Attitude 11	使用云班课学习，提高了我的课堂参与度。
Attitude 12	使用云班课学习，提高了我的学习效率。
Attitude 13	使用云班课学习，让我更愿意加入到小组去完成学习任务。
Attitude 14	使用云班课学习，增加了我的学习负担。

对于有关应用云班课的学生态度及对其学习投入的影响，共设计15道题，学生的学习投入划分为认知投入、情感投入和行为投入三个子维度，详见表2。

表2 学生对应用云班课的态度对其学习投入的影响

	维度	题项
question 1	认知投入	课程学习时，我经常会标注出学习材料中的重难点内容。
question 2		我经常会提前预习相关学习内容。
question 3		我经常试图将新学习的知识与已学过的知识建立联系。
question 4		我会尝试寻求合适的实例帮助我理解重要的概念。
question 5	情感投入	课程学习时，我对将要学习的课程内容总是充满好奇。
question 6		我总是期待将要开展的课程活动。
question 7		在参加课程学习活动时，我会觉得快乐。
question 8		课程学习中，与同学交流时，我会觉得愉快。
question 9		课程学习时，我觉得老师或同学比较尊重我的观点和意见。
question 10	行为投入	我会根据课程要求定期学习课程提供的相关材料。
question 11		小组学习讨论中我能够积极地表达自己的观点。
question 12		如果我有什么学习想法，我会很快将它落实。
question 13		我很少在课堂上做笔记。
question 14		我时常因为社会对专升本的评价而无法好好学习。
question 15		我会主动登录云班课平台查看学习任务。

三、统计结果分析

调查以不记名方式在 2 门专业课程完成后进行。调查前向学生说明了本次调查的目的,要求学生客观真实地填写问卷,学生现场答完问卷后统一收回。本次调查共发放问卷 80 份,收回有效问卷 74 份,有效率为 92.5%。采用 SPSS26、Amos22、Graphpad7.0 等软件对收集到的数据进行整理和分析,将调查结果综合呈现,揭示学生对专业课程应用云班课的态度及其对学习投入的影响。

(一) 样本分布

参与本次调查的 74 份样本数据中,男生占比为 45.9%,女生占比 64.1%;74.3%的学生通过专升本考试入学,参与"退役士兵计划"入学的学生占 25.7%。样本数据详见表 3。

表 3 样本分布表

		频率(n)	百分比(%)
Gender	Male	34	45.9
	Female	40	54.1
入学方式	专升本考试入学	55	74.3
	"退役士兵计划"入学	19	25.7

(二) 态度量表的信效度检验

有关学生对专业课程应用云班课的态度量表,14 个题项的因素负荷量全部高于 0.5,说明 14 个题项都是具有效度的。观察收敛效度,收敛效度的指标主要为平均方差抽取量(AVE),AVE 越大,说明测量指标的共同性越强,越能反映同一类问题。经计算,该态度量表平均方差抽取量(AVE)为 0.69,高于 0.5,意味着具有较好的聚合效度。组合信度(CR)为 0.97,高于 0.6。综合来看,该态度量表的信效度较好。具体检测结果见表 4。

表4 态度量表的收敛效度

题项	因素负荷量	信度系数	测量误差	组合信度（CR）	平均方差抽取量（AVE）
Attitude 1	0.90	0.81	0.19	0.97	0.69
Attitude 2	0.81	0.66	0.34		
Attitude 3	0.82	0.67	0.33		
Attitude 4	0.73	0.53	0.47		
Attitude 5	0.83	0.68	0.32		
Attitude 6	0.82	0.67	0.33		
Attitude 7	0.91	0.83	0.17		
Attitude 8	0.80	0.65	0.35		
Attitude 9	0.91	0.82	0.18		
Attitude 10	0.88	0.77	0.23		
Attitude 11	0.90	0.81	0.19		
Attitude 12	0.77	0.59	0.41		
Attitude 13	0.79	0.62	0.38		
Attitude 14	0.70	0.49	0.51		

（三）调查结果的统计

1. 学生对专业课程引入和应用云班课的态度得分情况

问卷调查结果显示，74名学生对专业课程引入和应用云班课态度的量表平均得分为4.14分，处于中等偏上的水平，假设1成立，即学生对专业课程应用云班课平台总体持支持态度。

学生总体态度得分情况详见表5。

表5 学生总体态度得分

	N	最小值	最大值	均值	标准偏差
应用云班课态度	74	1	5	4.14	0.90

各题项学生态度得分情况详见表6。

表 6　各题项学生态度得分情况

题项	A1	A2	A3	A4	A5	A6	A7	A8	A9	A10	A11	A12	A13	A14
均值	4.27	4.20	4.36	4.07	3.96	3.99	4.17	4.07	4.09	4.15	4.20	4.15	3.99	4.33

从表 6 数据可知，学生对云班课引入课程教学的支持程度（A1），以及对课程教学继续使用云班课的支持程度（A2），得分分别为 4.27 和 4.20，均较高。学生对云班课的功能操作的熟悉程度（A3）得分为 4.36 分，属于较高水平。题项 4~13（A4~A13）的得分在 3.96~4.20 分，得分较高，说明大多数同学认可云班课能够正向促进学生学习。针对"使用云班课学习增加了我的学习负担"题项（A14），学生态度得分为 4.33 分，说明学生并不认为使用云班课学习增加了自己的学习负担。

2. 云班课态度得分情况

经计算，应用云班课平台的态度在性别方面的得分差异不显著，P>0.05。假设 1a 不成立，即学生性别对专业课程应用云班课的态度没有显著差异。运算结果见表 7。

表 7　学生性别对应用云班课态度的差异

	男性	女性	t	P
应用云班课态度	4.1±0.95	4.16±0.87	−0.248	0.805

3. 云班课态度得分情况

经计算，应用云班课平台的态度在不同入学方式上的得分差异不显著，P>0.05，假设 1b 不成立，即以不同入学方式的学生对引入或应用云班课的态度没有显著差异。运算结果见表 8。

表 8　学生入学方式对应用云班课态度的差异

	通过专升本考试入学	通过退役士兵计划入学	t	P
应用云班课态度	4.08±0.94	4.27±0.77	−0.803	0.425

4. 学生态度对其学习投入的影响

按照学生的学习投入划分的三个子维度建立回归模型，分别为模型 1[a]

（因变量为认知投入）；模型 2^b（因变量为情感投入）；模型 3^c（因变量为行为投入）。计算结果表明：学生的"云班课态度"对其情感投入和行为投入有显著的影响，$P<0.05$，且二者回归系数 β 均大于 0，说明学生的"云班课态度"显著正向影响情感投入和行为投入。因此，假设 2b、2c 成立。而学生的"云班课态度"对认知投入没有显著的影响，假设 2a 不成立。计算结果见表 9。

表 9　应用云班课态度对学生学习投入的影响

	模型 1^a	模型 2^b	模型 3^c
	β（95%CI）/T/P	β（95%CI）/T/P	β（95%CI）/T/P
态度	0.104（−0.126~0.334）/0.903/0.37	0.262（0.058~0.466）/2.569/0.013	0.24（0.073~0.407）/2.879/0.005
R^2/F/P	0.745/18.438/<0.001	0.833/28.034/<0.001	0.813/27.354/<0.001

注：模型校正变量选择因变量有显著差异的一般人口学变量，如 Mode2 校正了入学方式变量。

四、结论

统计数据显示，学生对云班课平台引入专业课程教学，以及对课程教学继续使用云班课平台，大部分学生持积极态度。而且学生性别、入学方式等因素对课程应用云班课的态度没有显著影响，该平台对特定学习者人群没有显著的指向性。此外，绝大部分学生对使用云班课比较熟悉，也在一定程度上反映了云班课的使用较为方便。

研究表明：学生应用云班课的态度对学习投入中的两个子维度——情感投入和行为投入有显著的影响，即"云班课态度"得分越高（云班课支持度越高），学生在学习中的情感投入和行为投入越高。

综上，本研究得出如下结论：基于云班课平台的课堂教学不仅打破了传统课堂的时间和空间限制，实现了教学资源的高效共享，而且增加了学生的学习动力，促进了教学过程中的互动与合作，提高了学生的课前、课中和课后的参与度和学习效率。同时，学生能够及时了解自己的学习状况，有助于形成良性竞争的学习氛围。总之，云班课辅助教学体现了"以学生为中心"的教学理念,为学生自主学习提供了一个操作方便、功能强大的学习平台,值得推广。

五、总结

学生是学习的主体,是教学过程的核心。本次调查发现学生对应用云班课平台的态度整体上是积极的。但在教学实施过程中也发现部分学生存在过分重视"经验值"的现象,把获取"经验值"作为课程学习的重点;还有些学生的参与度不够,针对课前、课中和课后的活动与任务采取"应付"的态度,背离了学习的真正目的。在今后的教学中,教师应加强监督和引导,提高学生学习的自觉性和自律性。

尽管云班课平台拥有诸多优势,但其本质上仍然属于教学辅助工具的范畴。因此,教师必须在提高课程的教学质量上下功夫,重视课程建设,丰富线上资源,优化教学设计,改进教学方法,创新教学形式,注重学生自主学习能力的培养,以满足学生的学习需求,提高学生的学习效果。

本次调查仅仅是面对我校部分学生的一次浅层次调查,很多相关因素没有涉及或反映出来,今后有必要加强问卷设计的科学性和研究方法的适用性,针对学习者对在线学习平台的态度及影响因素开展更为深入的研究。

参考文献

[1] 周光礼,黄容霞. 教学改革如何制度化——"以学生为中心"的教育改革与创新人才培养特区在中国的兴起 [J]. 高等工程教育研究,2013,142(5):47-56.

[2] 丁乔,孙铁红,鲁宇明. 基于"工程制图"云教材的云班课建设与应用 [J]. 图学学报,2019,40(5):976-982.

[3] 毕经美. 高职院校学生在线学习的现状及改进策略 [J]. 职业技术教育,2017,38(14):36-40.

[4] 赵嵬,姚海莹. 基于蓝墨云班课的混合式教学行为研究——以"现代教育技术"课程为例 [J]. 现代教育技术,2019,29(5):46-52.

[5] 王志宏,张杰. "云班课"混合式学习模式建构研究——以英语语言学为例

[J]. 中国电化教育, 2020, 398 (3): 100-105.

[6] 丁乔, 孙轶红, 鲁宇明. 基于"工程制图"云教材的云班课建设与应用 [J]. 图学学报, 2019, 40 (05): 976-982.

[7] 王丽霞. "蓝墨云班课"在大学无机化学教学中的应用——以"氟元素"教学设计为例 [J]. 化学教育（中英文）, 2019, 40 (24): 24-28.

[8] Fredricks J A, Blumenfeld P C, Paris A H. School engagement: Potential of the concept, state of the evidence. Review of Educational Research, 2004, (74): 59-109.

[9] 万昆, 饶爱京, 徐如梦. 哪些因素影响了学习者的在线学习投入？——兼论智能时代在线学习的发展 [J]. 教育学术月刊, 2021, 347 (6): 97-104.

[10] 钟欣. 基于 CBE 理论的高校体育教学模式构建研究 [J]. 教育理论与实践, 2018, 38 (3): 63-64.

智能融合视角下电子商务应用型人才培养评价指标体系构建研究[1]

真莉莎[2]　王　秦[3]

摘　要　基于多元智能理论，从言语-语言智能、逻辑-数理智能、人际交往智能、身体-运动智能、视觉-空间智能、音乐智能、内省智能、自然观察者智能、创新智能九个一级指标，选择清晰表达、市场分析、团队和谐、信息传达、美观实用、内容吸引力、技能评估、发展方向、模式创新等45个二级指标构建电子商务应用型人才培养评价指标体系，并运用层次分析法对指标权重进行了量化分析。结果显示：逻辑-数理智能指标权重最高（20.16%），指明了逻辑推理与数理分析对于电子商务应用型人才培养的重要性；言语-语言智能指标（15.41%）、视觉-空间智能指标（15.37%）、创新智能指标（12.43%）、人际交往智能指标（12.43%）分别强调了沟通能力与语言表达、界面设计与视觉呈现、创新思维、团队合作的关键作用；内省智能指标（9.07%）、自然观察者智能（6.53%）、身体-运动智能（5.58%）、音乐智能（3.02%）四个指标权重相对较低。

---

[1]　资助项目：北京联合大学教改项目"以培养中职师资执教能力为导向的职业技术教育测量与评价课程的改革"研究成果（项目编号：JY2024Y002）。
[2]　真莉莎，在读硕士生，从事职业技术教育。
[3]　通讯作者王秦，教授，博士，硕士生导师，从事职业技术教育研究。E-mail：13911047021@139.com。

关键词 多元智能理论 电子商务 人才培养 评价指标体系 层次分析法

《"十四五"电子商务发展规划》提出：我国需要高质量电子商务人才推动电子商务产业的发展。估计到2025年，电子商务相关从业人数将达到7000万人。该规划强调了发展电子商务人才市场的重要性，倡导构建政、产、学、研、用、培六位一体的人才培养体系，实施多元联动的培养机制，因此，搭建一套客观、合理的电子商务应用型人才培养质量评价指标体系，是解决人才培养与岗位需求脱节问题的必然选择。

目前，国内外相关研究成果主要包括：霍华德·加德纳（Gardner. H., 1993）指出，美国职业学校采用实践教育模式，要求学生主动参与具体项目的电子商务实践学习并将其活动作为二级指标，以满足毕业要求；埃塞尔·E·伊迪亚卢（Ethel E. Idialu, 2013）以创新创业能力、科研能力和社会责任感等一级指标为核心，辅以电子商务项目管理、在线营销策略、供应链协调和社会服务参与等二级指标，促进学生的全面发展；努丽耶·切维克·伊什格伦（Nuriye Çevik işgören, 2009）展开了产教融合人才培养模式的研究，探讨了包括市场洞察力、团队领导力、商业创新能力和创业执行力等一级指标，以及市场趋势分析、文化适应性、领导策略、创新思维和项目管理等二级指标的创业胜任力培养机制；王笑铮从胜任力模型出发，构建了一个评价指标体系，全面评估电子商务人才的技术维度、商务维度和综合素质维度，包括网站开发与维护、在线交易处理、电子支付安全、商务沟通技巧、市场分析与预测和客户关系管理等二级指标；郭海玲等人运用冰山模型，提出了个人素质、职业技能、团队协作和创新思维等一级指标，以及电子商务平台运营、数据分析、用户体验设计和跨境交易等二级指标的评价体系，科学评价县域电子商务人才的综合素质；陈小凤基于SWOT-AHP分析法，构建了一个评价体系，包括课程设置、教学方法、师资队伍和行业对接等一级指标，以及电子商务法律法规、网络营销、物流管理和客户服务等二级指标，旨在提升技工院校电子商务人才的培养质量；何冬梅从校企合作的角度，提出了包括专业能力、创新能力和实践能力等在内的一级指标，并进一步细化为沟通协调、市场分析和团队合作等二级指标，以促进连锁经营与管理专业人才的全面发展。上述研究从不同角度构建了电子商务人才培养的指标体系，但缺少对创新能力、团队合作、领导力等多元化智能发展指标的综合考量。因此，本文通过引入多元智能理论评估和培养学生的潜能，构建智能融合视角下电子商务应用型人才培养评价指标体系。

一、研究方法与数据

（一）研究方法

本文采用层次分析法（AHP）。层次分析法是由美国运筹学家匹兹堡大学教授萨蒂于20世纪70年代初提出，其克服了多个因素同时进行赋权的困难，为多准则、多目标的复杂结构问题提供了一种简单有效的决策方法，它是一种基于成对比较和相对重要性评分的权重计算方法[8]。层次分析法的优势在于其结构化的决策过程，它允许通过成对比较的方式来评估不同智能指标之间的相对重要性，从而减少主观判断的影响，提高评价结果的客观性和准确性。

层次分析法通过构建成对比较矩阵，利用相对重要性的评分计算各评价指标的权重，将判断矩阵的每个元素除以其所在列的总和，得到归一化矩阵 R，其中，A_{ij} 是判断矩阵中的元素，S_j 是第 j 列的总和。对归一化矩阵的每一行求平均值，得到权重向量 W。其中，n 是矩阵的维度，W_i 为第 i 个元素的权重。公式如下：

$$R_{ij} = \frac{A_{ij}}{S_j}$$

$$W_i = \frac{1}{n} \sum_{j=1}^{n} R_{ij}$$

（二）数据来源

在智能融合视角下，针对电子商务应用型人才培养现状的调查问卷中，面向北京10所应用型高校发放560份问卷，其中，教师问卷发放531份，有效问卷为509份，占总问卷的95.86%；学生问卷共29份，并且所有回收的问卷均为有效问卷，有效回收率为100%。随后对有效问卷进行了数据整理和分析。

二、智能融合视角下电子商务应用型人才培养评价指标体系构建

（一）构建思路

基于霍华德·加德纳的多元智能理论，从言语-语言智能、逻辑-数理智能、人际交往智能、身体-运动智能、视觉-空间智能、音乐智能、内省智能、自然观察者智能、创新智能九个维度构建应用型电子商务人才培养评价指标体系[9]。

（二）指标体系构建

以多元智能理论的言语-语言智能、逻辑-数理智能、人际交往智能、身体-运动智能、视觉-空间智能、音乐智能、内省智能、自然观察者智能、创新智能九个指标为一级指标，参考国内外相关研究成果，言语-语言智能指标包括语言表达能力、阅读能力、外语能力和应用能力四个二级指标；逻辑-数理智能指标涵盖数据分析、统计处理、问题解决、用户体验、创新模式和风险评估六个二级指标；人际交往智能指标聚焦工作关系、领导激励、资源共享、客户体验和知识分享五个二级指标；身体-运动智能指标包括肢体语言、身体协调、快速学习、体态姿态和团队协作五个二级指标；视觉-空间智能指标囊括界面设计、视觉艺术、用户焦点、空间布局和创意营销五个二级指标；音乐智能指标包括音乐应用、背景音乐、用户参与、个性化体验和用户黏性五个二级指标；内省智能指标归纳为自我认知、自我约束、时间管理、持续学习和团队冲突五个二级指标；自然观察者智能指标包括趋势预测、调查分析、环境影响、创作灵感和信息关注五个二级指标；创新智能指标包括改进建议、创新精神、知识整

合、商业机会和产品优化五个二级指标。因此，构建的智能融合视角下电子商务应用型人才培养评价指标体系如图1所示。

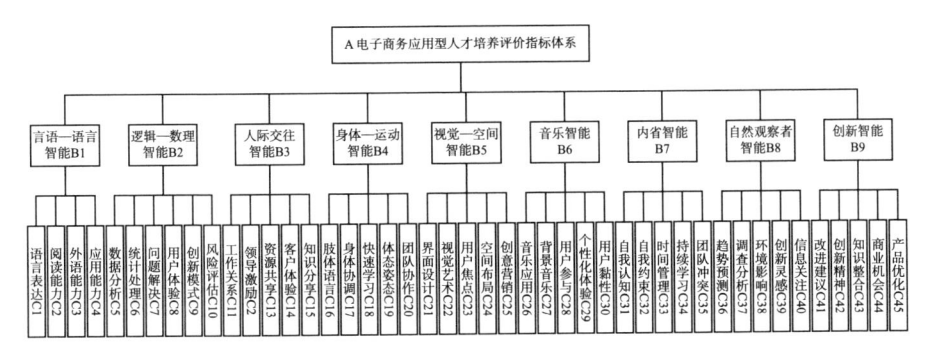

图1 电子商务应用型人才培养评价指标体系

（三）指标权重计算

通过构建成对比较矩阵，利用层次分析法计算出各个评价指标的权重。这些权重即可反映九种智能指标内部指标层（见表1-9）以及九种智能指标在培养电子商务应用型人才评价中所占权重（见图2）。

表1 言语-语言智能指标的层次分析结果

二级指标	特征向量	权重值
B1：言语-语言智能指标		
C1：语言表达	0.923	39.18%
C2：阅读能力	0.929	18.57%
C3：外语能力	1.015	20.30%
C4：应用能力	1.097	21.95%

表2 逻辑-数理智能指标的层次分析结果

二级指标	特征向量	权重值
B2：逻辑-数理智能指标		
C5：数据分析	1.063	21.26%
C6：统计处理	0.941	18.82%
C7：问题解决	0.958	17.13%
C8：用户体验	0.975	16.41%

续表

二级指标	特征向量	权重值
C9：创新模式	1.063	14.22%
C10：风险评估	0.931	12.16%

表3　人际交往智能指标的层次分析结果

B3：人际交往智能指标		
二级指标	特征向量	权重值
C11：工作关系	1.035	20.70%
C12：领导激励	1.030	20.60%
C13：资源共享	1.056	19.11%
C14：客户体验	0.864	17.28%
C15：知识分享	1.014	22.31%

表4　身体-运动智能指标的层次分析结果

B4：身体-运动智能指标		
二级指标	特征向量	权重值
C16：肢体语言	0.923	18.46%
C17：身体协调	0.962	19.23%
C18：快速学习	0.989	19.78%
C19：体态姿态	1.071	21.42%
C20：团队协作	1.055	21.11%

表5　视觉-空间智能指标的层次分析结果

B5：视觉-空间智能指标		
二级指标	特征向量	权重值
C21：界面设计	0.976	19.52%
C22：视觉艺术	1.046	20.91%
C23：用户焦点	1.016	16.31%
C24：空间布局	1.026	20.51%
C25：创意营销	0.936	22.75%

表6　音乐智能指标的层次分析结果

二级指标	B6：音乐智能指标	
	特征向量	权重值
C26：音乐应用	1.018	20.36%
C27：背景音乐	0.963	19.25%
C28：用户参与	1.013	20.26%
C29：个性化体验	0.998	19.95%
C30：用户黏性	1.008	18.18%

表7　内省智能指标的层次分析结果

二级指标	B7：内省智能指标	
	特征向量	权重值
C31：自我认知	1.055	21.10%
C32：自我约束	0.982	19.64%
C33：时间管理	0.982	19.67%
C34：持续学习	0.988	17.75%
C35：团队冲突	0.993	21.84%

表8　自然观察者智能指标的层次分析结果

二级指标	B8：自然观察者智能指标	
	特征向量	权重值
C36：趋势预测	1.063	21.26%
C37：调查分析	0.941	18.82%
C38：环境影响	0.958	19.15%
C39：创新灵感	0.975	19.49%
C40：信息关注	1.063	21.28%

表9　创新智能指标的层次分析结果

二级指标	B9：创新智能指标	
	特征向量	权重值
C41：改进建议	0.974	19.47%
C42：创新精神	0.974	19.49%

续表

二级指标	特征向量	权重值
C43：知识整合	1.005	20.31%
C44：商业机会	1.021	21.42%
C45：产品优化	1.026	19.31%

运用层次分析法计算九个智能一级指标的权重值，结果如图2。

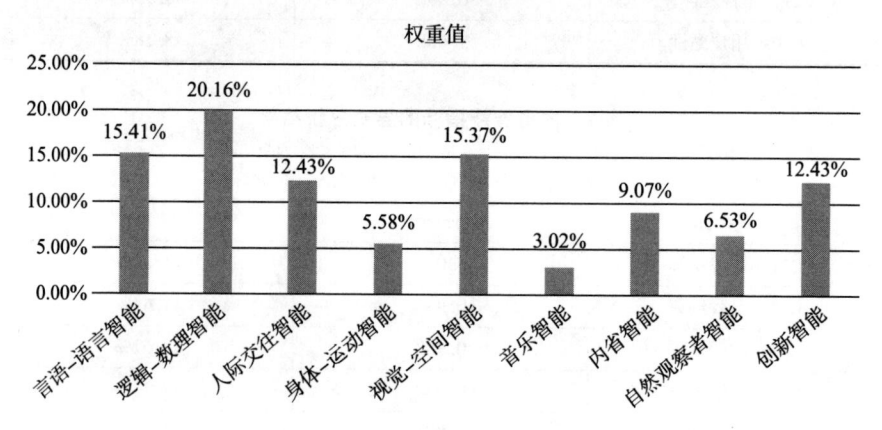

图2 九个智能一级指标权重占比

通过层次分析法赋予九个一级智能指标不同的权重以及各个智能内部指标层权重，确保了评价过程的平衡性和综合性，以反映其在电子商务应用型人才培养中的重要性。评价总分计算方法采用加权求和的方式，其中，每个智能指标评分总和乘以其相应的权重百分比，然后将这些加权分数相加得到最终的评价总分。公式如下：

$$评级总分 = \sum_{i=1}^{言语-语言智能} \times 15.41\% + \sum_{i=1}^{逻辑-数理智能} \times 20.16\% + \sum_{i=1}^{人际交往智能} \times 12.43\% + \sum_{i=1}^{身体-运动智能} \times 5.58\% + \sum_{i=1}^{视觉-空间智能} \times 15.37\% + \sum_{i=1}^{音乐智能} \times 3.02\% + \sum_{i=1}^{内省智能} \times 9.07\% + \sum_{i=1}^{自然观察者智能} \times 6.53\% + \sum_{i=1}^{创新智能} \times 12.43\%$$

三、结论与建议

（一）结论

本文基于霍华德·加德纳的多元智能理论，运用层次分析法（AHP）构建了一个涵盖言语-语言智能、逻辑-数理智能、人际交往智能、身体-运动智能、视觉-空间智能、音乐智能、内省智能、自然观察者智能、创新智能九个一级指标，清晰表达、市场分析、团队和谐、信息传达、美观实用、内容吸引力、技能评估、发展方向、模式创新等45个二级指标的电子商务应用型人才培养评价指标体系。这一体系为电子商务应用型人才培养提供了一个全面系统的评价框架，并且为教育实践者在培养具有综合能力的电子商务人才方面提供了评价依据。

（二）建议

1. 重点培养逻辑-数理智能

逻辑-数理智能指标在应用型电子商务人才培养评价指标体系中占据了最高权重（20.16%），凸显了数据分析、决策制定和问题解决等关键能力在电商人才培养中的核心作用。然而，当前教育实践中，学生在将统计分析和算法设计等逻辑-数理技能应用于电商问题时，总是面临想不到、想不通、想不明白的三大困境，这些困境主要源于学生缺乏深入的理论知识理解能力和实践操作经验。为了解决这一痛点，教师可以采用案例驱动的教学方法，将真实世界的电子商务案例融入课程中。通过分析市场趋势、用户购买行为、库存管理和定价策略等实际问题，学生不仅能够锻炼逻辑思维，还能增强学习动机和实际应用能力。这种教学方法有助于学生理解理论知识在现实世界中的应用，从而提高学习效果。同时，实践导向的课程设计是提升学生逻辑-数理智能的关键，让学生亲自操作数据分析工具和软件，如 Excel、Python 等，不仅能够提高学生的专业数据处理能力，还能加深对专业数据分析流程的理解。

2. 均衡发展视觉-空间智能和创新智能

视觉-空间智能指标（15.37%）和创新智能指标（12.43%）在应用

型电子商务人才培养评价指标体系中占有重要位置。视觉-空间智能关乎学生如何将电商创意转化为直观、引人入胜的视觉表达，而创新智能则关乎他们如何突破常规，提出新颖的电商产品方案。当前，学生往往缺乏将抽象概念转化为具体、用户友好设计的能力以及在快节奏的电商环境中快速迭代创新的能力。因此，首先，通过用户界面设计和网页布局等课程，学生应被引导去理解设计元素如何影响用户体验，通过视觉层次和美学原则来增强信息的传达，让学生学会如何从用户的角度出发，创造出既美观又实用的设计。其次，激发学生创新潜能，通过工作坊和实验室环节，学生可参与到头脑风暴、原型设计和用户测试等活动，锻炼他们的创新思维，学习如何将创意转化为可行的解决方案，同时，训练学生在面对复杂电商问题时，能够迅速地产生多种可能的解决方案，并从中选择最佳的一个。

3. 综合提升人际交往智能和内省智能

在电子商务这一动态且竞争激烈的行业中，人际交往智能和内省智能的培养对于学生的职业成功至关重要。人际交往智能指标占比12.43%，涉及学生如何在团队中有效沟通、协调资源和建立关系，而内省智能指标占比9.07%，关乎学生如何进行自我反思、目标设定和情绪管理。当前，学生往往在理论学习中表现优异，但在实际团队项目中却难以发挥应有的作用，这通常是因为他们缺乏实际的团队工作经验和自我管理技能。因此，教学需要在现有的基础上加强技能的实际应用。通过设置模拟商务环境，学生在模拟的电子商务项目中扮演不同的角色，如项目经理、市场营销专家或客户服务代表，这不仅能够实践他们的沟通和协调技能，还能够学习如何在团队中发挥领导作用，解决冲突并推动电商项目向前发展。

内省智能的培养需要得到重视。首先，可以通过引导学生进行自我反思，帮助他们识别自己的优势和弱点，设定个人发展目标。其次，鼓励学生进行自我管理，如时间管理、任务优先级设定和压力管理，教授学生如何制订计划、合理分配时间和资源，以及在面对压力时保持冷静和专注，在多变的工作环境中保持竞争力和适应性。

参考文献

[1] Gardner. H. Multiple Intelligence：The Theory in Practice［M］. New York：Basic Book，1993.

[2] Ethel E. Idialu. Ensuring Quality Assurance in Vocational Education［J］. Contemporary Issues in Education Research. 2013，6（3）：431-438.

[3] Nuriye Çevik işgören. The importance of cooperation between vocational schools and industry［J］. Procedia-Social and Behavioral Sciences，2009，1（1）：1-10.

[4] 王笑铮. 基于胜任力模型的电子商务人才评价指标研究［D/OL］. 太原：太原科技大学，2014.

[5] 郭海玲，张雄涛，史海燕. 基于冰山模型的县域电子商务人才评价研究［J］. 数学的实践与认识，2019，49（17）：273-280.

[6] 陈小凤. 基于SWOT-AHP分析法的技工院校电子商务专业人才培养系统的改革研究［D/OL］. 广东：广东技术师范大学，2020.

[7] 何冬梅. 校企合作视域下人才培养模式可持续发展长效机制分析——以连锁经营与管理专业为例［J］. 教育科学论坛，2024（18）：44-51.

[8] 毛碧琦，张宏，刘扬，等. 基于层次分析—模糊综合评价法的研究生教育教学方法创新设计——以高等农业机械学课程为例［J］. 科技风，2024（23）：90-92.

[9] 霍华德·加德纳，沈致隆. 基于多元智能理论的三个重要教育学推论［J］. 新课程教学（电子版），2014（6）：122-124.

[10] 张婷. 职业教育跨境电子商务专业数字化技能人才育训模式探索［J］. 现代职业教育，2024（22）：33-36.

[11] 方志. 基于OBE教育理念的电子商务专业人才培养模式［J］. 西部素质教育，2024，10（13）：72-75.

[12] 吴哲，于帆. 我国中等职业教育人才培养行业动态分布研究［J］. 职业技术教育，2021，42（32）：11-15.

[13] 刘洪彬，于桂娥. O2O课程融合课堂教学效果评价指标体系研究——基于创新型人才培养目标［J］. 浙江理工大学学报（社会科学），2023，50（5）：624-630.

[14] 王晓军，赵文平. 职业教育新形态教材质量评价指标体系构建及质量提升策略——基于扎根理论和层次分析法的研究［J］. 职教论坛，2023，38（12）：57-65.

浅析乡村振兴背景下首都高校劳动教育[①]

杨思雨[②] 任 杰[③]

摘 要 依托劳动育人—校地融合—乡村振兴—反哺发展—双向赋能的路径，构建劳动教育助力乡村振兴体系。把劳动教育与思想政治教育有机结合，形成"劳动教育+乡村振兴"的育人机制，发挥学校劳动教育服务乡村振兴的作用。首都高校发展劳动教育得到三方面的成效经验：一是构建劳动教育助力乡村振兴体系；二是建设特色化校地双向赋能机制；三是打造协同共育的育人师资。

关键词 劳动教育 乡村振兴 首都高校 育人机制

中共中央、国务院印发《关于全面加强新时代大中小学劳动教育的意见》和《中共中央 国务院关于全面推进乡村振兴加快农业农村现代化的意见》，明确指出要全面构建体现时代特征的劳动教育体系，其中对劳动劳动教育工作提出了"开展耕读教育"，大力实施乡村振兴战略，为教育事业尤其是劳动教育的发展带来了新的机遇与挑战，同时也赋予了劳动教育新的使命与发展定位。

[①] 基金项目：北京市教育委员会科研计划项目资助（项目编号：SM202411417004）。

[②] 杨思雨，管理学博士，北京联合大学应用科技学院教师，研究方向为农业现代化、劳动力转移、经济结构转型等。

[③] 任杰，管理学博士，北京联合大学应用科技学院副教授，硕士生导师，研究方向为电子商务、职业技术教育。

一、引言

新时代高校劳动教育的回归有着深刻的时代背景和价值意蕴。王丽娜（2016）指出劳动教育中的劳动包括劳动观和劳动技术教育、劳动习惯和劳动品德养成等内容，具有一定的教育意义，它是脑力和体力劳动并存，物质和精神生产兼具的活动。有学者提出构建以劳增智、以劳树德、以劳育美、以劳强体的高校劳动教育体系思路（谢丽娜，2021）。

助力乡村振兴是对高校劳动教育的意蕴升华。劳动教育是中国特色社会主义教育制度的重要内容，但高校劳动教育绝不是人才培养的终点（王泾丞，2022）。哈佛大学劳伦斯·萨默斯（Lawrence Summers）和科比（WiamC. Kirby）提出通识课程和专业课程相互融入，启发我们从课程性质、课程目标、课程内容等方面出发，构建一体化"劳动教育+"的课程体系。如在"马克思主义基本原理概论"课程中强化劳动教育解读，把劳动教育与智育结合，用劳动精神引导广大学生"将论文写在祖国大地上"。在劳动教育开展中培养当代大学生的劳动技能和劳动观念，是为了更好地引导大学生投入社会、奉献社会，这恰恰体现了高校劳动教育的完成也正是当代大学生步入社会的开端。

高校劳动教育需要乡村振兴为新时代大学生提供建功立业的舞台，而乡村振兴也需要高校劳动教育为其培养人才（和晋，2021）。"人才"作为高校劳动教育任务和乡村振兴战略需求的连接点，使二者目标同向同行。同时，劳动教育又受到乡村振兴的精神滋养，为乡村振兴提供价值取向、育人方式等支持。在深入推进乡村振兴战略的时代背景下，通过高校劳动教育锻炼大学生劳动技能，引导高校大学生深入中国乡村将所思所学转化为所用所行，这对助力乡村振兴具有重要的现实意义。

二、劳动教育的界定

劳动是中华民族的传统美德，是德智体美劳全面发展的重要途径，是培养学生全面发展的育人理念。劳动教育是中国特色社会主义教育制度的重要内容，也是全面发展教育体系的重要组成部分。

2020年3月，《中共中央 国务院关于全面加强新时代大中小学劳动教育的意见》提出"把劳动教育纳入人才培养全过程，贯通大中小学各学段，贯穿家庭、学校、社会各方面，与德育、智育、体育、美育相融合，紧密结合经济社会发展变化和学生生活实际，积极探索具有中国特色的劳动教育模式，创新体制机制，注重教育实效，实现知行合一，促进学生形成正确的世界观、人生观、价值观"。2020年7月，教育部印发《大中小学劳动教育指导纲要（试行）》，进一步强调提升劳动教育育人成效。2022年5月，教育部批准开设劳动教育本科专业，该专业在全国各所高校中首次设立，体现了国家对劳动教育的高度重视。

中国在不同的时期对劳动教育有着不同的定位，同时理论界对劳动教育是否与其他各育同等重要提出思考。劳动教育的核心素养包括劳动观念、劳动能力、劳动习惯和品质、劳动精神四个要素，界定了劳动教育的目标。

三、高校劳动教育体系建设的路径优化

按照目前的社会发展需求，总体性、系统化地推进高校大学生劳动教育体系建设。把"大劳动教育"的综合育人观与"大思政"建设有机融合，创新劳动教育模式。坚持学校教育与生产劳动相结合，实施多举措不断探索"劳动育人—校地融合—乡村振兴—反哺发展—双向赋能"的新路径，有效推进劳动教育体系建设和协同创新。

劳动教育是必修课，奋斗是必答题。北京联合大学在推进"大思政课"进程中，融合发展劳动教育与思想政治教育，多年坚持把劳动课堂开到田间地头。秋收时节，北京联合大学与门头沟区清水镇下清水村联合举办的"庆丰收助重建"丰收节庆祝活动在灾后重新修建的清水花谷举办，师生来到对口帮扶的下清水村，割谷子、收藜麦，充分发挥劳动教育"树德、增智、强体、育美"的综合育人价值。劳动教育具象化了"学以致用"，体现了理论联系实践的过程。首都师范大学将劳动教育融入"大思

政"体系，在劳动实践必修课中设置了爱国卫生运动、走进劳模等模块，邀请劳动模范在学校做主题汇报，让学生涵养劳动精神，培养热爱劳动、尊重劳动、崇尚劳动的情感认同与行动自觉性。在人才培养育人体系创新中融入高质量劳动教育体系建设。那么，何为高质量劳动教育？以为党育人、为国育才为使命，高质量劳动教育强调的是全面发展的高质量、劳动付出的高质量，使学生树立正确的劳动价值观，知行合一、兼具家国情怀和社会责任感。如果没有高质量的劳动教育，那么就难以形成全面发展的教育体系，进而难以培育新时代高质量人才。

高校劳动教育与助推乡村振兴都是贯彻落实高校"立德树人"的重要举措。劳动教育是中国特色社会主义教育制度的重要抓手，乡村振兴需要劳动教育，劳动教育赋能乡村振兴。高校组织大学生开展乡村服务性劳动实践，组建乡村振兴优质服务团队。高校在劳动育人与乡村振兴的双向赋能路径上，努力提升劳动教育服务乡村振兴能力，推动乡村发展、建设和治理，振兴乡村。中国传媒大学充分发挥自身优势特色，积极创新劳动实践新形式，持续提升教育服务乡村振兴成效。结合其定点帮扶地区——内蒙古自治区兴安盟科尔沁右翼前旗发展需求，结合传媒学科和专业特色，开展全方位、多层次、多样化的劳动实践教育，包括教师学生团队为当地创作纪录片、打造产业形象、推广普通话课程，创新"双向赋能"劳动育人和乡村振兴模式，认真贯彻中央关于做好定点帮扶工作的决策，落实教育部工作要求，巩固拓展脱贫攻坚成果，全面助力推进乡村振兴的工作。北京联合大学坚持劳动育人理念，积极推动劳动教育赋能增效。为了激发乡村发展的内生动力和活力，学校着力完善"教育+培训"的长效帮扶机制，同时通过劳动教育引导学生运用多学科知识技能解决高质量核心问题。对景区规划、节事设计、矿洞遗产再利用、红色旅游资源挖掘、民宿餐饮服务人员培训、菜品创新改良等方面持续开展"引智帮扶"。

以实现精准帮扶、乡村振兴为目标，积极推进劳动教育由点及线，由线及面，在学生群体中广泛、深入开展，切实提升劳动教育成效。北京联合大学对接下清水村展开"校村联手不松手"的持续帮扶工作，将劳动实践与助力乡村振兴相结合；北京联合大学旅游学院组建专家团队，将下清水村昔日的矿山荒沟打造成今日的"网红"旅游打卡地——清水花谷，打通文化扶贫的"最后一公里"。并在传统节日等重大节点进行劳动教育，例如，于端午节前夕组织开展包粽子的活动，通过实践活动，开展劳动教育，传承传统文化。实现多层次、多渠道探索育人模式，从而进一步推进校园文化实践，深化文化自觉与文化自信，扩大文化教育浸润乡村振兴的辐射广度。

推动劳动教育从纳入国民教育体系的"立起来"转化为充分实现培养学生全面发展育人价值的"强起来"。虽然技术的不断革新一定程度地改变了社会生态（刘磊等，2024），但是劳动是综合体力和脑力要素的人通过不同领域实践来解决各类问题。劳动的过程同时也是解决实践问题的过程，高质量的劳动蕴含着高科技层级的创新、创造。劳动是推动人类社会进步的重要力量，劳动教育要求培养有爱国情怀和社会责任感的高素质劳动者。可以说，没有高质量的劳动教育，就没有全面发展的教育体系。中国农业大学以涿州教学实验场为依托，打造践行"勤耕重读、知行合一"的劳动教育特区，开设了一批劳动教育特色通识课程，打造了耕读教育读本，开设"大国三农""乡村振兴：理论、政策与实践"等20余门核心通识课程，突出农耕文明、乡村振兴等主题，推动耕读教育与劳动教育有机融合。北京林业大学将劳动教育课程细分为岗位体验、生活技能、专业生产三大类，课程设计从简单的体力劳动到生活技能培训再到专业生产脑力劳动，有利于学生由浅入深地参与劳动、接受劳动，让学生在三类课程中对劳动的体验层层递进、逐步深化，坚持以劳树德、以劳增智、以劳强体、以劳育美。

在国家人才强国的大背景下，中国已经进入了构建新发展格局、推进高质量发展的新阶段，教育、科技、人才是国家发展的重要支柱，高素质劳动者的培养需要新时代劳动教育来助力。人才的培养需要全面发展，高质量的劳动涵盖着高科技的创新。有效推进高校高质量的劳动教育建设的关键在于：一是构建劳动教育的理论机制，理性分析高质量劳动教育的核心所在；二是研究劳动实践和劳动教育理论之间转化的路径；三是在制度、文化、组织方面建立劳动教育的协同创新长效机制，促进乡村振兴和劳动教育双向赋能。

四、成效经验

（一）构建劳动教育助力乡村振兴体系

利用专业优势，依托劳动育人—校地融合—乡村振兴—反哺发展—双向赋能的路径，在第一课堂、社会实践、乡村振兴等工作中一体化贯通劳动育人实践。劳动教育可以帮助培育全面发展的人，适应现代经济社会的需要。基于马克思主义劳动观，努力探索马克思主义思想和生产劳动相结合的实践，把劳动教育与思想政治教育有机结合，践行"以劳树德、以劳增智、以劳强体、以劳育美"的综合育人成效。形成"劳动教育＋乡村振兴"的育人机制，发挥学校劳动教育服务乡村振兴的作用。

（二）建设特色化校地双向赋能机制

通过把学校劳动教育作为载体，全面调动学校的专业力量，整合现有的优势资源，向定点帮扶地区提供校地联合的特色帮扶，在乡村振兴的平台上学以致用，产出劳动成果，持续赋能。特色化校地双向赋能机制实现了双向赋能、有机循环，不断完善这种可推广的校地合作发展新模式，助推当地的乡村振兴建设。

（三）打造协同共育的育人师资

在乡村振兴的大背景下，高校实施劳动教育与乡村振兴相融合的育人机制。为保障乡村振兴事业有强大的人才队伍支撑，高校要拥有高质量的育人师资，以提高"劳动教育＋乡村振兴"的融合效果。同时，高校要与相关科研院所、企事业单位合作，为教师提供管理、技术、技能实践平台，有效提高教师劳动教育的教学能力，进一步优化育人师资，为乡村振兴培养更多优秀的人才。

参考文献

[1] 谢丽娜. 新时代高校劳动教育体系构建研究：逻辑理路与实践路径 [J]. 黑龙江高教研究, 2021, 39 (03)：1-5.

[2] 王丽娜. 劳动教育在高校思想政治教育中的现状与对策研究 [D]. 成都：四川农业大学, 2016.

[3] 刘磊, 冯博, 高晓娜. 劳动教育研究的中国经验及问题域转向——以我国劳动教育 70 余年研究理路与成果反思为线索 [J]. 中国教育学刊, 2024 (04)：28-33.

[4] 习近平. 在庆祝中国共产党成立 100 周年大会上的讲话 [N]. 人民日报, 2021-07-02 (2).

[5] 孙剑坪. 高校思想政治工作如何回应时代发展的要求 [J]. 国家教育行政学院学报, 2004 (02)：77-79, 15.

[6] 习近平. 高举中国特色社会主义伟大旗帜 为全面建设社会主义现代化国家而团结奋斗 [N]. 人民日报, 2022-10-26 (1).

[7] 中共中央马克思恩格斯列宁斯大林著作编译局, 编译. 马克思恩格斯文集：第 5 卷 [M]. 北京：人民出版社, 2009：208.

[8] 和晋. 乡村振兴视域下高校劳动教育实践路径探析 [J]. 农村经济与科技, 2021, 32 (17)：305-306.

[9] 王泾丞. 新时代高校劳动教育助力乡村振兴的渠道探索 [J]. 经济研究导刊, 2022 (22)：39-41.

[10] 黄凯丽, 陈燕, 顾影. 新时代劳动教育赋能乡村振兴的路径探索 [J]. 现代商贸工业, 2023, 44 (7)：7-11.

[11] 曾妮. 劳动教育如何助力乡村振兴？——基于"后发现代化"的视角 [J]. 教育科学研究, 2022 (7)：33-39.

[12] 林丽芳, 郭祖全, 韩继文. 乡村振兴视域下高校劳动教育体系构建与实践应用 [J]. 教育探索, 2023 (5)：69-74.

[13] 吕文丽. 乡村振兴背景下劳动教育路径创新研究 [J]. 中国果树, 2022 (4)：131-132.

大学生领导力建构路径研究

——以北京某高校学生会主席为个案

王莉方[①]

摘 要 本文通过讲述一名普通学生如何当选为校学生会主席、获得领导地位以及在实践中如何构建其领导力的过程，力图展现一个立体、真实完整并具有鲜明个性特征的大学生领导力的建构路径，并尝试探究和揭示其领导力形成背后的深层原因及其逻辑。

关键词 大学生 领导力 建构 关系

一、研究缘起

从2004年进入高校参加工作起，我一直致力于高等教育教学及研究工作。在工作中，逐渐发现：越来越多的知名高校把领导力培养作为人才培养的核心目标，把培养未来领袖作为大学的重要承诺。大学生领导力同样也是被社会建构，它的产生、形成和发展受到学校中诸多因素的制约和影响。那么究竟是哪些人和事塑造了大学生领导力呢？是什么在背后影响和调节大学生的领导力呢？这些问题有待我去发现和深入探究。

---

① 王莉方，北京联合大学应用科技学院副教授，博士，研究方向为领导力、教师专业发展。

二、文献综述

自 20 世纪 80 年代提出后，大学生领导力受到了教育界和心理界的广泛关注，现已成为国内外学者重要的研究课题。研究主要集中于大学生领导力模型理论、构成要素、影响因素等方面。

目前国际上对大学生领导力模型进行了多元化的研究，构建了领导力发展的社会模型、学生情绪智力领导模型、学生领导力挑战模型等，这些模型的建立为领导力的测量与构建奠定了理论基础。领导力发展的社会改变模型（SCM）在美国的大学生领导力教育中广泛使用。领导力发展的社会改变模型以"改变"为核心价值，包括自我认知、一致性、承诺、合作、共同目标、以礼相争和公民责任 7 种重要价值，这些价值可划分为个体价值、团体价值和社会价值三个维度。学生情绪智力领导力模型（EIL）由尚克曼和艾伦于 2008 年开发，是当前诸多大学生领导力模型中较新的一种。学生情绪智力领导力模型由情景认知、自我认知和他者认知 3 个维度 21 种能力构成。学生领导力挑战模型由库泽斯和波斯纳针对学生领导力的测评和培养而开发。学生领导力挑战模型旨在帮助学生（不管是否拥有一定的正式或官方的领导职务）开发其领导力潜能，以领导他人取得卓越的成就。学生领导力挑战模型由以身作则、共启愿景、挑战现状、使众人行和激励人心 5 种领导力实践行为和 10 种承诺组成。

关于大学生领导力构成要素的相关研究以美国最具代表性。美国 31 所高校的大学生领导力项目认为大学生领导力构成要素包括自知能力、有效处理人际关系的能力、灵活的适应能力、创造性思考的能力、承诺服务的能力和把握公共政策的能力六个方面。哈佛大学、芝加哥大学等多所美国高校的大学生领导力培养主要关注沟通能力、自信心、想象力、创造力、生涯发展、领导意识、团队合作、团队的信任与道德、授权、影响力、冲突和解决等方面。美国马萨诸塞大学主要是通过建立新生的学习团体来培养学生的领导力，包括自我了解、人际交往、社区服务、社会责任感等方面。美国资优生的领导力构成要素主要包括勇于接受挑战、创造性解决问题的能力，批判性推理能力，较强的口头表达能力，思想与行动的稳定性，包容、激励他人的能力。纵观国外学者对大学生领导力构成要素的研究，结合我国大学生的发展特点和规律，在大学生领导力概念界定的基础之上，将大学生领导力的构成要素分为学习、服务、沟通、决策、挑战、执行、创新和团队构建等方面。其中学习是基础；服务是主要内容；决策、挑战、执行、创新是重要表现；团队构建是核心。

虽然学者对大学生领导力影响因素表述多样，但主要包括个人因素、家庭功能和社会参与三个方面。牛兴荣研究表明，在不同文化的视角下，大学生的成长环境、性别、受教育程度等对大学生的领导力期望有很大的影响。黄宏强对高校学生干部领导力素质结构研究发现，性别、所学专业等因素对领导力有显著影响。卢德平认为早期的班干部经验、人际交往、关键时期学校和家庭的支持等是青少年领导力形成的影响因素。尤其早期的班干部经验是影响领导力的关键因素。罗爱林将社会参与划分为五个维度，分别是信息获取、活动参与、意见表达、参与社团活动、参与公共事务。通过实证得出这五个维度均与大学生领导力三个维度显著相关。

虽然相关研究取得了一定成果，但是与国外相比，对该领域的研究还存在诸多不足。例如，对大学生领导力的概念界定模糊，没有统一的结论，不同学者的理解偏差较大。从研究内容上看，主要集中于现状分析、领导力教育，以及国际比较方面，大部分成果停留于比较或者学习借鉴西方，尤其是借鉴了美国大学生领导力的研究和实践成果，研究的视角很少借鉴其他领域的理论，没有挖掘大学生领导力深层的因素。研究方法多以思辨和定量研究为主；而且现有的研究有待深入，缺少高质量的研究，多是对客观数据的罗列说明。大学生领导力的建构不是发生在真空中，而是发生在真实复杂的情境中，随着社会环境和教育环境的不断变化，对于大学生领导力的研究也应该基于当前的新环境和当前的理论，应用科学的研究方法和分析工具不断加以丰富。基于此，将研究问题聚焦于大学生领导力是如何建构的，什么样的人和事影响了其领导力？大学生领导力构建背后的深层原因和行为逻辑是什么？

三、研究方法论

（一）研究对象与研究方式的选择

本研究采用滚雪球抽样方法，通过熟悉的人，一步一步寻找下去，最终寻找到典型的访谈对象。我将研究对象限定为具有领导力的学生干部群体。由于在学校工作多年，我认识担任班主任的赵老师。赵老师对我的研究给予莫大支持。第一次找他时，他立即给我介绍了两个学生。这两个学生都是大四的，一个是学校某社团副会长 Z，另一个是班长 R。后来，赵老师又告诉我可以找团委李书记，让李书记帮忙寻找合适的人选。李书记推荐了学生 W。W 是现任校学生会主席，很有领导才能，而且李书记也已经和 W 进行了沟通，W 也表示同意。因此，我的访谈对象锁定为这三个学生。但鉴于研究时间和规模的限制，我最终决定对第三个学生 W 进行研究，本研究因此变成了单一个案研究。

W 同学为北京市某高校大四学生、校学生会主席。W 同学从山东考入北京某高校，刚进入高校时仅是一名普通学生，后担任班团支书、院学生会成员、院学生会主席，最后成为校学生会主席。鉴于大学生领导力的建构是纵向发展的过程，因此，通过讲述 W 如何从普通学生成长为校学生会主席的故事，可以较为清晰地看出大学生领导力的建构过程。

W 同学特征：文质彬彬的男孩，瘦高个（175 厘米左右），面容清秀、干净整洁、不卑不亢、语速平稳、条理清晰。

（二）具体研究方法

1. 访谈法

"访谈"是一种研究性交谈，是研究者通过口头谈话的方式从被研究者那里收集第一手资料的研究方法。由于社会科学研究涉及人的理念、意义建构和语言表达，因此"访谈"便成为社会科学研究中一个十分有用的研究方法。本研究主要采用开放性访谈，在已有经验及相关文献基础上编制访谈提纲，而后根据需要和实际情况进行补充和删减。在研究中，我与研究对象进行了两次访谈（见表1）。第一次访谈发生在正式进入现场时；第二次发生在对第一次访谈资料、实物资料及相关文献进行详细分析后。另外，在和研究对象的接触中，我一方面作为教师的身份进入，另一方面作为老乡的身份进入（我和W是老乡）。以教师的身份进入是不可避免的，这可能使得研究对象对老师有一种天然的敬畏，也可能有戒备；但以老乡的身份进入，可以减少与研究对象之间的距离，使得研究对象愿意配合。

表1 两次访谈记录表

类别	第一次访谈	第二次访谈
时间	2023年10月18日下午	2023年12月25日中午
时长	1个小时	1个半小时
地点	部门小会议室	汉堡王快餐厅
访谈问题	结合经验及文献设计了12个访谈问题，在访谈中根据研究对象的回答进行追问，实际仅问了10个研究问题	完全开放式，访谈问题5个，主要针对第一次访谈后的疑惑，以及根据研究问题进行的追问
W精神面貌	干净整洁，红色拉绒衫、格子衬衣、蓝色牛仔裤；一股淡淡的古龙香水味	干净整洁，冲锋衣，蓝色牛仔裤

2. 观察法

质的研究认为，观察不只是对事物的感知，而且取决于观察者的视角和透视。观察内容是根据研究目的和内容确立的，在进行这些活动时，我尽量保持清醒的头脑，仔细观察研究对象的举止言行，并记录下观察到的现象和个人思考。

3. 实物收集法

在与W同学沟通的过程中，我将需要收集的实物材料分成以下几类。

第一类包括W当班干部、学生会干部时组织的一些活动的方案、规章制度等相关材料。

第二类是相关活动的照片以及平常摄影存留的照片。

第三类是W曾上过的培训班。

第四类是W的新闻报道，仅限于学校校园网及其他网站上有关W学生的相关报道。这些资料和 W 的领导力间接相关，主要体现在 W 活动组织、获奖、学习等方面的新闻报道。在这些新闻中，W 或以领导者身份、或以嘉宾身份、或以主持人的身份、或以获奖者的身份等出现。

实物资料是部分访谈内容的佐证。在研究的过程中，我有时会对访谈过程中 W 的言语有所怀疑，这是真实的吗？我需要用其他方式进行验证。实物收集便是验证的方式之一。虽然我收集到的实物相对较少，但是从某种程度上来说，已经对 W 的学习、生活等方面进行了部分佐证。同时也验证了我对 W 的访谈内容，呈现了 W 的部分领导力，包含其个人特质、社会及学校环境的共同塑造。实物资料可以为进一步的访谈提供思路。在对实物资料进行详细分析后，抽取出有利于研究问题的信息，进行归类整合，并尽可能深入地探究其背后隐藏的价值。通过对这些资料的分析可以窥见 W 的学习成绩、与学校教师的关系、在学校的影响力、组织能力、人脉关系、竞争优势等。我发现自己正在逐步了解 W 在学校的生活状态及呈现的领导力。

（三）资料分析

首先要对资料进行分类、归纳，建立起言语资料库，进而对言语资料编码。资料编码是在所有的资料收集并整理归纳完后进行的。"整理和分析资料的时机应该越早越好，不应拖到积累了很多资料以后才进行。"因为两者其实是"一个相互交叉、重叠发生、同步进行的过程"。及时整理资料不仅能把遗漏信息补充完整，而且可以展开与研究对象的对话。整理资料的同时对资料的真实程度以及全面程度进行检验，在该过程中，也要思考研究方法本身，检查它的适用性和科学性。

整理资料的过程，是将理论与实践相融合的过程。因此，每次整理资料之前都要认真阅读质性研究方法理论，在阅读过程中及时对重要内容进行标注，并将自己所思所感记录于旁白之处。每次整理资料都要对访谈记录通读多遍，并结合以前的作业及相关理论仔细斟酌，但即使这样头脑中依然空无一物，所有的资料都是支离破碎的，我要寻找的那条"缘线"藏在何处？虽然我知道，它可能躺在资料的文字中。它静静地藏在那里，就像小时候玩捉迷藏时藏起来的小朋友一样，没有任何声响，等待着我的到来。

我重新翻开以前的作业，细细研读，并将自己认为可能要用的资料单独摘录下来。而后又回到访谈记录上"发呆"。"不如将每个访谈段落内容抽取出来，并用简单的词语进行抽象总结"，头脑中突然闪过这个念头。由于以前在整理访谈资料的时候，将资料中重要的句子都标成了红色，为我这次抽离总结段落的关键意义奠定了基础。我将从段落里抽离出来的词语或短语记在该段落后面的括号里，并用蓝色字体标记出来。等到将所有段落的词语都抽离出来后，我将每个段落后面抽离的词或短语汇集到一起，反复阅读、思考。思路逐渐清晰起来，那些躲藏在文字后面的"小朋友"逐渐进入我的眼帘。此次共从段落里抽离出86个词或短语。经过归类（类属）分析，这些词语主要从属于一条主线三个情境。一条主线即W是如何从普通同学成长为学生会主席的，即进校时"普通同学—团支书（辩论队队长）—院学生会主席—校学生会主席"的成长逻辑。三个情境包括组建辩论队、带领辩论队成员参加辩论赛，组织校学生运动会以及组织学校学生会主席论坛。

（四）研究伦理处理

对于研究伦理处理，我是以真诚相告的方式进行的。这种真诚相告包括寻找研究对象的中间环节，我确实将真实的研究目的告知他。在访谈录音之前，我首先征得研究对象的同意。在征得研究对象许可的情况下收集与研究相关的实物资料及学校官网上的新闻资源，主动与研究对象进行沟通，在充分尊重研究对象的情况下提出到现场观察和访谈，对收集来的资料认真处理、严格保密。

四、分析讨论

（一）初入校门：从服务到胜任，初步践行领导力

W在大学以前，没有做过班干部，仅在初中的时候在学生会待过一段

时间，高中因为学业任务比较重，就没有参加学生会了。可以说，W 在大学以前没有班干部的经历。

——从为班级、同学服务开始

我认为大学其实跟高中没有太大关系。进入大学后，一切从零做起。大家都是同一个起点，谁也不认识谁，这就给所有人提供了一个机会，但并不是所有人都能识别这个机会，把握住这个机会。竞选班干部时我竞选的职位是班团支书。我首先做自我介绍，并提到自己喜欢听歌和唱歌。有同学说："那你就唱首歌呗。"我很大方地唱了一首。同学们对我挺认可，投给我的票数还挺高的，最后我成功地竞选为班团支书。

后来，我经过反思，意识到竞选成功与否，关键看能否把同学们的心笼络住，其考察点就是是否有一颗为集体服务的心。我之所以能够竞选成功，主要依靠两方面。一方面，在竞选班干部之前，我为班级做了很多服务性的工作，比如搬书、搬花之类的；另一方面，我进入大学的第一件事就是记清楚班里每个人的名字、电话号码，这使得我能很准确地叫出每个人的名字，缩短了与同学们之间的距离，使大家对我另眼相看。

从 W 竞选班团支书的故事中，我们看到了 W 冷静、沉稳、勇于表现等个性特征以及抓住机会、为组织服务和富有影响力、良好的沟通能力等领导素质与能力。领导者要把注意力放在满足他人的需要、而不是自己的需要上，这样才能建立起大家对领导者的信任。作为一名领导者，首先要想到集体的利益，要有为集体服务的精神，并付诸实际，这样才能得到集体成员的认同，进而建立自己的影响力。从本质上来说，领导力是一种人与人之间的关系，是领导者与其追随者之间的关系。由此可见，为同学服务、为他人着想是大学生领导力的基本体现。

——主动沟通，积极争取机会，进入系学生会

军训之前，我报名参加了系学生会。当时学生会的同学问我："你想进什么部？""想进宣传部。""那你进宣传部想做什么工作？"我说了一下，可能当时我的回答没有让他们很满意，我没被选上。军训过程中，我周围好几个人都收到了准许加入学生会的短信，但我没有收到。于是我就

给当时系学生会主席打电话。系学生会主席跟我说:"你没选上。"我当时"哦"了一下。但他最后说你想去做宣传,那你就来宣传部吧。结果出人意料!如果不打这个电话,不自己去问的话,可能就是真的没有选上,问了这么一句,竟然成功了!后来系学生会主席跟我说:"你主动打电话过来,说明你还是很想加入,积极性很高。一般的人就会安于现状,也不会打电话询问。将来你也会在这里好好干,就给了你这个机会。"

人有时候距离成功只有半步之遥,如果你向前迈半步就能获得成功。而具有领导力的人会大胆地向前迈出半步,从而实现目标,而这个目标的实现恰恰是以后实现系列目标的起点。W 就在这个起点上开始了新的攀登。良好的沟通能力、积极争取机会是大学生领导力的第二种体现。

(二) 组织辩论赛,增强影响力,建立关系,获得认同

如果说竞选团支书和进入学生会是 W 领导力的初步体现,那么组织辩论赛的过程就是锻炼领导力的最佳机会。在组织辩论赛的过程中,W 识别机会、抓住机会,其团队合作、激励等能力都得到了提升。

——寻找共同点,组织辩论赛,增强影响力

团队构建及团队互动关系是研究对象领导力的重要体现。W 认为在领导团队中,大学生领导力就是寻找共同点,这一点在访谈记录中得到充分体现。

与其说是领导,不如说是共同探讨,因为参加辩论赛的人思想很敏锐,而且都非常独立。这时确实需要一个领导者,在其独立思想上找到共同点,要不然在赛场上就真成各自为营了。因此寻求共同点是很重要的,这决定了你带领的团队是怎样的状态。所谓领导力就是帮助大家寻找共同点,把别人的话与自己的话融合到一起,这里有一种沟通的思想,我觉得这一点相对来说比较重要。

如果成员之间出现了分歧,比如说:我认为苹果是甜的,他认为苹果是酸的,这就是因为苹果有甜的、有酸的,味觉的判断是不一样的,那我们就围绕苹果味道的多样性来谈,有时候我们的分歧点在这里,那我们就可以退一步来找他的共同点,反正我们的辩题也不在这里,算是投机取巧

的一种方法，最后就定我们认为苹果的口味是多样的，尽量回避有争论的点。

恰当地运用共同点是团队构建及团队互动的精髓所在，主要体现在以下几个方面：识别机会、抓住机会，善用人脉资源促使组织目标的达成，整体看问题的视角，团队危机的处理，等等。

——识别机会、抓住机会，并将共同点转化为实际行动

刚上大一，和同学一起参加辩论赛，获得了相当不错的名次。当时就觉得一起参加辩论赛的同学很有热情，管理学院也没有辩论队，那我们就自己组建一个辩论队。最后成员有八个人，四个人一队，组成了两队。

——建立和维护人脉资源，服务于组织目标的实现

政法是很多年的强队、老队，北中医也是新兴起来的强队，他们的学校都提供了大力支持，他们都是老师带领着去参加辩论赛。我们没有。我们当时就开玩笑说，我们是散养的。由于我们都是自己参加，所以认识了很多人，后来他们就主动到我们学校来比赛。中国政法的朋友过来和我们比赛，就一起吃顿饭，这样人脉关系就积累起来了。

大学期间认识了很多人，都是人脉资源的积累。我们老师说得很好，人这一生都是在积累，包括在国外上学也是在积累自己的资本。不管是为了以后的工作还是生活，有这样的经验会更好一些。

——培养整体看问题的视角

我们在做辩手的时候只会站在自己这一方的角度想，不会想其他方面，但是做评委的时候，一张纸我们要分成两份，正面写正方，反面写反方，每一个环节我们都要记下来，我们就相当于一个记录员，找到漏洞，并指出来，然后我们在后场讨论时就会把我们的记录对比一下，看看我们三个评委的记录哪里相同哪里不同，共同觉得这里应该是他们最大的弱点，如果说他们守住了，那么评的时候就要看一下他们的技巧如何，不是看他们讲得有没有道理，而是看他们说话的技巧，我自己当辩手时看得更多的是我说得有没有道理，自己答辩时的角度与当评委时是不一样的。

——泰然处理团队危机

辩论会与学习生活产生冲突，因为它要占用大量的时间。我们一起准备辩论时就是一起吃个饭，或者一起上个自习，但是每个人的想法都不一样，时间不同，然后慢慢地就滋生出退缩的情绪，之后它会蔓延。作为组织者，我只能去安抚这些人，完成一场辩论赛，如果赢了，那是很有成就感的事情，输了就要考虑安抚一下团队成员。我觉得像我们这些大三大四的学生，失败对我们来说，输了就输了，因为随着比赛越来越多、年纪越来越大，对待输赢也越来越淡然了。

其实到了每年辩论赛季的后期，队友的排斥心理都很严重。一开始练大家觉得很新鲜，到后来每天晚上都练，大家烦躁的情绪就会很强烈，我觉得这是任何一个重大活动都会有的，我们都预料到了。有人不去了，那我们只能临时给他们买点吃的、送点小礼物，然后他们就会觉得还不错。

团队的工作目标就是完成任务，而领导者的工作是使团队凝聚团结起来，合格的领导者必须是团队动力的专家，不但要以身作则，还要懂得使用不同的人才来共同完成工作任务，实现既定目标。而W能通过协调、建立共识、激励士气、组织运用以及营造气氛来产生影响力，使团队能够在轻松的氛围中以最佳的状态创出高绩效。

每个成员都生活在压力之中，如果压力太大，就会出现明显的焦虑症状，甚至会引发严重的后遗症。不同的人有不同的"临界点"，超过这个容忍极限，后果就不堪设想。因此，W在适当的时候，要让团队成员释放压力或者转移压力。这样才不至于影响团队总体目标的实现。

（三）接受挑战，成为系学生会主席，承担大量工作，获得学院认同

——建立关系，获得认同

我认为能进入系学生会，是来之不易的机会，因此在大一第一学期，我认真踏实地做学生会分配的每一件事情。到大一第二学期开学时，我已经学会了很多东西，积累了相当多的经验。当时，很多系学生会成员都去校学生会了。但我还是愿意留在系学生会，我觉得在系学生会要学的东西

还有很多。到大二下学期，系辅导员 C 老师让我做系学生会主席，我同意了。半年后，院宣传团委的宣传部部长对我说："你要不要考虑来院团委这边做宣传工作?"按学院相关规定，我也要离开系学生会，于是便答应了。院团委宣传部部长是我的学长，他喜欢看辩论赛，也看我参加过的辩论赛，我们早就认识了。我做系学生会主席后，由于工作需要，与他沟通交流的机会更多了。后来学长通过进修成为学院的团委副书记。我就接管学院宣传部，任宣传部部长，主要做学院团委宣传工作，负责撰写新闻稿及团委各项活动宣传等。后来由于学长考研，把团委所有的事情都交给了我。我一方面要完成宣传部部长的工作，另一方面还要完成团委的很多其他工作。这对我来说是很大的挑战，同时也锻炼了我各方面的能力。

——**努力拼搏，获得荣誉**

X 老师是我们学院院办老师。我那段时间正好入党，我们学院考党章，我的党章成绩很高；后来参加了学校宣传活动，拿过校庆奖章，他就对我有了很好的印象。后来 X 老师调任团委书记，让我做他的副手。

作为团支书，与教师交往互动；积极主动参与院学生会的活动，得到老师、学生会干部认同，这无形之中给自己建立了良好的人脉关系网络，并使自己在网络中处于有利的位置，可以优先享受到学校为学生准备的各种资源，为自己进一步发展奠定了良好的基础。

（四）成为校学生会主席，组织多项大型活动

——**接受挑战，促进内在动力发展**

2022 年 6 月，校团委老师找到我，让我担任校学生会的主席。我当时犹豫了好久，原想做点其他事情了。我征求父母的意见，父母认为我应该自己做出决定。我征求好朋友的意见，好朋友认为校学生会主席压力大，而且还要准备出国相关考试，都不建议我担任。我征求院团委书记意见，他是一个有思想的人，考虑问题较长远。他说："那你去吧，积累人脉很重要。"于是我担任了校学生会主席。我觉得这是别人对我的一种认可，尤其是老师的认可。我希望很多年以后人们提起学生会，会说 W 带得挺好的，是这么多年比较出色的一位，我希望大家对我是这样一种评价。另

外，我希望改变校学生会现状，因此，我上任以后，组织了多次比较有影响力的活动，如首届学生会主席论坛、首届运动会、首届美食文化节、教师的厨艺大赛、学生的厨艺大赛等。

当有机会改变现状时，就要全力以赴。保持现状，只能甘于平庸。具有领导力的人探寻并接受有挑战性的机会，以检验自身能力。而W知道维持自己的动力来源，这使得他有了较为出色的表现。一般来说，动力有两种来源，外在动力和内在动力。外在动力，是由外部世界来衡量。尽管很多人都不愿意承认，但很多人都是为了获得外在成功而努力工作。他们希望获得成功，而且非常享受伴随提升和奖励而来的成就感。内在动力则是来自你对生命意义的感受。它们和你的人生经历以及你解释自己人生经历的方式紧密相连。内在动力包括追求个人成长、帮助其他人进步、关心社会进步、改变世界等。

——**勇于创新，加强联系，构建新的关系网络**

学校首届学生会主席论坛，我们邀请了学校历届学生会主席、副主席。有的来了一家人，前后两届的主席还都认识，还有好多现在还都在一个学校里，我感觉大家都在一个圈子里，互相都认识。校友们对我这个活动很认可。有的都毕业十多年了，以为学校把他忘记了，经过这个活动他们重回校园，感受到家的温馨。学生会主席论坛的邀请函由我亲自设计，并一张张寄到被邀请人的单位。他们收到之后，感觉好温暖。

——**注重细节，尽善尽美**

这是我上任后组织的第一个大活动。我对每一个细节都严格要求，甚至是苛刻，几乎要求完美。哪怕做一个表格，行间距都要调到看着舒服，字体看起来很好看为止。

首届学生会主席论坛上了校新闻网。后来很多高校向我要首届学生会主席论坛的方案。我这个想法也是受北京邮电大学歌手大赛的启发。通过这样的活动，可以增强大家对学校的热爱。当时各学院的主席以及学生会的人都来了，他们有在银行做到经理级别的，有在房地产销售行业做到中层管理人员的，刚毕业的那几届还在被提拔的初级阶段，也有自己出来创业的，当然那是家庭比较殷实的。学生会主席们分享着一个个故事，能请来这么多人大家都觉得很惊讶，超出自己的想象。当时我们学生会的论坛放在校庆的某个环节，这个机会还是挺好的，影响力一下就打出去了。明年可以让各个学院开展自己的主题论坛，每个学院有自己的学院主席，也可以请回来。这样的一个活动，使学生对学校的认识慢慢地增强。

创新源于对外部的观察，卓越的领导者从各处寻找优秀思想，他们加强对外沟通，他们倾听、请教并且不断学习，领导力与采用创新方式、创新思维、新方法、新方案之间有千丝万缕的联系。W抓住每个机会，进行社交，建立自己的关系网络，并与外部保持联系，开发自身以外的、丰富的资源，只有这样才能更好地进行创新。正是由于W这种精神，使其组织的活动有所创新，实现了超越。这成为大学生领导力的最高体现之一。

（五）严格要求，勇于授权，培养新接班人

我经常跟学生会的同学说的一句话就是：能做得这么好的只有校学生会。要让大家都有这样的意识才可以。大家刚开始觉得很难，什么都问我。我告诉他们："你们汇报到我这里的不是一个问句而是要让我做一个选择，你们要考虑好所有的方案，让我给你们做一个选择，或者已经选择好了一方，让我来做决定行或者不行就可以了，你们不要在细节上问我！"

当然对于过错，我也严厉批评。我对事不对人。如前一段时间，他们请外校嘉宾的时候就犯了很大的错误，那天特别生气，然后把大家叫过来，严肃批评，我只是想让大家认识到做错一件事情造成的后果的严重性。

我允许你在学生会做错很多事情，我是主席，要担起很多责任。但是，回过头来，我要告诉自己的团队，以后你们到了社会上没人给你们担这个责任。

我现在已经开始慢慢放手了，明年计划让副主席来全权负责。否则等我走的时候，底下的人还没有成长起来。我的老师也已经交代，选择下一代，现在不培养，他们以后就得硬着头皮上，从头做起，那刚开始的时候就是一团乱，如果你提前就让他们挑起担子的话，到时候他们会很轻松，这样学生会才能一直保持高效运行状态。

营造人们全心参与、掌控自我生活的氛围，是增强领导能力的核心要点。在胜任和自信的氛围中，大家会毫不犹豫地承担自己的责任，并对结果保持很强的主人翁意识。领导者加强人们用自己的能力成就卓越的信念。他们从自己掌控转向交由他人掌控，自己成为教练。他们帮助人们学习新技巧，增强现有才干，为不断的成长和变革提供支持，使追随者最终成为领导者。领导者认为，当你放弃权力时，你就更有权力。所有增强他人自主意识、自信心和个人有效性的领导行为，都将使领导者更有力量，同时更加大了领导者成功的可能性。W一方面对下属严格要求，另一方面逐渐放权，培养新的接班人，使其领导力发挥到极致。

五、讨论与反思

（一）领导力的构建是自我觉察和发自内心的崇高追求

领导力是领导者和追随者之间的一种关系。一个完整的领导力框架必须包括追随者的反应。领导力的提升需要不断实践、反思，需要谦逊、努力追求卓越。领导力不是一个想法，而是一种心声。领导力很重要，不仅对大学生，而且对每个领域，甚至每个社区、每个国家都一样。今天的世界需要更多的卓越领导者，无数伟大工作需要完善，需要领导者团结和激发我们。但领导力的提升是一种深刻自我觉察和发自内心的崇高追求，是一个艰难的、无止境的过程。一个领袖人物必须正直、诚实、顾及他人的感受，并且不把个人或小团体的利益和需要摆在一切衡量标准的首位。否则人们就不会追随他。领导力的本质就是赢得他人的自愿追随，没有强大的自我觉察力和精神富足，没有足够的欣赏、感激、包容、奉献和承诺，卓越领导力也只是空中楼阁。

（二）领导力构建是在社会网络中逐渐形成的

社会资本是指个体或团体之间的关联——社会网络、互惠性规范和由此产生的信任，是人们在社会结构中所处的位置给他们带来的资源。在社会网络中，行动者不再是独立的个体，而是一个与他人紧密联系的社会人，行动者根据自己占据的位置，扮演着不同的角色。关系网络能够为人们提供更多的信息、专业知识、资源和合作机会——这些功能使网络具有显著的工具价值。学生不仅仅依靠单个老师、同学、朋友，他们一般都有一个关系网络可以依靠，以得到发展所需的支持。这些关系可以是横向扁平的，也可以是纵向分级的；可以是组织内的，也可以是跨组织的；可以是持续的，也可以是专门针对一次具体的工作变化的；可以是与具体工作相关的，也可以是与职业生涯相关的。

对领导力发展的研究发现，个人应该主动去与他人建立各种不同的、具有发展作用的关系。人们应该培育跨越不同情境的一系列关系，让自己广泛接触不同的观点与经历，太依赖于某个人、某个情景会限制事业发展。因此，把建立关系网络同其他领导力发展方法结合起来使用，将会获得更好的个人及组织领导力发展效果。

W的领导力构建于学校关系网络中。在成为团支书之后，建立与系辅导员及学生会的关系；在组织辩论赛后，加强与教师、学生会，以及外部的关系；在成为系学生会主席后，加强与学院及学校之间的关系构建；在成为校学生会主席之后，继续构建其关系网络，为未来做进一步的打算。在这样的关系网络中，W在学校关系网络中的位置使其能优先获得各种信息资源，并优先占有学校的各种资本，一方面W基础较好，学习成绩较好，另一方面在优先获得各种资源的情况下，他获得了各项荣誉，同时找到自身内心的动力源，追求自身的价值，从而使其领导力日臻完善。

（三）默会知识习得与经验的反思是大学生领导力构建的途径

默会知识也称为缄默知识，是指未能被人的意识清楚把握，无法用语言或其他形式加以表述的知识。波兰尼认为，知识具有默会的成分，它在一定程度上是不可言传的，从这种意义上说，知识也是具有个人性的。知识的个人性与普遍性寄托在框架内被统一起来了；个人性与普遍性都是互为条件；个人性通过对普遍性意图的断言而显示自己的存在，而普遍性则由于它被承认为这一个人寄托的与个人无关的条件而得以构成。

客观世界的信息无限丰富，对人的感官进行多重刺激，而人的注意力和信息加工能力却是有限的。通常情况下，只有很少一部分外界刺激能够进入意识，引起人的注意。而绝大多数信息虽然也刺激了人的感官，却未被意识和加工，形成了心理学上讲的随意注意。随意注意重复多次后，会形成无意记忆。这种无意中积累起来的知识就是默会知识。默会知识是人类所有认知的基础。一方面，显性知识植根于默会知识；另一方面，真正转化为显性知识的，通常是人类知识的极小部分，人的多数知识始终处于缄默状态。默会知识不但是人类知识的基础，也是成功行动的前提。默会知识可以帮助我们拨开管理工作中的迷雾，为深入剖析领导力及其形成规律提供直接帮助。

经验对人类的实践活动具有重要价值。人类的实践活动过程都会作为默会知识保留在人的大脑中。当人们开始注意和反思，对积累下来的默会知识进行加工，找出决定实践活动成功与否的原因，也就是人们活动及其结果之间的内在联系，默会知识便显性化了，成为可以用语言加以表述和传授的经验。使知识摆脱人身依附，形成有效积累，得到广泛普及，进而使人类对客观世界的认识得以不断深化。

领导力的构建也是默会知识形成与显性化的过程。默会知识构成了人们广泛意义上的认识和实践行为的必要基础，因此，对默会知识的理解有助于我们更好地理解人类的认识和实践行为。W 的领导力正是在入校后把握机会、不断的实践中逐步完善的。正如我们平常所说，在游泳中学会游泳。领导力的构建同样也是在不断地实践、不断地挑战自我中逐渐构建的。

参考文献

[1] [美] 詹姆斯·M·库泽斯，巴里·Z·波斯纳. 领导力如何在组织中成就卓越（第5版）[M]. 徐中，周正，王俊杰，译. 北京：电子工业出版社，2014.

[2] Rost. J. C. Leadership for the twenty-first century [M]. New York: Praeger. 1991: 116.

[3] 马建新. 有效领导力的构成及提升途径 [J]. 理论界, 2007 (1): 48.

[4] 兰徐民. 领导力的构成及其形成规律 [J]. 领导科学, 2007 (22): 34.

[5] 张超. 大学生领导力: 结构及相关影响因素的路径分析 [D]. 上海: 华东师范大学. 2012.

[6] 邱化民. "场域-惯习"视角下的大学生领导力建构研究 [D]. 北京: 北京师范大学. 2014: 8.

[7] 翁文艳, 房欲飞. 当代美国大学生领导力教育成功经验分析 [J]. 中国青年政治学院学报, 2007 (2): 7-11.

[8] 房欲飞. 美国高校大学生领导教育研究 [D]. 上海: 华东师范大学, 2008.

[9] Higher Education Research Institute. A social change model of leadership development: Guidebook version Ⅲ. College Park, MD: National Clearinghouse for Leadership Programs. 1996: 20.

[10] College Park, MD: National Clearinghouse for Leadership Programs. 1996: 20.

[11] Kouzes, J. M., & Posner, B. Z. The Student Leadership Challenge: Five Practices for Exemplary Leaders. San Francisco, Jossey-Bass. 2008: 2.

[12] 翁文艳, 赵世明. 国外青年学生领导力培养的研究与实践 [J]. 领导科学, 2011 (11): 8.

[13] 陈向明. 质的研究方法与社会科学研究 [M]. 北京: 教育科学出版社, 2000: 165-271.

[14] 文茂伟. "建立关系网络"再认识——基于整合个人领导力与组织领导力发展方法的视角 [J]. 广州大学学报 (社会科学版), 2011 (2): 42-45.

[15] [英] 迈克尔·波兰尼. 个人知识——迈向后批判哲学 [M]. 贵州人民出版社, 2000: 1-20.

[16] Higher Education Research Institute. A social change model of leadership development: Guidebook version Ⅲ. College Park, MD: National Clearinghouse for Leadership Programs. 1996: 20.

[17] [美] 詹姆斯·M·库泽斯, 巴里·Z·波斯纳. 领导力如何在组织中成就卓越 (第5版) [M]. 徐中, 周正, 王俊杰, 译. 北京: 电子工业出版社, 2013: XIX.

[18] Kouzes, J. M., & Posner, B. Z. The Student Leadership Challenge: Five Practices for Exemplary Leaders. San Francisco, Jossey-Bass. 2008: 2.

［19］翁文艳，赵世明．国外青年学生领导力培养的研究与实践［J］．领导科学，2011（11）：8．

［20］牛兴荣．中国在校大学生领导行为期望研究——从跨文化领导力角度的分析［D/OL］．上海：上海外国语大学，2009：4．

［21］黄宏强．高校学生干部领导能力探析［J］．管理工程师，2010（1）：46-50．

［22］卢德平．青少年领导力的萌芽和形成——基于三个城市26名高中学生干部的深度访谈结果［J］．中国青年研究，2008（5）：14．

［23］罗爱林．大学生领导能力及其影响因素实证研究［D/OL］．成都：西南交通大学，2010：22．

［24］陈向明．质的研究方法与社会科学研究［M］．北京：教育科学出版社，2000：165．

［25］陈向明．质的研究方法与社会科学研究．北京：教育科学出版社，2000：271．

［26］［美］詹姆斯·M·库泽斯，巴里·Z·波斯纳．领导力如何在组织中成就卓越（第5版）［M］．徐中，周正，王俊杰，译．北京：电子工业出版社，2013：1-8．

［27］文茂伟．"建立关系网络"再认识———基于整合个人领导力与组织领导力发展方法的视角［J］．广州大学学报（社会科学版），2011（2）：42-45．

［28］［英］迈克尔·波兰尼．个人知识——迈向后批判哲学［M］．贵阳：贵州人民出版社，2000：1-20．

［29］石中英．知识转型与教育改革［M］．北京：教育科学出版社，2007：225-229．

工商管理类专业学生数据素养评价指标体系构建研究[①]

殷智红[②]

摘 要 针对数字经济时代对数据人才的需求，传统工商管理类专业学生数据素养已经不能满足企业岗位的需求，因此为了培养适应工商管理岗位对数据素养需求的人才，亟须构建面向数字经济的工商管理类专业学生数据素养评价指标体系。本文采用文献研究法，梳理国内外研究现状，紧扣工商管理专业学生数据素养教育现状，针对薄弱环节，建立面向数字经济的工商管理类专业学生数据素养评价指标体系。指标体系由4个层面、7个一级指标和16个二级指标组成，为学生的数据素养提升提供有效保障。

关键词 工商管理 数据素养 评价 指标体系

国务院于2022年1月发布了《"十四五"数字经济发展规划》，提出了以数据为关键要素，推动数字技术与实体经济的深度融合。数据要素不仅是数字经济深化发展的核心引擎，亦是驱动商业模式创新应用的关键。中国信息通信研究院发布了《中国数字经济发展研究报告（2023

[①] 基金项目：2023年北京联合大学教育教学研究与改革项目——面向数字经济的工商管理类专业数据素养培育课程内容优化研究（项目编号JJ2023Z007）。
[②] 殷智红，副教授，工商管理专业，主要研究方向为职业教育。

年)》,报告中显示:党的十八大以来,我国数字经济规模由2012年的11.2万亿元增长至2023年的53.9万亿元,增幅加大。数字经济的前提是全环节的数据化,数据的采集、分析、应用。因此,越来越多的企业使用和依赖数据,特别是一些新兴的互联网企业。这些企业的员工几乎每天都要借助数据来完成工作。数据素养能力是企业员工必备的基本工作技能之一。在此背景下,人才需求结构正在发生变化,就业单位对应聘人员的数据素养能力也提出了更高要求。

高校肩负着为数字经济国家发展战略培育多样化技术技能人才的重任,需要敏锐把握数字化时代的产业发展新趋势、企业用人新标准、岗位能力新要求,及时将产业领域的新技术、新工具、新模式进行归纳总结并融入教学内容,特别是加快推进在校生数据素养培育的研究和实践,使人才培养同市场需求实现精准对接,这也是深化高校教育教学改革与创新的重要内容。

一、数据素养研究现状

(一) 数据素养的概念与内涵

美国教育界最先流行数据素养这一概念。R·赖斯(R. Rice, 2001)认为数据素养是对数据处理应用的能力。美国奥古斯堡学院教授迈·希尔德(M. Schield, 2004)正式提出"数据素养"一词,认为数据素养是依据科学研究各个阶段对数据需求的特点,从不同的数据源收集数据,对收集到的数据进行处理、分析,最终运用数据分析结果得出结论的能力。R·曼迪纳赫和古默(RMandinach, Gummer, 2013)认为数据素养教育是要培养学生掌握如何识别、收集、组织、分析、总结和区分数据的技能,这些技能将有助于人们做出正确决策,并解决实际问题。

国内学者左平熙(2019)认为对数据素养的认识不能局限在能力层面,数据态度、数据意识、数据知识、数据技能、数据伦理等要素构成数据素养。范静怡(2022)基于新文科特点及人文社会科学研究者数据素养现状,认为数据素养是指具备一定的数据思维、数据意识与数据知识,能够构建并获取、处理与分析、得到分析结果，并用于决策的一种素养。

（二）数据素养能力评价指标体系研究

国外关于数据素养核心能力评价的研究方面，何塞·卡洛斯·普拉多和曼努埃尔·马尔萨尔（J. C. Prado, M. Marzal, 2013）认为，数据素养的核心能力包括数据发现和获取、数据阅读、数据理解和数据评价、数据管理以及数据利用5个方面；迈克尔·费德勒（M. Federer, 2016）从多媒体数据、本体、协作、数据管理、重用、可视化、数据存储、数据共享、数据格式等方面分析了生物医药领域研究者应具备的数据素养能力。

国内对数据素养评价研究方面，王维佳等学者（2016）从信息素养的价值取向理解数据素养，根据问卷调查评价科研人员的数据素养能力，结合因子分析得到数据素养能力的构成要素包含统计技能、数据管理、诚信道德、科学伦理和数据通识等。钱瑛等（2022）围绕我国图书情报专业硕士数据素养能力培养现状进行分析，从数据意识、数据知识、数据能力和数据伦理四个层面构建我国图书情报专业硕士的数据素养能力，最终构建了由4个一级指标和18个二级指标组成的评价指标体系。国内研究主要是针对特定对象及学科领域的数据素养核心能力模型构建。

综上所述，现有数据素养指标研究大部分集中在对科研人员、研究生等群体数据素养的实证研究，而应用型高校的学生，特别是工商管理类专业学生的数据素养研究尚未得到足够的重视。因此，本文聚焦工商管理类专业学生数据素养评价指标体系的研究，为学生数据素养培养与提升提供有效保障。

二、工商管理类专业数据素养评价指标体系构建原则

工商管理类专业学生数据素养评价指标体系是在通用数据素养评价指标体系模型原理的基础上，聚焦工商管理类专业的特点及工商管理相关岗位的自身需求而构建的。

1. 系统性原则

学生数据素养体现在数据知识、数据技能、数据能力和其他特质四个

方面。系统性原则是将学生四个方面的数据素养看作是一个整体，将这四个方面的素养评价指标进行细化、明确，以便得到更加适合评价学生数据素养的指标体系，更好地了解学生的数据素养能力水平。

2. 科学性原则

评估结果的准确性、合理性是评价指标体系的根本，因此在构建工商管理类专业学生数据素养评价指标体系的过程中要以遵循科学性原则分析实际情况来制定评价指标，要尽可能地吸收前人已有的一些研究结果，并与学生的实际情况相联系，这样才能使评价结果更加科学完整。

3. 可操作性原则

工商管理类专业学生数据素养评价指标体系的构建过程中每一项指标所要求的标准都应该是目前条件下所能达到的，以确保评价指标可以客观地反映学生数据素养水平。因此，在制定评价指标时，应立足于学生的实际情况，并结合社会发展趋势、学生特点等进行评估，以确保评价指标具有一定的实用性。在制定评价指标时，应尽量简洁明确、便于理解与实施。

三、工商管理类专业数据素养评价指标体系构建

经过对国内外信息素养评价指标的文献进行整理研究，结合现有评价指标的整理分析，基于岗位典型任务及 KSAO 模型（即知识-knowledge、技能-skill、能力-ability、其他特质-others）选取指标来构建评价体系。

（一）工商管理类专业数据素养评价指标体系构建思路

数据素养评价指标体系具有很强的系统性，通常由评价指标和指标的评价标准两项构成。评价指标是学生数据素养培养成果的真实再现，指标的评价标准是数据素养养成及其成果质量的衡量尺度。因此，工商管理类专业数据素养评价指标体系的整体思路是：在工商管理类专业人才培养目标指导下，根据工商管理相关岗位工作中与数据素养相关的典型工作任务应具备的数据素养，特别是数据素养的具体要求，构建工商管理类专业数据素养评价指标体系。

（二）工商管理类专业数据素养评价指标选取与设计

第一步，根据 KSAO 模型，将工商管理类专业学生数据素养分为知识、技能、能力、其他特质四个层面。第二步，以工商管理类企业岗位典型任务为主线选取 7 个一级指标：数据检索与收集、数据处理与分析、数据表达与呈现（3 个技能层面指标），技能所依托的数据知识（1 个知识层面指标）、数据意识、数据态度（2 个能力层面指标）及数据伦理（1 个其他层面指标）。最后，结合岗位典型工作任务和对工商管理类专业数据素养提出的具体要求，初步形成工商管理类专业数据素养评价指标。

1. 知识层面

知识层面包括数据基础知识和数据技能知识。数据基础知识要求学生掌握数据的相关概念和定义，了解数据技术的相关理论和发展趋势，熟悉相关数据处理、数理分析以及统计学领域的知识；数据技能知识要求学生了解计算机的基本操作功能，包括数据采集、处理、分析、呈现所需要的相关软件和工具。

2. 技能层面

技能层面包括数据检索与收集、数据处理与分析、数据表达与呈现。

（1）数据检索与提取：可以通过一定的工具，运用数据检索的方法，通过实地文献检索、搜索引擎检索等方式找到需要的数据；通过网络爬虫软件、Python 编程等多种方法和数据采集工具，在网络中采集相关数据；通过一定的关键词、关键字符等从相对杂乱的数据文件、预处理数据中提取到有价值的数据。

（2）数据处理与分析：运用清洗、分类、提取等方法对数据进行预处理，从而获得有用的资讯和数据体现的真实含义；使用如 Excel、SPSS、Matlab 等软件及工具对数据进行处理分析并得到有用的结果和可视化的图表；对数据进行评价、对数据有一个客观公正的评析。

（3）数据表达与呈现：通过一些软件，对数据进行可视化的图表呈现；通过数据表达出需要的观点、结论以及成果；借助一定的平台、形式把数据安全可靠地进行分享；能够对数据进行高度的总结提炼，可以用恰当的方式对数据进行概括，同时可以与他人沟通交流。

3. 能力层面

能力层面包括数据意识和数据态度。数据意识是指数据识别、数据价值、数据利用等意识；数据态度是学生世界观、人生观和价值观的体现，数据态度具有较强的主观能动性并直接影响到数据的采集、处理、分析等工作过程及结果，同时对理解数据信息及用正确的价值观看待数据也会有很大的影响，最终根据自己现阶段的实际需要，阐明自己对数据的需求种类和数据内容的要求。

4. 其他特质层面

其他特质层面主要是指数据伦理，包括法律法规和数据道德。法律法规是在使用数据的过程中遵守相关法律法规的要求，不做违反法律法规的事情；数据道德是在使用数据时遵守数据道德以及相关的规范，使用数据过程中要实事求是。

（三）工商管理类专业数据素养评价指标体系确定

在工商管理类专业数据素养评价指标初步选取的基础上，通过德尔菲专家咨询意见对工商管理类专业数据素养评价指标进行确定。

1. 专家的选取

工商管理类专业数据素养的评价研究属于教育技术学领域研究的问题，同时也是工商管理类专业领域研究的问题。为了确保研究结果的可靠性，本研究选取了北京联合大学 10 位专家、老师：教育技术学领域专家 2 人、数据素养相关课程教师 8 人，其中有讲师 2 人，教授和副教授 8 人。

2. 专家咨询问卷的制作与发放

在对现有文献进行研究的基础上，参考和借鉴国内外数据素养评价指标的研究成果，本研究初步构建了工商管理类专业学生数据素养评价指标，由于评价指标的构建带有一定的主观性，为了使研究更加确切与可靠，减少个人的主观意见，采用专家咨询问卷调查法对所构建的工商管理类专业学生数据素养评价指标进行专家咨询。工商管理类专业学生数据素养评价指标确定的专家咨询问卷由四个部分组成：专家的基本信息、问卷的填写说明、指标的概念界定、工商管理类专业学生数据素养评价指标。在指标部分，根据李克特五级量表的形式从非常重要—非常不重要依次分别赋予5~1分，然后进行合理性判断，并且每一部分以及指标下面都设置了指标的修改建议，由专家根据自己的判断提出每一部分的修改意见和建议。咨询问卷设计分别以主客观两种方式进行，其中的客观性问题主要询问指标元素的重要程度，而主观性问题则是询问对指标元素的修改意见。

3. 工商管理类专业学生数据素养评价指标体系的修订

通过专家咨询问卷调查，最终完成工商管理类专业数据素养评价指标的构建。

（1）指标要素的确定

本文利用李克特五级量表，采用五点评分方法，对工商管理类专业学生数据素养评价指标进行评分，每个等级对应一定的分数，根据得分情况可以看出该指标是否符合要求。此外，在此基础上，结合专家的修改意见对各指标进行修改和补充。通过专家咨询问卷的加权平均值，均值小于3.5的则认为该指标设置不合理，予以剔除。专家咨询问卷的加权平均值均在4.0以上，表明指标设计合理，具体见表1。

表1 专家咨询结果的加权平均值

序号	指标	5分	4分	3分	2分	1分	加权平均值
1	数据基础知识	4	5	1			4.3
2	数据技能知识	4	6				4.4
3	数据检索	8	2				4.8
4	数据收集	9		1			4.8
5	数据处理	9	1				4.9
6	数据描述	10					4.9
7	数据分析	6	4				4.6
8	数据表达	9	1				4.9
9	成果交流	8	2				4.8
10	识别意识	5	5				4.5
11	价值意识	4	6				4.4

续表

序号	指标	5分	4分	3分	2分	1分	加权平均值
12	利用意识	4	5	1			4.3
13	严谨求实	7	3				4.7
14	客观辩证	6	3		1		4.4
15	法律法规	7	3				4.7
16	数据道德	6	3	1			4.5

（2）指标要素内涵的确定

通过专家的修改意见，对初步构建的工商管理类专业学生数据素养评价指标内涵进行了修改，确定了工商管理类专业学生数据素养评价指标要素内涵，见表2。

表2 工商管理类专业学生数据素养评价指标内涵

维度	一级指标	二级指标	内涵
知识层面	数据知识	数据基础知识	掌握数据的相关概念和定义；了解数据技术的相关理论和发展趋势；熟悉相关数据处理、数理分析以及统计学领域的知识
		数据技能知识	了解获取数据、分析数据、呈现数据的方法手段
技能层面	数据检索与收集	数据检索	能够熟练掌握检索工具、检索方法，有效利用数据线索获取目标数据；在合理渠道获取目标数据并能够筛选识别出有效数据或符合标准的数据
		数据收集	能够通过设计问卷、量表等方式，全面、准确地收集所需要的数据
	数据处理与分析	数据处理	能够对数据的可信度与有效性进行全面评价；能够使用数据分析工具对数据进行清洗整理
		数据描述	能够对数据进行基本的描述性统计分析
		数据分析	能够科学选择具有适应性的数据分析方法（包括统计分析、大数据分析等）并以AI工具为辅助进行模型构建
	数据表达与呈现	数据表达	能够用合适的可视化工具呈现数据和结论
		成果交流	进行展示与交流

续表

维度	一级指标	二级指标	内涵
能力层面	数据意识	识别意识	能够识别与发现工作和生活中所需要的数据
		价值意识	理解数据对于社会的价值所在
		利用意识	明确自己对数据的需要,有意识地对数据进行研究和运用
	数据态度	严谨求实	能够以严谨的态度对待所使用的数据
		客观辩证	能够辩证使用数据且不将数据绝对化
其他特质层面	数据伦理	法律法规	在使用信息的过程中能遵守相关法律法规的要求,不做违反法律法规的事情
		数据道德	在使用信息时能够遵守信息道德以及相关的规范,使用网络信息的过程中不造谣不传谣,不去恶意评论他人信息

（3）指标体系的确定

为了更好地评估工商管理类专业学生数据素养,在数据素养指标及指标内涵确定的基础上,根据指标维度、一级指标、二级指标的划分,构建工商管理类专业学生数据素养评价指标体系。见图1。

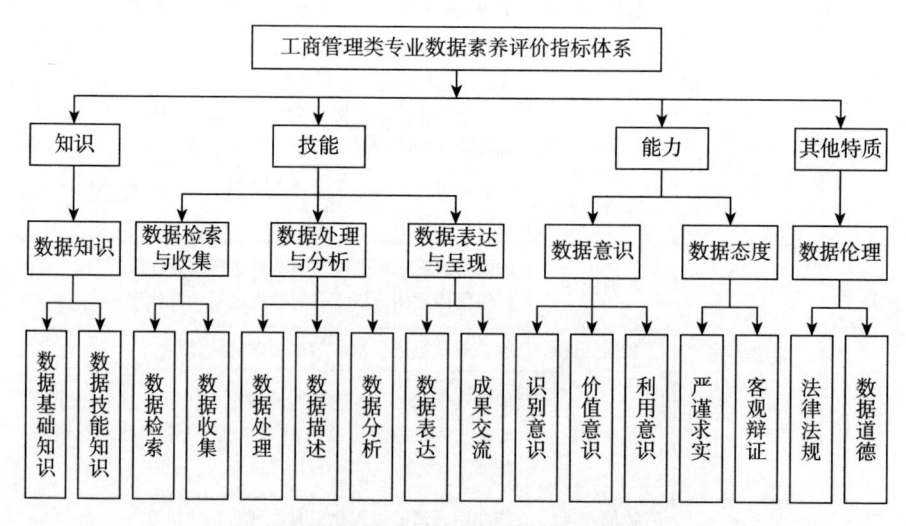

图1 工商管理类专业数据素养评价指标体系

通过对工商管理类专业学生数据素养指标体系的研究，可以发现数据素养在"数字经济时代"教育中的重要性。同时，本研究对于学校和教师重视学生数据素养的培养，提升学生的数据知识、数据技能与能力，鼓励学生通过实践操作加强对数据知识、技术的理解与运用具有一定意义。

参考文献

[1] 梁磊，吴晓红，王巧玲.数智时代档案学专业本科生数据素养能力评价指标体系构建研究［J］.档案学研究，2023（06）：47-55.

[2] 高伟，郭书宏，吴悦昕，等.双一流高校学生数据素养能力评价及提升策略［J］.新世纪图书馆，2024（1）：27-33.

[3] 杨桂美.大学生信息素养评价指标体系构建及其测评系统设计研究——以云南师范大学为例［D］.云南：云南师范大学，2023.

[4] 高波，肖智，郑文军.面向财经类学生数据素养提升的课程教学探索——以统计学为例［J］.创新与创业教育，2024（3）：137-142.

[5] 徐慧丽，雷茂冲."新商科"背景下经管类学生数据素养提升研究［J］.科技经济市场，2024（3）：139-141.

[6] 王伟歌.数字经济时代高校本科生数据素养评价指标及提升策略研究［J］.营销界，2023（2）：124-126.

[7] 徐绪堪，薛梦瑶.面向大数据管理与应用专业的数据素养能力评价指标体系构建［J］.情报理论与实践，2021（09）：50-56.

[8] 喻琨，胡雪晴.地方高校本科生数据素养的目标定位及其评价指标构建［J］.经济师，2024（08）：212-216.

人工智能背景下的市场营销专业学生个性化学习探索[①]

刘 军[②] 王 梓[③]

摘 要 本文旨在探索以人工智能（AI）为技术手段，将自我决定理论（SDT）原则融入市场营销专业课程的教育教学过程，整合了个性化学习的原则，例如自主性、能力感和关联性，以创造一种学生内在激励的环境，让他们接受量身定制的指导，以取得最佳成果。强调AI在重塑教育体验和激励学生方面的关键作用，帮助市场营销专业学生进行个性化学习，提高上课积极性和参与度以及学业成绩，同时，为在其他工商管理类专业教育中实施AI提供借鉴和参考。

关键词 学业成绩 自我决定理论 市场营销专业 人工智能 个性化学习

当代教育的动态格局正在经历一个由先进技术与创新教学方法融合推动的变革时代。技术进步的加速推动了人工智能（AI）进入各个领域，而教育是其变革性影响的主要领域。国务院印发的《新一代人工智能发展规

[①] 基金项目：北京联合大学教育教学研究与改革项目"基于产教融合的市场营销实践教学数字化改革探索——以《创业营销实践》为例"（项目编号：JJ2025Y052）。
[②] 刘军，讲师，市场营销专业，主要研究方向为市场营销、营销教育与教学。
[③] 王梓，实验师，主要研究方向为计算机科学与技术。

划》明确了利用智能技术加快推动人才培养模式、教学方法改革；教育部于 2018 年出台《高等学校人工智能创新行动计划》，已经启动了两批人工智能助推教师队伍建设试点工作；中央网信办等八部门联合认定一批国家智能社会治理实验基地，包括 19 个教育领域特色基地，研究智能时代各种教育场景下的智能治理机制；科技部等六部门联合印发通知，将智能教育纳入首批人工智能示范应用场景，探索形成可复制、可推广经验……由此可见，"人工智能+教育"不断碰撞出新的火花，为教育变革创新注入强劲动能。人工智能教育技术有望产生最具变革性的影响（罗德威和舍普曼，2023）。人工智能教育技术有望通过为学生提供强大的工具包来彻底改变市场营销教育。该工具包包括数据驱动的市场趋势洞察、通过自适应学习平台实现的个性化学习（PL）体验以及由机器学习算法支持的创新问题解决方法。这些工具使学生能够有效地应对复杂的商业挑战。在实践中，聊天机器人已用于各个领域的不同用途，包括营销、客户服务、旅游和教育（卡西洛等，2020；拉奥等，2020；施密德伦等，2019）。在经济和金融领域，ChatGPT 可用于以多种方式推进研究（穆·阿尔沙特尔，2022）。人工智能可用于为经济和金融模型创建动态模拟和场景。人工智能的潜力不限于课堂，人工智能有望支持学生在整个高等教育历程中发挥重要作用。

了解学业成绩（AP）背后的驱动因素是一项永恒的全球挑战，它不仅关系到学生及其家人和老师，还关系到公共决策者以及所有关心全球发展和福祉的人（诺艾尔等，2019）。这项研究强调人工智能与教育的融合是一个关键的转折点。这种融合有可能彻底改变传统的"一刀切"教学模式。人工智能能够分析大量数据并实时调整教学内容，为 PL 铺平了道路。这种方法通过迎合工商管理类专业学生的不同学习风格、节奏和偏好，提供了一种有希望的解决方案。此外，这项研究将自我决定理论（SDT）的核心原则自主性、能力性和关联性整合到 PL 框架中。这样做旨在创造一种培养内在动机的环境。在这种环境中，学生不仅会接受量身定制的指导，还会发现自己自然而然地被驱使着去学习、探索和超越。SDT 解释人工智能态度的潜力已经被讨论过，但缺乏这方面的研究（卡肖和蒙特阿莱格雷，2016）。

本文旨在探索人工智能背景下个性化学习（AIPL）在市场营销专业教育教学中的作用，在技术、心理学和教育充分融合的情境下，人工智能代表技术组成部分，构成 PL 系统的基础；SDT 体现了心理层面，侧重于学生有效学习的内在动机和驱动力。同时，本文还从教育成果角度考查了学生的参与度和 AP，研究定制的教育方法如何改善学生的成绩并创造更有效的学习环境。这种跨学科方法旨在揭示这些维度之间的相互联系，并增强我们对市场营销专业教育中人工智能驱动的 PL 的理解。

一、AI 与教育的融合正在兴起

AI 有可能通过促进 PL、创建自适应路径并为教育工作者提供改进的关键数据来彻底改变整个商科类专业的教育教学。通过文献资料，对管理类专业的学生在 AIPL 方面的当前状况进行梳理，强调了新兴趋势、挑战和机遇。托明茨和罗曼（2023）等学者探讨了人工智能对管理类相关专业教育的影响，特别关注本科生（UG）和研究生（PG）如何看待未来职业所需的技能。本文认为人工智能在行业中的影响力日益增长，必须让教育与这些变化保持一致。他们的研究结果强调，数据分析和战略决策等能力在人工智能驱动的商业世界中至关重要。相应地，这类学科的教育教学必须改变，以满足学生在人工智能主导的就业市场中的期望。此外，Chan，C.K.Y 和 Lee 等人（2023）深入研究了教育领域对人工智能采取态度的代沟。他们调查了伴随科技成长的"Z 世代"学生如何倾向于将人工智能视为 PL 的宝贵资源。相比之下，一些年长的教师可能会因为担心人工智能的局限性及其对传统教学方法的影响而表现出怀疑态度，并强调了弥合这一差距以有效地将 ChatGPT 等人工智能工具整合到教育中的重要性。Chen, L., Chen, P., Lin, Z. 等人（2020）探讨了人工智能在教育中的作用，强调了其在个性化学习、提供自适应途径和为教育者提供见解方面的潜力。他们讨论了教育领域的各种人工智能工具和技术，从辅导系统到个性化平台。这一研究强调了人工智能对学生参与度和表现的积极影响，进一步凸显了其在 AIPL 背景下的潜力。凯勒斯和艾登（2021）将重点转移到大学生对人工智能的看法，特别是其对教育和职业的影响。这一研究揭示了学生对人工智能潜力的热情，但也揭示了他们对就业机会和误解的担忧。将人工智能相关内容纳入大学课程的建议符合让学生为人工智能主导的未来做好准备的教学目标。

洛雷罗等人（2021）将焦点转移到商业领域，对人工智能的采用进行了全面分析，强调了人工智能对各种业务功能和实际应用的变革性影响。指出 AI 应用的新趋势和挑战。毕谦（2023）对生成式人工智能在商业管理中的应用进行了分析，定义了生成式人工智能并探讨了其实际应用，强调了其在自动化创造任务和解决现实世界案例方面的潜力。然而，它也批判性地评估了数据隐私、偏见和劳动力影响等挑战。

凯姆等人（2022）将重点转移到教育者对将 AI 融入教育和促进学生与 AI 合作的看法。这种方法展示了 AI 在个性化学习和学生参与方面的潜力相关的重要作用，突出了 AI 作为支持工具的作用，是对教育者的补充而不是替代。这一观点符合更广泛的目标，即通过合乎道德的 AI 使用和学生激励，增强管理相关专业学生在 AI 驱动教育中的能力。陈凯文（2023）提供了一个将 AI 政策教育融入大学课程的实用框架，认识到让管理相关专业学生为 AI 的道德、社会和经济影响做好准备的重要性。该框架涵盖技术和社会层面，同时培养批判性思维和道德推理能力。其相关性在于为未来的商业领袖做好准备，使他们能够做出明智的决策，并为人工智能领域做出积极贡献。陈凯钰和胡文杰（2023）提供了一个以学生为中心的视角，探讨如何将生成式人工智能融入高等教育。他们关注学生对人工智能的看法和体验，强调人工智能的优势和挑战，这与通过采用人工智能增强管理相关专业学生的能力的目标相一致，并考虑到学生的观点和体验。

使用人工智能预测学生 AP 的主要挑战之一是缺乏数据。许多学校没有收集训练精确人工智能模型所需的数据。另一个挑战是学生 AP 受到多种因素的影响，其中许多因素难以衡量或量化。这些因素包括学生的动机、学习习惯、社会经济地位和家庭环境。与其他全球挑战一样（崔永锡等，2018），人工智能有可能成为预测学生 AP 的宝贵工具。人工智能模型对教育有着积极的作用，可用于识别有风险的学生和制订 PL 计划。虽然先前研究探讨了人工智能在 AP 中的使用，但在管理学科大类下某一具体专业领域的学生 AIPL 研究方面仍存在不少空白。此外，已有研究还缺乏对 AIPL 的影响的连贯分析，特别是在增强管理相关专业学生的能力，以及这种 PL 方法如何提高该学生群体的参与度和 AP 等方面。这些也需要进一步研究和探讨。

二、理论背景

自我决定理论（SDT）是爱德华·德西和理查德·瑞安在 20 世纪 80 年代开发的一个成熟的心理学理论，SDT 为动机提供了一个理论框架，对课堂实践和教育改革政策都具有重要意义（理查德·瑞安和爱德华·德西，2017、2020）。它涉及理解人类动机以及驱使个人参与活动的因素。SDT 认为，内在动机是由三种基本心理需求所培养的。首先，自主性指的是需要在行动中体验到选择和意志的感觉。当个人感到自己可以控制学习过程时，他们更有可能参与其中并有动力在学习中取得优异成绩。其次，能力指的是需要在行动中感到有能力和有效。当学生认为自己的学习努力是成功的并能够见证进步时，他们更倾向于保持参与度和动力，继续学习并提高技能水平。先前的研究表明，在使用技术方面感到更有能力和自主的人更可能对技术持积极态度（卡娅等，2022；路阳等，2019；斐尔翰·飒隼和优素福莱文特·沙欣，2022）。最后，关联性强调与他人建立联系并感受到归属感的需要。

学习环境中积极和支持性的社会互动可提高学生的积极性和参与度。人工智能教育中基于 SDT 的教学方法带来了更积极的学习认知，并缩小了性别和能力之间的成就差距（Xia 等人，2022）。另一项研究采用 SDT 来研究三种动机需求对决策聊天机器人用户交互结果变量的影响，重点研究了关联性、能力和自主性对用户满意度、参与度、决策效率和决策准确性的影响。SDT 可以解释学生在线学习的参与度。研究发现，SDT 的三种心理需求对于参与度都很重要（汤加斐·赵，2022）。同样，人工智能支持的个性化数字策略可以有效地满足在线环境中的这些需求。关联性、能力和自主性的动机需求显著影响用户对人工智能辅助聊天机器人的满意度和参与度（戴弗睿德等，2021）。通过分析数据和学习模式，人工智能系统可以识别每个学生的优点和缺点并提供定制的学习内容、进度和反馈。

AIPL与SDT原则的结合对提高管理类专业学生的参与度和AP具有巨大的潜力。首先，AIPL系统可以为管理类专业学生提供自主支持，使他们能够更好地控制自己的学习历程。通过提供感兴趣的主题选择、设定学习目标并允许学生按照自己的节奏浏览教育材料，该技术培养了一种自主意识。正如SDT所强调的那样，当学生感到能够控制自己的学习过程时，他们更有可能受到内在激励，从而增强学习的努力程度和参与度。其次，人工智能系统可以分析个别学生的表现数据，并提供实时反馈和自适应学习路径。通过这种个性化的反馈和成功的学习体验，管理类专业学生的能力和掌握程度得到了提高。感知能力和内在动机之间的正反馈循环可以带来更好的AP，因为学生会更有动力在学习探索中取得成功。此外，尽管AIPL是技术驱动的，但它也可以促进管理类专业学生之间的社交互动和关联性。AIPL平台集成了讨论论坛和社交学习元素等功能。这种整合促进了协作学习，并在学习环境中建立了同伴支持网络。因此，学生可以增强社区意识和归属感，这将提高他们的整体学习成绩。AIPL与SDT原则的融合提供了一种有前途的方法，可以增强管理类专业学生的能力并提高他们的参与度。这种整合旨在最终提高他们的AP。通过满足自主性、能力和关联性的基本心理需求，由AI驱动的PL方法有可能为管理领域的学生创造更有意义、更有效的学习体验。

三、AI赋能的市场营销专业课程教学设计与实践——以"短视频制作与运营"课程为例

1. 课程简介

短视频已经成为企业传播、推广、销售的必备工具，短视频制作与运

营已经被视为无论对于个人、企业还是政府、组织机构都必备的通用技能。"短视频制作与运营"课程是为市场营销专业专升本学生开设的专业能力培养课程，围绕个人和企业开展短视频活动的具体内容，详细介绍了短视频的策划、制作与运营的相关知识，为学生呈现完整的短视频"从0到1"的运营图谱，包括短视频的概念和分类，短视频平台，短视频的策划、剪辑、运营以及短视频大号的案例研究，短视频的变现等一系列内容。

通过短视频的操作和技能的一系列训练，学生能够做到理论联系实际，学以致用，加深对短视频基础理论的认识，并深刻理解短视频的运作模式，掌握短视频制作与策划的基本技能。通过学习，学生能够掌握基本的短视频工具使用方法，具备现有工具应用和新工具挖掘的能力，能有效地开展短视频策划、制作与运营等工作，从而达到利用短视频实现有效营销效果的学习目的。引导学生有意识地关注短视频工具版本的更新与操作优化，激发学生的创新和迭代意识，培养学生的探索精神以及合规意识。为学生今后走上工作岗位从事相关专业领域工作奠定了基础，体现了职业教育以就业为导向的人才培养理念。

2. 基于 AI 的课程设计

"短视频制作与运营"课程借助某一媒体运营平台，采用理论实践一体化设计理念，构建多个典型的短视频运营场景，提供脚本设计、图片设计、视频设计等基础训练，通过抖音、微信视频号等营销工具，展开基础技能、单一渠道以及综合技能实训。引入 AI，使教、练、考、评、管各环节均有人工智能辅助，让教师教得更好；虚实融合多场景教学、协同育人，让学生学得更好；海量线上数据和逐渐强大的算力，让学生管理更加精准。这些教育生态的变革具体体现如下。

在课前预习环节，通过线上教学平台提前布置课前任务，如理论知识的预习、视频资料的收集整理等。要求学生利用国内常见的 AI 大模型工具，补充短视频营销热点，记录某一个或几个短视频营销热点的思路及计划，进而打造个性化的超强热点表。

在课堂教学过程中，教师会根据每一次课程的教学目标和教学内容，利用平台提供的短视频营销案例、短视频素材、营销热点日历进行课堂教学，市场营销专业学生根据老师推送的内容，完成相应的学习任务，提高新媒体矩阵的分析、筛选和构建，短视频内容和脚本的策划、内容制作以及效果评测与方案优化等实操能力。例如，在课堂上利用国内 AI 大模型工具帮助企业生成用户画像，利用 AI 帮助撰写脚本、提供创意灵感等，锻炼学生的文案撰写能力、图文撰写能力等；又如，通过 AI 生成具有不同平台风格的短视频，锻炼学生围绕不同业务场景，基于抖音、快手、视频号等新媒体平台开展短视频营销的策划、运营工作。不仅培养学生开展短视频营销工作所需的受众分析、内容加工、内容分发、平台操作、数据分析等基础技能和短视频各渠道综合运营能力，还能提高其学习能力、语言沟通表达能力等软素质能力。

在课内外学习中使用 AIPL 工具来提高学生的参与度、理解力和表现力。这些工具包括智能辅导系统、自适应平台、游戏化元素和聊天机器人。通过多次课堂实践，发现学生对 AI 工具的使用习惯有所不同。一些学生已将这些工具当作常规课程工具的一部分，其他人则自愿在课外使用它们来补充学习或满足特定的学习需求。不管上述哪种使用特征，学生都表示，在其课程学习过程中无论参与度还是他们在教育环境中感知到的自主性、能力以及关联性都呈现出不同程度的提高，而且某些游戏化的电子学习平台甚至促进了更主动的学习过程和提高了参与者的积极性。

由于将 AI 技术融入"短视频制作与运营"课程尚处于初次实践阶段，缺乏研究对照组具体的教学数据以供研究。因此目前还无法了解 AIPL 工具在市场营销专业教学中对学生 AP 的影响。未来的研究还应继续收集相关数据，以 SDT 理论模型为基础进行二者之间的影响关系评价。还可以继续深入探索如何根据个体学习方式的差异、文化差异和道德考虑等因素进行 AIPL 系统的最佳设计和实施。

参考文献

[1] 中华人民共和国教育部. 教育部关于印发《高等学校人工智能创新行动计

划》的通知［EB/OL］.（2018-04-03）. http：//www. moe. gov. cn/srcsite/A16/s7062/201804/t20180410_ 332722. html.

［2］中青在线. 人工智能促进教育变革创新（人民时评）［EB/OL］.（2022-12-22）. https：//news. cyol. com/gb/articles/2022-12/22/content_ zx9pYxFYlq. html.

［3］中央网信办等八部门. 中央网信办等八部门联合公布国家智能社会治理实验基地名单［EB/OL］.（2021-09-29）. https：//www. cac. gov. cn/2021-09/29/c_1634507963276896. htm.

［4］科技部等六部门. 关于印发《关于加快场景创新以人工智能高水平应用促进经济高质量发展的指导意见》的通知［EB/OL］.（2022-08-12）. https：//www. gov. cn/zhengce/zhengceku/2022-08/12/content_ 5705154. htm.

［5］Bi, Q. Analysis of the application of generative AI in business management［J］. Advances in Economics and Management Research, 2023, 6（01）：36.

［6］Cascio, W. F. and Montealegre, R. How technology is changing work and organizations［J］. Annual Review of Organizational Psychology and Organizational Behavior, 2016, 3（01）：349-375.

［7］Casillo, M., Clarizia, F., D'Aniello, G., et al. CHATBot：a cultural heritage aware teller-bot for supporting touristic experiences［J］. Pattern Recognition Letters, 2020, 131：234-243.

［8］Chan, C. K. A comprehensive AI policy education framework for university teaching and learning［J］. International Journal of Educational Technology in Higher Education, 2023, 20（01）.

［9］Chan, C. K. Y., Hu, W. Students' voices on generative AI：perceptions, benefits, and challenges in higher education［J］. International Journal of Educational Technology in Higher Education, 2023, 20（1）：43.

［10］Chan, C. K. Y., Lee, K. K. W. The AI generation gap：Are gen Z students more interested in adopting generative AI such as ChatGPT in teaching and learning than their gen X and millennial generation teachers?［J］. Smart Learning Environment, 2023, 10（1）.

［11］Chan, C. K. Y., Tsi, L. H. Y. The AI revolution in education：will AI replace or assist teachers in higher education?［J/OL］. arXiv preprint.

［12］Chen, L., Chen, P., Lin, Z. "Artificial intelligence in education：a review"

[J]. IEEE Access, 2020 (8): 75264-75278, doi: 10.1109/ACCESS.2020.2988510.

[13] Chiu, T. K. Applying the self-determination theory (SDT) to explain student engagement in online learning during the COVID-19 pandemic [J]. Journal of Research on Technology in Education, 2023, 54 (1): 14-30.

[14] Choi, Y., Lee, H. and Irani, Z. Big data-driven fuzzy cognitive map for prioritising IT service procurement in the public sector [J]. Annals of Operations Research, 2018, 270: 75-104.

[15] De Vreede, T., Raghavan, M., De Vreede, G. J. Design foundations for AI assisted decision making: a self determination theory approach [J]. 2021.

[16] Delello, J. A., Sung, W., Mokhtari, K., De Giuseppe, T. Exploring college students' awareness of AI and ChatGPT: Unveiling perceived benefits and risks [J]. Journal of Inclusive Methodology and Technology in Learning and Teaching, 2023, 3 (4).

[17] Jiao, P., Ouyang, F., Zhang, Q., et al. Artificial intelligence-enabled prediction model of student academic performance in online engineering education [J]. Artificial Intelligence Review, 2022, 55 (8): 6321-6344.

[18] Kaya F., Aydin, F., Schepman, A., Rodway, P., Yetis, Ensoy, O., Demir Kaya, M. The roles of personality traits, AI anxiety, and demographic factors in attitudes toward artificial intelligence [J]. International Journal of Human-Computer Interaction, 2022, 40 (2).

[19] Kim, J., Lee H., Cho YH. Learning design to support student-AI collaboration: perspectives of leading teachers for AI in education [J]. Education and Information Technologies, 2022, 27 (5): 6069-6104.

[20] Lu, Y. Papagiannidis, S., Alamanos E. Exploring the emotional antecedents and outcomes of technology acceptance [J]. Computers in Human Behavior, 2019, 20: 153-169.

[21] M Alshater, M. "Exploring the role of artificial intelligence in enhancing academic performance: a case study of ChatGPT", Available at SSRN 4312358.

[22] Noell, G. H., Burns, J. M., Gansle, K. A. Linking student achievement to teacher preparation: emergent challenges in implementing value added assessment [J]. Journal of Teacher Education, 2019, 70 (2): 128-138.

[23] Rodway, P., Schepman, A. The impact of adopting AI educational technologies on projected course satisfaction in university students [J]. Computers and Education: Artificial Intelligence, 2023, 5: 100150.

[24] Ryan, R. M., Deci, E. L. Intrinsic and extrinsic motivation from a self determination theory perspective: definitions, theory, practices, and future directions [J]. Contemporary Educational Psychology, 2020, 61: 101860.

[25] Sahin, F., Sahin, Y. L. "Drivers of technology adoption during the COVID-19 pandemic: the motivational role of psychological needs and emotions for pre-service teachers" [J], Social Psychology of Education, 2022 (25): 567-592, doi: 10.1007/s11218-022-09702-w.

[26] Schmidlen, T., Schwartz, M., DiLoreto, K., Kirchner, H. L., Sturm, A. C. "Patient assessment of chatbots for the scalable delivery of genetic counseling" [J], Journal of Genetic Counseling, 2019, 28 (6): 1166-1177, doi: 10.1002/jgc4.1169.

[27] Tominc, P. and Rožman, M. Artificial intelligence and business studies: study cycle differences regarding the perceptions of the key future competences [J]. Education Sciences, 2023, 13 (6): 580.

[28] Xia, Q., Chiu, T. K., Lee, M., Sanusi, I. T., Dai, Y., Chai, C. S. A self-determination theory (SDT) design approach for inclusive and diverse artificial intelligence (AI) education [J]. Computers and Education, 2022, 189: 104582.

我国高校国际化办学模式的对比分析[①]

李润华[②]

摘　要　经过长期发展，中外合作办学已经成为培养高水平国际化人才，推动教育综合改革，促进中外人文交流的重要方式和有效渠道。本文聚焦以"多元共治+共生协同"为特色的西交利物浦大学和以"通识博雅+追求卓越"为特色的昆山杜克大学，对其办学定位、运营模式、育人模式、教育教学管理模式等进行对比分析，发现我国高校唯有通过改革创新不断突破传统教育模式的短板与局限，充分发挥中外合作办学的比较优势，才能让合作办学成为撬动国际师生交流与文化互鉴的重要支点，高水平对外传播中国声音、讲好中国故事；打造面向未来的拔尖创新人才培养范式，为新质生产力的发展提供强有力的支撑。

关键词　高校　国际化办学　模式　对比

随着全球化共生协作进程的深入，高等教育国际化成为各国教育改革与发展的重要战略之一。党的二十届三中全会提出，推进高水平教育开放，鼓励国外高水平理工类大学来华合作办学。2023 年 5 月，习近平总书记在主持中共中央政治局第五次集体学习时强调，"要完善教育对外开放

[①]　基金项目：本文系北京市高等教育学会 2022 年度立项面上课题"新发展格局下首都高校在地国际化探索与实践"（课题编号：MS2022360）的阶段性成果之一。
[②]　李润华，北京联合大学应用科技学院副教授，教育学博士，硕士生导师。

战略策略，统筹做好'引进来'和'走出去'两篇大文章，有效利用世界一流教育资源和创新要素，使我国成为具有强大影响力的世界重要教育中心"。

作为我国高等教育国际化发展的"试验田"和"新引擎"，经过十余年的探索实践，中外合作办学大学呈现出根深叶茂、蓬勃发展的良好势头。中外合作办学大学以引进国外优质教育资源和先进教育理念为主要特点，进一步丰富了国内多样化教育资源供给，在探索创新教育发展模式、深化教育教学改革、促进学科建设、提升师资水平、拓宽人才培养途径等方面发挥了独特优势和作用。本文拟聚焦西交利物浦大学和昆山杜克大学这两所颇具声誉和影响力的中外合作办学名校，就其办学探索与实践的典型案例进行分析，总结提炼育人模式和教育教学管理经验，以期为我国高等教育改革创新和国际化建设的进一步推进提供一定的借鉴参考。

一、办学定位和运营模式

西交利物浦大学（简称西浦）是一所经教育部批准，由西安交通大学和英国利物浦大学于2006年5月合作创立的，具有独立法人资格和鲜明特色的新型国际大学，也是我国目前规模最大的中外合作大学。建校十余年来，西浦秉承"扎根中国，放眼世界"的办学理念，以"理工管"起步，已开设48个本科专业及方向、48个硕士和16个博士专业，是一所涵盖理学、工学、管理学、经济学、文学、艺术学、教育学等学科门类的中外合作大学。西浦探索并创造了独具特色的"五星"育人模式和学生发展体系，在办学规模、学科建设、教学质量、社会影响等各方面均取得了长足进步。其独具特色的和谐教育理念、高水准的人才培养质量和浓厚的国际化特色得到社会各界的广泛关注和认可，被誉为"中外合作大学的标杆"和"中国高等教育改革的探路者"。

西浦的教学与行政部门创造了一种高等教育新范式，在大学运营与管理方面形成了独有的创新方式。西浦的组织管理以董事会和高管团队为核心，负责决定学校战略并保障日常工作的顺利开展。管理中心外围形成了四大服务中心，即学术事务中心（安排课程、科研和考评等）、行政服务中心（负责校办、财务、人力资源和校园的统筹管理）、学生事务中心（招生与就业、对学生的日常管理）和信息服务中心（内外部沟通和信息系统的运营等）。四大服务中心权责明确，为学生的学习及科研活动的顺利开展提供了强大支持。自建校之初至今，西浦立足未来发展趋势与自身特色，先后部署了西浦 1.0（2006）、2.0（2017）和 3.0（2018）三种发展模式，以实现西浦影响中国甚至世界教育的战略。西浦所展示的跨国合作模式在中国是独一无二的，亦为中国高等教育的发展和探索作出了贡献。

昆山杜克大学是由武汉大学和美国杜克大学共建的非营利性中外合作大学。2013 年 9 月获得教育部批准设立，2014 年开始硕士研究生和本科交换生教育，2018 年开始本科学历学位教育，2021 年才迎来首批本科毕业生。昆山杜克大学现设有 14 个本科专业和 5 个硕士研究生项目，已初步构建起跨学科硕士研究生教育和创新型前瞻性通识博雅本科教育体系，并在科研重点领域建立了 8 个高水平研究中心。该校秉承"全球视野、领导力、创新思维"的办学理念，致力于建设一所小规模、精英式、研究型、国际化，以通识博雅本科教育和跨学科研究生教育为特色的世界一流大学，将全球各国家和地区的优秀思想传统与经验有机融合，弘扬跨文化沟通理解、协同创新以及跨国合作。

昆山杜克大学始终遵循"学习引进—消化吸收—融合创新—世界一流"的建设路径，学习引进以美国杜克大学为代表的世界顶尖大学先进的教育理念、课程体系、教学方法和管理模式，并结合武汉大学等国内高校的办学经验以及国家教育和人才需求，通过消化、吸收、融合和根植本土的再创新，致力于中外合作办学和教育国际化的前瞻示范性创新探索与实践。昆山杜克大学实行理事会管理下的校长负责制，理事会成员分别来自杜克大学、武汉大学和昆山市政府，决策获理事会、校长支持便可通过。经过近十年的高质量建设发展，引进吸收国外一流教育资源、培养一流国际化人才的办学模式和办学理念，以及依托全球健康、气候环境等方面的大科学计划,将学生培养与创新的学术和科研相结合等办学特色逐步凸显,在推动国际化人才培养、提升国际化办学水平、丰富中外人文交流、促进教育领域合作共赢等方面取得了丰硕成果。

二、育人模式

面向中外合作办学人才培养的需求短板,西交利物浦大学以培养具有国际视野和领导力的人才为目标,形成了"五星"育人模式和扁平化的网络组织结构,重视引导学生实现"三个转变",即从成年人到世界公民、从被动学习到主动学习、从盲目学习到兴趣导向的转变。以"世界公民素养"课程为例,该课程涵盖社会责任、数字素养、可持续发展、社会创新四大方向下10项不同主题的模块课程,通过线上授课与互动、小组线上研讨和策划、教师远程指导、线上提交作业等方式展开。课程在引导和帮助学生学习知识、训练技能的基础上,大力提升他们面对社会现实挑战和参与国际竞争的能力、养成终身学习的习惯及增强积极探索与创新的精神,从而帮助他们成为具有国际视野和竞争力的世界公民。

同时,西浦还建立了一套广受认可、独具特色的和谐教育理念和运行体系,认为未来教育的核心是心智营造,并形成了西浦和谐心智模型;构建了西浦包含学习、成长、为人全过程的、支持兴趣驱动的、个性化的终身学习和生活的和谐教育模型;在建设过程中开启了一系列创新实践。西浦将"以学生为中心"的指导思想渗透到教育教学工作的方方面面,在教学、活动、竞赛、组织建设、后勤保障等各个层面围绕学生搭建工作架构,视学生为可自主决策的成年人,尊重学生的发展需求,避免命令式的沟通和任务化的要求,让学生切实感受到体验式学习和服务型支持的良好体验。

在大学建设前期,昆山杜克大学仅开设了全球健康理学、医学物理学、管理学3个硕士研究生项目,以及一些本科生培训和交流项目,适应了地方经济社会发展的需要,为昆山市的科学发展提供了强有力的人才支撑。昆山杜克大学的专业设置还引进了跨学科教育模式,体现出浓重的学科融合色彩。以全球健康理学为例，该学科致力于疾病预防，会从社会、经济、政治、环境等多方面探索导致疾病的原因以及如何促进健康公平性，汇集医学、公共卫生、法律、经济、政策等不同学科的专家学者共同授课。此举不仅有利于跨学科人才培养，还为我国高校跨学科教育与研究提供了鲜活的案例和有益的经验。

学校的本科教育以小班教学、互动研讨、跨学科、重方法、创新思维、学用结合为特征。本科专业设置突破传统大学的院系学术构建方式，是以面向社会需求、面向发展问题、面向人类未来的思维重新设计学术项目和整体课程，打破院系壁垒，实施通识博雅教育，培养应对变化的国际化创新拔尖人才和能够解决人类所面临挑战的领袖型人才。各专业均采用双结构设计，在涵盖广义的跨学科核心内容的同时，聚焦本专业的深度重点知识、技术和方法。课程教学强调共享知识和经验、集成学习和深入学习以及灵活的教学安排。整个课程体系的搭建和课程教学内容的安排改变了过去以专业和职业为导向、以知识和技术传授为主的育人模式，注重面向未来、面向问题培养学生的素养和能力、开阔国际化视野、训练创新和跨文化思维、系统学习掌握和实践集成应用跨学科方法的能力以及终身学习和应对变化创造变化的本领。

从课程的设置和实施来看，昆山杜克大学十分注重课程的应用性。学校安排实习和实践课程，使学生能够将所学知识应用于实际场景。以管理学为例，学生要在10个月内学习15门课程，每门课程以案例教学、实践教学为主，主要在于完成学生的职业化过程，培养学生的自我认识、团队意识和职业素养；另外，学校还给每位学生配备一名职业导师，并建有完备的校友数据库，学生在求职时，可以方便地查询校友求职去向、工作去向，由此向校友咨询求职事宜，并得到校友不同程度的帮助。此外，在跨文化交流方面，注重学生的跨文化交流能力培养，通过安排国际交流项目和外籍教师授课，学生能够更好地融入全球化的社会。在全面素质培养方面，学校注重学生的学术素养、领导力、团队协作等多个方面的素质培养。

三、教育教学管理模式

为确保培养模式的有效运行和人才培养的质量水准，西交利物浦大学建立了一套多元共治体系下的"以外部机制为控制点牵制内部质量管理流程"的质量保障体系。作为一所同时获颁中英双学位的高校，西浦的教育质量需要接受中英双方的共同监督，中英双方的质量管理共同构成了其多元共治的外部质量保障体系。其中，中方对于西浦教育质量的监管主要是由教育部和江苏省教育厅负责，教育部负责审核西浦学位授予权和监督整体办学质量，江苏省教育厅则负责对西浦本科教育质量进行阶段性评估。英方对于西浦教育质量的监督主要由英国高等教育质量保障署（QAA）和利物浦大学负责实施。同时，学校还积极参加市场第三方、国际专业组织的质量认证，其所设专业接受外部专门行业机构组织的全面评估与认证，以提升学位的国际认可和知名度。

除了外部质量监控和专业认证以外，西浦力求在校内实现质量管理上的自律和自治，构建了一套较为完善的质量保障体系，分别从学校、学院或学系、专业、课程和学生学业评估等层面上保障教育教学的质量。在学校层面，西浦构建了有学术质量保障的组织体系和制度规章。组织体系上，由西交利物浦大学学术委员会统筹所有工作，制订学校学术战略发展规划，审核所有下设分委员会有关重大方案与提议的决议。学术委员会下设的各类委员会分工合作，负责各个领域的相关工作。院系层面设置了教学质量管理体系负责专业层面的质量保障，在每学年之初提交一份年度专业自评报告，用以评估院系所开设学位项目的实效性。在课程层面，新课申请与现有大纲的调整均需按照规定的流程完成审核，需要经过资助申请、专业审核、院系审核、学校审核、外部审核以及利物浦大学认证这一系列的严格流程。西浦对于学生个体层面的学业评价也有完善的保障制度。"以学生为中心"的概念贯穿始终，所有质量保障措施的实施最终都是为了提升教育质量以实现学生的全面发展，同时学生也拥有自主评估权并参与各个层次的质量保障活动。

昆山杜克大学有着独立法人的合作办学模式，一切有关学术的事务由外方负责，中方处理行政事务以及与我国政府和地方的相关事宜。例如，师资配备上，学校自创办以来一直将招募聘用世界一流水平的师资作为工作的重中之重，在保证1/3师资来自杜克大学的基础上，寻求全球优秀师资的加盟。同时，参照杜克大学采取非终身聘任制，打造一支动态流动的队伍，定期对教师进行考核。

学校将本科生科研和教学体系有机融合，通过课内开设研究性方法论学习、加强实验实践教学、开展大学生课外或暑期自主科研训练、鼓励全校本科生参与教师科研项目等教学途径，形成深入融合科研实践的教学模式，着重培养和提高学生的实践能力、科研能力、技术开发能力和创新创业能力。学校借鉴杜克大学对本科生科研的培养模式，每年暑假向学生提供丰厚的经费和技术支持，鼓励学生与科研工作者合作研究或者开展自主研究。除了与学校各个学科的教师合作以外，学生还可以依托学校资源，参与国内外著名高校或企业的科研项目，与来自杜克大学、武汉大学、西湖大学、世界500强企业以及政府机构的科研人员一起学习和工作。此外，作为学校本科教育创新模式的重要环节，本科生毕业论文设计要求突破常规，大胆采用国际上最先进、最前沿的"标志性成果项目"模式。学校要求学生通过标志性成果形式完成毕业论文（设计），让学生从大三开始探索对社会、个人有意义的研究问题和方向，通过主题课程学习，参与社会实践和实习，最终确定学生自己感兴趣的毕业研究选题，有计划、有目标地整合所学知识和技能，以跨学科的角度寻找和制订创造性地解决问题的方案和方法，强调自主科研的训练，让科研实践教学贯穿始终，提高学生创造能力和解决实际问题的能力。

四、对比分析

在教学理念和发展目标方面，西交利物浦大学和昆山杜克大学都以培养具有国际视野和领导力的人才为目标，但在具体表述上略有差异。前者更强调学生的全面素质培养，后者则更注重学生的跨文化交流能力和创新思维的培养。

在教育教学特色方面，西交利物浦大学注重学生全面素质的培养，采用多种教学方式，以激发学生的学习兴趣和主动性。昆山杜克大学则更注重对学生跨文化交流能力和实践能力的培养，通过安排国际交流项目和实践课程，学生能够更好地融入全球化的社会。

通过对西交利物浦大学和昆山杜克大学的教育教学案例进行分析，可以发现：国际化办学是高等教育发展的重要趋势，有利于培养具有国际视野和领导力的人才；中外合作办学应建立与之相适应的管理模式和内部治理机制，构建有利于引进世界一流教育资源的硬件环境和政策环境，保证办学主权，突出办学特色；全面素质培养是高等教育的重要目标，包括学术素养、社交能力、创新创业精神等多个方面；灵活的教学方式和多样化的课程设置能够激发学生的学习兴趣和主动性，创新人才培养机制，构建多通道的培养模式，并通过实施小班化、全英文教学等，构建国际化的教学环境，培养学生的创新思维能力和解决问题的能力；实践教学和实践课程能够培养学生的实践能力和解决问题的能力，对于学生的未来职业发展具有重要意义；建设为高质量教育与科研提供保障的教师队伍，采取专聘、双聘相结合的聘任机制，按照高要求的师资选聘程序，构建有竞争力的人事管理制度；学生发展成果是检验高等教育质量的重要标准，优秀毕业生是高校教育教学成功的体现；形成多元可持续的运行保障机制，广泛拓展筹资渠道，形成政府支持、市场收费、产业互动和社会捐助相结合的财务支撑体系，保障中外合作办学机构的可持续发展。

参考文献

[1] 西交利物浦大学. 学校概况 [EB/OL]. https://www.xjtlu.edu.cn/zh/about/overview.

[2] 昆山杜克大学. 关于我们 [EB/OL]. https://www.dukekunshan.edu.cn/zh-hans/about/welcome-to-duke-kunshan-university/.

[3] 吴爽, 席酉民. "追文凭"的学习定位, 在瓦解学风——访西交利物浦大学

执行校长席酉民[J].教育家,2020(14):8-11.

[4]汪烨鹏,夏强.中外合作办学的思考与启示——以上海交通大学密西根学院、上海纽约大学和昆山杜克大学为例[J].世界教育信息,2017(17):71-73.

[5]刘梦今.从昆山杜克大学正式设立看中外合作办学示范性建设[J].江苏高教,2014(2):66-69.

[6]西交利物浦大学.西交利物浦大学2017年中外合作办学年度自评报告.[EB/OL].[2018-09-15].http://www.xjtlu.edu.cn/zh/about/policies-and-regulations/selfevaluation-report.

[7]李梅,赵璐.多元共治下中外合作办学机构的质量保障体系——以西交利物浦大学为例[J].大学教育科学,2019(02):114-121.

[8]常晓林,殷犇.昆山杜克大学国际合作教育创新探索与实践[J].教育国际交流,2023(6):45-47.

职教高考制度的价值意蕴、现实困境及推进路径

刘旭东[1]　赵玉荣[2]

摘　要　《国家职业教育改革实施方案》强调了建立"职教高考"制度的重要性,并对"文化素质+职业技能"进行了完善。这一方案旨在打破高职招生过去的"末端"状态,坚定地遵循目标导向和问题导向的原则,以改变高职招生所面临的尴尬局面。我国的相关政策和措施为"职教高考"提供了多元化的发展方向,但在新高考改革的大背景下,"职教高考"也面临着一系列的挑战。通过理论分析方法,提出了针对"职教高考"制度难题的解决策略和手段,并构建了一个与"职教高考"相适应的招生考试体系,同时也对职业技能考试进行了完善,破解普通高考的"失败者"矛盾,跳出传统思维定式,动态调整发展目标,加快发展高层次职业教育。

关键词　职业教育　高等职业教育体系　职业教育高考制度

一、引言

职业教育在推进国家的经济增长和社会进步中,起到了不可或缺的作

---

[1] 刘旭东,北京联合大学应用科技学院在读研究生,研究方向为职业教育理论与政策、教育经济学。

[2] 通讯作者赵玉荣,经济学博士,北京联合大学应用科技学院副教授、硕士生导师,研究方向为教育经济学、教育经济与管理。E-mail: yktyurong@buu.edu.cn。

用。职业教育的高考被视为关键的评估和选拔手段，它肩负着重大的任务和义务。在当前的社会背景下，随着经济增长的节奏变化和复杂性不断上升，对于高质量和专业技能人才的需求也变得日益紧迫。职业教育的建立正是为了满足特定的需求，通过提供实际的技能培训和职业修养的培育，为我国的经济增长注入了关键的动力和支持。作为评估和选拔职业教育学生的关键途径，职业教育高考具有不可忽视的重要性。但是，伴随着社会经济的飞速发展和技术的持续进步，职业教育高考也面临众多新的考验和机会。如何更有效地利用职业教育高考，提高其评估的精确度和适应力，以培育更多能够满足社会需求的杰出职业人员，已经变成了一个迫切需要解决的议题。因此，研究从多种视角深入探索职业教育高考，对其当前状况、存在的问题以及未来的发展方向进行分析。经过深入的研究和探讨，目标是为职业教育的高考改革和进一步发展提供有价值的见解和建议，以促进职业教育与国家经济和社会发展更加紧密地结合在一起。

二、职教高考的价值意蕴

（一）开辟高考新赛道，破除"一考定终身"

职业教育高考制度的实施为不适应传统高考模式的学生开辟了更多的选择和机遇，彻底颠覆了"一考定终身"的传统思维。该方法让学生有机会根据自己的兴趣和特长来选择最适合自己的职业教育道路，从而实现个性化的成长。与传统的高考评价主要集中在学术表现上不同，职业教育高考更倾向于强调学生的实际操作技能和职业修养。该机制提供了一种创新的选拔方式，旨在通过评估学生的实际操作技能、专业知识的掌握水平和职业成长潜力，以更有效地匹配学生的个人兴趣和特长。职业教育高考制度的诞生，为学生提供了全新的成长途径。这不仅为不太热衷理论学习或在实践操作上有特殊才能的学生提供了一个展示自己优点的平台，同时也为更多的学生提供了一个根据个人兴趣和目标来选择最适合的职业教育路径的机会。通过参加职业教育高考，学生有机会接受更有针对性的培训和教育，这样可以帮助其掌握更加实际的职业技巧和知识，为其未来的职业道路奠定稳固的基石。此外，为学生提供个性化的职业教育路径可以有效地激发其学习热情和创新精神，从而培育出更能满足社会需求的杰出职业人士。尽管如此，职业教育的高考制度在发展过程中仍然遭遇了若干挑战与问题。如何进一步优化评价准则和选拔流程，以确保公平和正义，同时避免过分追求考试成绩，成为当前亟待解决的重要问题。与此同时，需要加强与产业界的合作关系，以确保职业教育的教学内容能够满足实际用人需求，从而为学生创造更多的职业发展机会和前景。只有采取这种方式，才能真正开辟高考的新方向，摒弃"一考定终身"的思维，为学生的个性化成长和社会的向前发展创造更多的机会。

（二）构建高等职业教育体系的重要一环

高等职业教育作为培育技术和技能专才的关键路径，在建立和完善高等职业教育结构中起到了至关重要的作用。作为高等职业教育选拔的一种方式，职业教育高考在构建和完善高等职业教育体系方面具有不可或缺的重要性。这有助于高等职业学院筛选出杰出的学生，从而进一步提高高职学院的教育品质和人才培训标准。职业教育高考作为一种选拔方式，可以客观地评估学生的实际操作能力、专业知识的掌握程度和职业发展的潜力。根据高考的评估结果，高等职业学院可以更为精确地筛选出那些具有发展潜力和适应性的学生，并为其提供更高质量的教育资源和培训方案。这样精确的选拔策略能够有效地提升高等职业学院的教学水平，并进一步促进人才培训质量的提高。构建高等职业教育体系需要多方面的努力和支持，其中，职业教育的高考作为一个关键环节，必须得到充分的重视和发展。因此，有必要进一步优化职业教育高考的评估准则和选拔流程，以确保其公平性和公正性，同时避免考试导向的偏见。与此同时，高等职业学院也应该深化与产业界的合作关系，更加贴近实际的人才需求，为学生提供更加符合市场需求的教学内容和实践机会。除此之外，还需要进一步强化高等职业教育在社会中的认知和推广活动，以提升社会对于高等职业教育的接受度和关注度。为了更有效地满足社会对技术和技能人才的需求，并促进经济和社会的持续发展，必须共同努力，建立一个健全的高等职业教育体系。

(三) 社会经济发展的强心针和助推器

推行职业教育高考制度可以为社会经济的持续增长提供不断涌现的技术和技能专才。职业教育高考制度的目的是通过培养具备实际操作技能和专业素质的人才，来满足社会对各类技术工人的期望，并进一步推动产业的升级和经济的增长。随着社会的持续进步和经济的稳步增长，对各类技术型劳动者的需求也在逐步增加。与传统高考主要侧重于学术知识和理论技能的培训不同，职业教育高考更偏向于培养学生的实际操作能力和职业修养。通过实行职业教育高考制度，学生不仅获得了理论知识，还得到了实际操作技能的培训，这使其具有更强的实践能力和适应能力。职业教育高考制度的执行，为社会经济的持续增长提供了坚实的后盾。该制度成功地培育了众多既具备实际操作技能又拥有专业素养的人才，以满足不同行业对于技术工人的多样化需求。这批技术人员具备在各种技术职位上工作的能力，为整个产业的进步提供了坚实的后盾，其在实际操作技巧和职业道德上的进步，为产业的提升和创新注入了新的活力，为经济增长带来了新的动力。职业教育的高考制度也有助于推动产业结构的进一步优化和提升。通过对更多技术和技能人才的培养，各个行业都能更有效地满足市场和科技发展的需求。其中涵盖了如何确保培训的质量、评估标准的科学合理性以及如何与产业的实际需求紧密结合等多个方面。为了确保职业教育高考制度的高效实施，有必要增加对教育资源的资金支持，提高教师团队的专业素养，并与产业界建立更紧密的合作关系，以实现教育教学与实际需求之间的无缝对接。

三、职教高考的现实困境

(一) 主体之困：走不出来的"失败者"

目前，职业教育的高考制度仍然存在若干挑战。许多学生和家长对职业教育持有成见，认为这是作为"失败者"所做的选择。这一观点主要是基于对普通高考的理解，认为未能通过普通高考进入大学的人是"失败者"，而对高职院校的认可度不如综合类大学，因此也被视为"失败者"，这导致了职业教育高考的知名度和认可度不高。这样的偏见源于对职业教育的误读和社会观点的限制。在传统观念中，大多数人都持有这样的看法：大学教育是通向成功的唯一路径，却往往忽略了职业教育的价值和多元性。职业教育为学生提供了实际操作技巧和专业技能的培训，并为其开辟了更为直接的职业发展路径和实践机遇。要消除这样的偏见，全社会都需要齐心协力。首要任务是教育机构和学校需要加大对职业教育的宣传力度，以提升职业教育的公众认知度和接受度。与此同时，应该努力加强职业教育与综合性大学的合作，构建更为紧密的合作伙伴关系，确保学历的互通性和学分的转化，从而消除学生及其家长对职业教育的疑虑。除此之外，还需进一步提升职业教育的品质和标准，提升教育与教学质量，并增强学生在职业市场上的竞争实力，从而更好地展示职业教育的重要性和实际效果。

（二）机制之困：产教融合是福还是祸

职业教育的主要目标是培养能够满足社会经济发展要求的技术和技能人员，而产业与教育的融合被看作是达成此目标的关键途径。尽管如此，在实际操作中，产教结合的策略依旧遭遇了诸多的难题和考验，例如企业的参与度不够、教育与产业之间的连接存在障碍等。产教融合的核心思想是紧密地将教育机构与企业结合起来，确保教育内容与实际需求能够有效地对接。通过与企业的深度合作，学生有机会接触到更多的实践经验和行业知识，从而增强其职业道德和实际操作技巧。与此同时，企业也可以通过与教育机构的合作，培养企业的人才，从而推动技术创新和产业的发展。但是，在实际操作中，产教结合面临着若干挑战。首先要明确的是，企业的参与度不足构成了一个核心问题。有些公司在与教育机构的合作上显得不够积极，这可能是因为时间和资源的限制，或者是因为其对教育机构的信赖度不够高。这种情况限制了学生实际操作的机会，使其难以深入了解真实的工作环境和技术要求。其次，教育和产业间的不顺畅对接也构成了产教融合面临的一大挑战。教育机构与企业间的交流和协作遭遇了困难，这使得教育机构难以迅速掌握产业的最新动态和需求，也难以适时地调整其教学内容和培训计划。与此同时，企业对于教育机构的期待和标准并没有被充分地传达出去，这直接影响了教育目标的精确性和实用性[5]。

（三）体系之困：鱼和熊掌两者不可兼得

在设计职业教育的高考制度时，必须在培养学生的实际操作能力和更好地掌握理论知识之间找到一个平衡点，但在实际执行的过程中，很难找到这两者之间的平衡。过分重视实际的操作方法会导致对理论知识的漠视；而过度侧重于理论知识会导致忽视实际操作技巧的培训。在职业教育的领域内，实际的操作技巧被赋予了极为关键的地位。与传统高考侧重于学术知识和理论技能的培训不同，职业教育高考更偏向于培养学生的实际操作能力和职业修养。然而，如果对实际操作技巧重视过度，就会忽略对理论知识的重视。理论知识为学生奠定了实际应用的基础，为其创造了宽广的思考领域和创新空间。如果忽略对理论知识的培训，学生的整体素养和成长空间就会受到限制。在某些职业教育课程设置中，过度的理论学习和考试压力会导致学生在实践机会和实际操作能力方面的培养不足，这种情况会使学生在实际的工作环境中遭遇挑战，难以灵活地处理和应对现实中的问题。

四、职教高考的推进路径

（一）跳出传统思维定式，动态调整发展目标

在职业教育的高考改革中，需要摒弃传统的思考方式，根据社会经济的进步以及学生的独特才能和兴趣，灵活地调整发展方向。传统的职业教育往往被视为学术型大学的备选，从而忽视了学生间的个体差异和其职业发展需求。因此，通过实施职业兴趣测试和职业规划指导，学生可以更加明智地选择与自身需求相匹配的职业教育路径。通过参与职业兴趣测试，学生可以更加深刻地认识到自己的兴趣、优势和技巧，从而更加明智地选

择与自己相匹配的职业道路。这种测试的目的是评估学生在不同专业领域的兴趣和适应能力，并为其提供具有针对性的职业指导和建议[6]。此外，通过职业规划的引导，学生可以更深入地理解各种职业的未来趋势和就业市场的实际需求以及相关的学习和培训途径，从而帮助其做出更加明智的职业决策。职业院校不仅需要学生有正确的自我认知，还应调整其发展目标的追求方式。历史上，职业教育机构常常试图效仿学术型大学的成长策略，以追求更高的升学率和提升学术质量。但是，这样的追求往往忽视了职业教育的核心价值和意义，从而导致职业学院与实际的职业需求出现了不匹配的情况。职业教育机构应致力于培养能够满足社会经济发展需求的实用人才，与企业和行业保持紧密的合作关系，提供与实际工作紧密相关的技能培训和实践机会。父母对于孩子的期望也应该有所转变。在传统的观点里，家长普遍持有这样的看法：学术型大学是孩子走向成功的唯一路径，而对职业教育的价值和其潜在的发展空间视而不见。家长需要更深入地关心孩子的爱好和独特才能，并认识到职业教育在培育实际技能和提高就业竞争力上的重要性。通过与学校及孩子们的深入交流，制订合适的职业成长计划，为其将来的发展奠定了坚实的基础。职业教育的高考改革需要打破传统的思维模式，根据个体的差异和社会的需求，动态地调整发展目标。通过综合考虑学生的个人兴趣和特长，实施职业兴趣测试和职业规划指导，有助于学生做出更加符合自身需求的职业选择。与此同时，职业教育机构和家长也应该更新其观点，更加重视培育有实际应用能力的人才，并为学生的职业生涯提供更多的帮助。只有当深入了解职业教育的重要性和未来潜能时，才能达到职业教育高考改革的既定目标，并培育出满足社会需求的杰出人才。

（二）树立大区域发展观，协同共建改革方案

职业教育的高考改革应当秉持大区域的发展理念，促进各个地区职业教育资源的融合和共享。各个地区可以携手合作，共同推进职业教育的改革计划，从省级开始，逐渐提升到国家级，分享前沿的经验，从而提高职业教育高考的整体质量和成效。确立大区域的发展理念意味着要跨越地理

边界，对各个地区的职业教育资源进行融合和更高效的使用。不同的地区在职业教育领域可能面临资源的分散和能力的不平衡等挑战。借助合作协同的方式，能够实现资源的共享和补充，从而提升教育的整体质量。各个地区可以构建合作框架，集体探讨职业教育的改革策略，交流教育和教学的经验与最优做法，从而推动职业教育的整体进步。职业教育的改革计划可以从省级层面着手，构建跨省的合作框架。各个省份有机会共同探讨职业教育改革的核心议题和方向，并根据各自地区的具体状况来制订合适的改革计划。通过与其他地区的互动与合作，有机会借鉴其成功之路，从而避免不必要的重复努力和资源的浪费。随着合作关系的进一步深化，这种合作与共同建设的模式有望在全国范围内逐渐推广，从而构建一个更为统一且协同的职业教育改革框架。合作共建的职业教育改革计划应当重视提高其质量。通过分享前沿的经验和最优的实践方法，引进前沿的教育观念、授课方式和评价机制，从而促进职业教育的持续创新和完善。与此同时，还可以通过加强教师培训和共享教育资源来提升教师的专业能力和教学品质。

（三）构建合理考试制度，完善技能评价体系

职业教育的高考制度应该更为科学和合理，重视评估学生的实际操作技能和职业修养。传统的考试模式通常更多地侧重于对书本知识的记忆和理论分析，这样很难全方位地评估学生在实际技能和综合素质方面的表现。因此，有必要进行一系列改革，以构建一个更加科学且适应能力更强的考试体系。在职业教育的高考过程中，应当重视评估学生的实际操作技巧和职业修养。为了达到这个目的，可以增加实践环节，并加强对实际操作的评估。例如，在模拟真实工作环境的考试中，学生有机会在实际工作环境里展示其专业技能和能力，这种考试模式能更精确地衡量学生在实际职场环境中的适应性和表现水平。与此同时，有必要对技能评估体系进行完善，并构建多样化的评价机制。传统的考试模式不能对学生的整体素质和技能进行全方位的评估。综上所述，建立合适的考试制度和完善技能评估体系是职业教育高考改革的关键方向。通过重视学生的实际操作技能和职业修养，并采用多种评估方法，能够更为科学地对学生的整体素质和技

能进行评估。这种改革措施将有助于培育能够满足社会需求的高质量职业人士，同时也将提高职业教育高考的整体质量和成效。

五、结语

职业教育的高考制度建设在国家考试体系中是一个标志性的系统工程，它在制度架构中确立了职业教育的重要地位。历史上，职业教育常常被忽视或边缘化，但是新的职业教育法确保了职业教育和普通教育在法律上的平等地位，这一点已经从法律上的明确规定转变为制度上的明确规定，这种转变为职业教育带来了前所未有的活跃性和增长潜力。把职业教育与普通教育视为人类的两条腿，只有当这两条腿同样健壮时，才能更迅速地前进，从而实现成为现代教育强国的宏伟愿景。随着职业教育地位的上升和职业教育高考制度的确立，可以预见职业教育会受到更广泛的关注和支持。这会推动职业教育与传统教育的深度结合，构建一个统一的教育结构，为学生带来更广泛的选择和成长空间。职业教育的核心价值在于培育能够满足社会需求的高质量职业专才[10]。通过建立职业教育的高考制度，学生在选择职业教育的过程中，也可以享受与传统教育相同的权益和机遇。这一措施将消除传统观念的障碍，并消弭职业教育与普通教育间存在的不平等状况。职业教育将更加有效地满足社会对于专业人才的需求，并为经济增长提供坚实的后盾。为了实现成为现代教育强国的愿景，必须全方位地推进职业教育与普通教育的发展。职业教育的高考制度不仅为职业教育的持续发展奠定了稳固的基础，而且也为实现教育强国的愿景提供了关键的支撑。

参考文献

[1] 张东海，黄裕娥. "职教高考"视角下的高职招生制度改革研究[J]. 湖北开放职业学院学报，2023，36（21）：50-52，55.

[2] 虞宁宁. 职教高考的多元样态、问题实质与改进策略[J]. 宁波职业技术学院学报，2023，27（06）：1-9.

［3］郭豪杰，崔晓杰．类型教育视角下河南省"职教高考"制度构建研究［J］．黄河水利职业技术学院学报，2023，35（04）：76-79.

［4］朱颖康．国家层面建立职教高考制度：现实诉求、价值追求及实施路径［J］．职业技术教育，2023，44（28）：51-56.

［5］马永军，袁潇．中等职业学校学生参加职教高考意愿及影响因素的调查研究［J］．教育与职业，2023（17）：28-35.

［6］韦骅峰．"双减"背景下"职教高考"的必要性、可行性与建构策略［J］．现代教育管理，2023（08）：120-128.

［7］杨宏楼，孙鹏，李心茹．"职教高考"制度的新思考［J］．湖北开放职业学院学报，2023，36（13）：62-63，66.

［8］王明月，赵梦雷．山东省"职教高考"制度建设的研究与实践［J］．职业教育研究，2023（07）：39-44.

［9］凌磊．我国职教高考制度的行动逻辑、面临问题与优化策略［J］．大学教育科学，2023（04）：119-127.

［10］柳靖，刘超，柳桢．职教高考制度建设的关键领域：功能完善、省域统筹与生源引导［J］．职业技术教育，2023，44（06）：15-19.

数智赋能篇

基于云班课平台的线上线下混合教学模式实践研究

牟蘋[①] 姚迪[②]

摘 要 现代信息技术的发展使得各种在线课程和学习平台变得普及，这为混合教学的实施提供了技术支持。混合教学模式不仅优化了教学方法，还推动了教育内容和形式的创新。笔者在高校实践教学中，选取了"创新创业基础"课程作为课程改革对象，经过3轮教学实践，逐步推进和完善了该课程的混合教学模式，利用云班课平台创建覆盖课前、课中和课后全阶段的线上课程，将教学场景从课堂拓展到课后，运用技术手段保障过程性评价的客观与合理，促进了对学生考核评价方式的改进，使学生评分既不完全依赖考试又有章可循。

关键词 云班课 混合教学 教学改革

一、引言

自2018年教育部发布《教育信息化2.0行动计划》以来，"互联网+教育"成为中国教育发展的核心方向。随着信息技术的迅猛发展和《中国教育现代化2035》的提出，线上线下混合教学模式在高等教育中获得了广

[①] 牟蘋，管理学硕士，北京联合大学应用科技学院讲师，主要研究方向为金融保险及其教育教学。
[②] 姚迪，北京联合大学应用科技学院教师，通讯作者，E-mail: yykjtyaodi@buu.edu.cn。

泛关注，展现了重要的价值。

混合教学模式将传统课堂与线上学习资源相结合，实现了教学的优化和创新。具有以下优点。

互动性强：结合了线下面对面教学的优势，教师能及时掌握学生的学习状态，进行个性化指导，同时学生也能通过实践操作提高动手能力。

灵活性高：利用线上教学时间和空间不受限的特点，学生可以根据个人需要随时学习，充分利用碎片化时间进行预习和复习，提升学习效率。

资源可重复利用：线上教学资源可以随时随地观看，学生可以通过回放功能反复学习课堂内容，进一步巩固知识点。

增强学习氛围：线下教学的小组学习形式能够促进学生之间的互动和协作，形成良好的学习氛围，实现共同进步。

本文以"创新创业基础"课程为例，基于云班课平台对该课程开展混合式教学改革，并对实践成果进行总结。

二、课程介绍

"创新创业基础"课程是面向我校经济管理类专业的大一学生开展创新创业教育的核心课程。本课程融合创新和创业两部分内容，结合国内外最新创新成果和创业模式，从激发创新意识、训练创新思维、掌握创新技法、提升创新能力的角度开拓学生的创新意识、提升创新的强烈愿望和能力，训练全方位、多角度、创造性地解决实际问题。通过创新创业教育教学，学生掌握创新创业的基础知识和基本理论，熟悉创新创业的基本流程和基本方法，了解创新创业的法律法规和相关政策，激发学生的创新创业意识，提高学生的社会责任感、创新精神和创业能力，促进学生创新创业就业和全面发展。

该课程于2021年开设，分为完全线上和混合式教学两种模式，目前已完成3轮教学。其中完成线上线下混合式教学的有11个班共计370人，平均每周4学时，每学期8周，共32学时。

三、混合教学设计

图1为混合教学模式设计示意图。

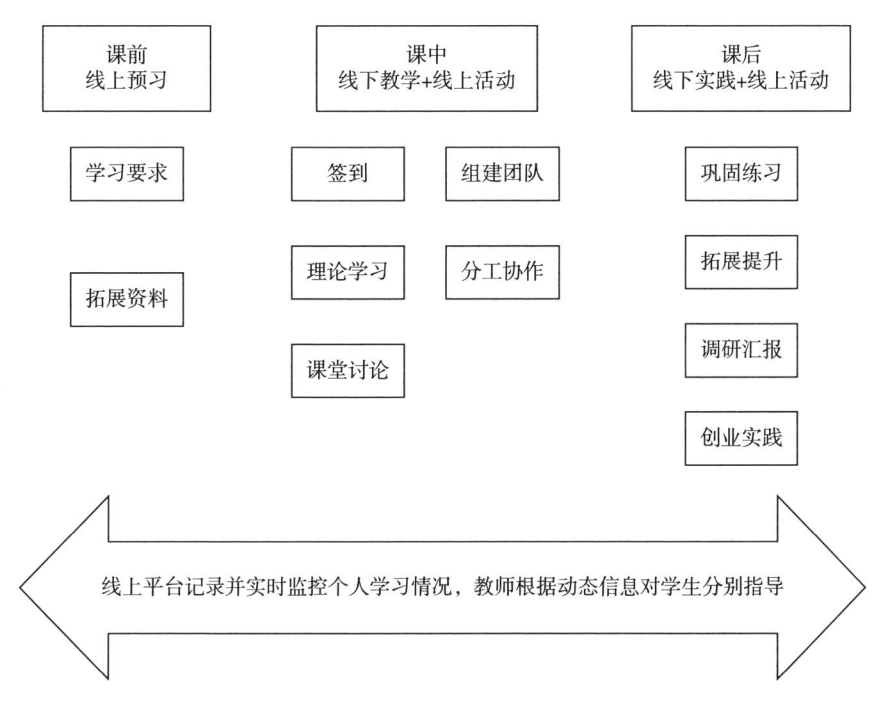

```
课前                    课中                      课后
线上预习              线下教学+线上活动           线下实践+线上活动

学习要求              签到      组建团队          巩固练习

拓展资料              理论学习  分工协作          拓展提升

                     课堂讨论                    调研汇报

                                                创业实践
```

← 线上平台记录并实时监控个人学习情况，教师根据动态信息对学生分别指导 →

图1　混合教学模式设计

四、混合教学实践

（一）课程资源建设

移动学习资源是开展混合式教学的先决条件，它包括线上、线下两部分的学习资源。线上学习资源的呈现形式有视频、PPT、实训指导书、拓展资料、相关网站和习题库等（见图2和表1）。根据当前7~30天内的国际国内时事热点及时更新内容，向学生传递行业最新资讯，同时引导学生关注并思考社会新闻，激发学习兴趣，将课程思政融入教学内容，实现教育效益最大化，让学生通过网络教学平台真正实现自主式、交互式、协作式学习。

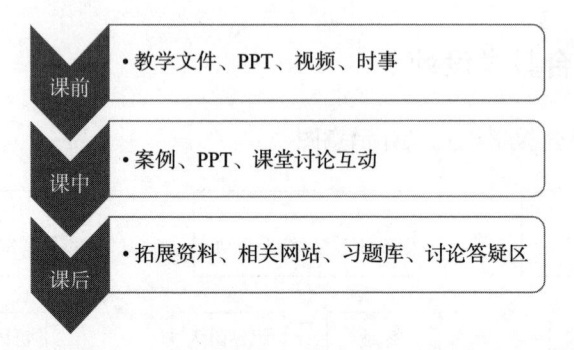

```
课前: 教学文件、PPT、视频、时事
课中: 案例、PPT、课堂讨论互动
课后: 拓展资料、相关网站、习题库、讨论答疑区
```

图 2 "创新创业基础"课程线上资源分布

表 1 课程线上资源内容与数量

资源类型	数量
教学文件	6
PPT	18
拓展资料	11
案例	14
测验	6
作业	12

（二）课前准备

授课教师在课前准备阶段需要进行详细的教学规划，根据课程目标制定教学大纲，明确每个环节的教学任务。教师应精心准备和整理相关的教学资料，如课件、视频、案例分析等，并通过网络教学平台提前发布给学生。教师还需设计有针对性的预习任务和自测题目，要求学生在课前完成，以帮助学生提前掌握基本知识点。为了确保学生的学习效果，教师可以通过平台实时追踪学生的学习进度，并收集学生在预习过程中遇到的问题，以便在课堂上进行有针对性的讲解和指导。这种准备方式不仅提升了课堂教学的效率，还能帮助教师根据学生的实际学习情况灵活调整教学内容，确保教学目标的顺利达成。

（三）课中教学

课中教学是实施教学方案的关键环节，也是混合式教学的核心。通过云班课的点名签到功能，教师能够快速掌握学生的出勤情况。定位功能将签到范围限定在 100 米内，确保学生在教室内签到，提高到课率。

在授课过程中，教师采用多媒体、板书和云班课相结合的方式进行混合教学。在讲解理论及其应用时，结合问题探究和任务驱动等方法，激发学生的主动性和参与积极性，帮助学生理解原理、学会应用并提升能力。根据课程需求，教师还会适时发布自测题，检查学生对知识点的掌握情况。学生在课堂上能够同步接收教师的课件，并实时听取讲解。教师则通过云班课平台统计学生的线上活动与作业质量，进行学情分析，以确定线下课程的重点和难点。在线下课堂，教师对课前学习任务完成度高的内容进行归纳交流，而对于完成度低的任务，则通过小组讨论进行辅助学习。在线发布问题、学生线上实时回答问题的设置，确保全体学生的参与度，同时让教师实时掌握学生的知识掌握情况，从而有效提升课堂互动与质量。

教师根据不同任务的知识和能力要求，设计了两种课堂任务模式：一种是针对单个知识点的个人任务，要求学生理解知识点内容并独立完成；另一种是针对复杂问题设计的小组任务，要求学生综合运用知识点并进行团队合作。任务布置时，教师充分考虑学生的理论基础，设计难度适宜的任务，既具有挑战性，又不会降低学生的参与积极性。教师为学生提供多项任务选择，并将学生分组，每组选择一个任务并选出组长，负责组织讨论与任务分工。学生接到任务后，通过网络平台复习相关知识点，并查阅资料进行分析和整理，随后在课堂上进行小组汇报。其他学生可以评价、提问或提出建议，教师根据讨论情况进行引导，帮助学生比较不同方案的优缺点。每个小组汇报设计方案后，全体学生参与讨论，教师和学生共同提问和回答，确保每位学生都参与其中。通过不断完善方案，学生不仅巩固了知识，还积累了经验，提升了实践能力。

与传统教学中的疲劳状态相比，这种线上线下互动的教学方式更为高效，大大提高了学生的参与积极性，具有更强的互动性和趣味性。特别是对于注意力不集中的学生，这种互动方式能够迅速将他们的注意力拉回到课堂，继续学习后续内容。在课堂教学的最后阶段，教师对本节内容进行总结，并发布随堂测验，巩固学生的知识点。签到、互动投票、抢答和随堂测验等活动的数据都保存在平台上，便于教师后续进行课堂改进和考核评价。

（四）课后学习

在课后学习环节中，教师和学生都可以通过在线平台进行有效的教学与学习。教师能够利用在线平台发布课后作业、习题库、阅读资源以及相关的学习链接，不仅能帮助学生巩固课堂所学，还能拓展他们的知识广度与深度。平台的数据统计分析功能使教师能够及时了解学生的学习进度和任务完成情况，并根据反馈调整教学策略，从而为下一次教学做好准备。比如本堂课测验正确率偏低，下载率低，可以考虑放慢本节内容的讲解速度，发布吸引学生注意力的话题；而正确率高，抢答问题快，说明学生对本节课内容掌握较好，可以适当加快速度或者增加一定的拓展习题。平台还会为教师提供学情预警，教师可自行设置预警项目，当有学生达到设置条件时系统就会将该生的异常信息推送给教师，及时对该生给予特别关注和指导，加强个性化教学，保障教学效果（见图3）。

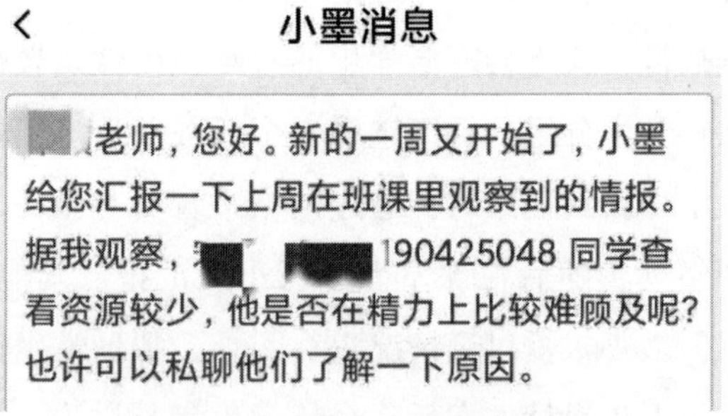

图3 云班课学情预警示例

对于学生来说，在线平台为他们提供了丰富的学习资源和灵活的学习方式。学生可以通过完成教师布置的课后作业、参与讨论话题，进一步巩固课堂所学内容，并加深对知识的理解。同时，平台上的个人综合评价会根据学生的学习进度和表现实时动态调整得分与排名，有利于学生自我认

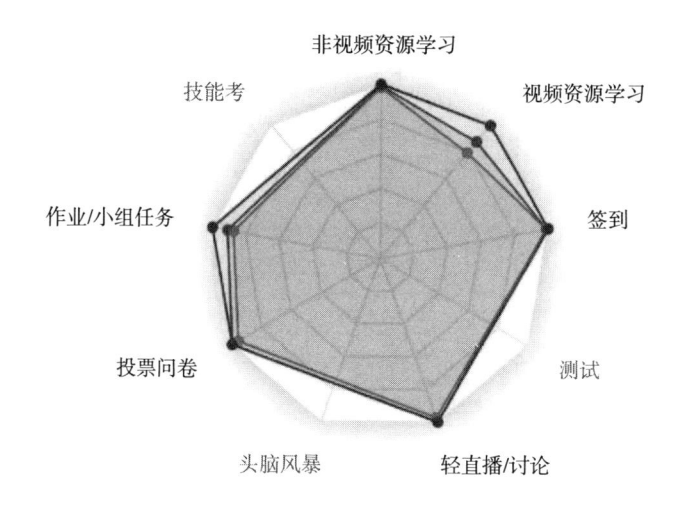

知和自我监督学习，激励学生完成学习任务，也保障了过程性评价的公开性和公平性（见图4）。平台习题库和讨论区则能够帮助学生解决学习中的疑问，增强自主学习能力。此外，学生之间的互评作业模式还提高了他们的批判性思维能力和问题解决能力，使学习过程更加互动、有趣。通过这些方式，学生不仅能够提高学习效果，还能更好地掌握和应用所学知识。

图4 云班课学生个人综合评价示例（动态实时调整）

（五）考核评价

学生成绩考核评价是教学过程中的关键环节。它不仅是对学生学习成果的认定，更是指导教学改进、促进学生全面发展的重要工具，对教育质量的提升和保障学生未来的发展具有深远的影响。

本课程考核方式分为过程性考核和终结性考核,其中,过程性考核构成平时成绩,占总评成绩的60%,终结性考核形成期末成绩,占总评成绩的40%(见表2)。过程性考核包括出勤、线上资源学习、课堂参与和课后作业,在平时成绩中的占比分别为10%、10%、20%、20%。

表2 创新创业基础课程成绩考核评价表

考核方式		考核内容	所属单元	占比	占比
过程性考核	出勤	对课程的学习态度和兴趣	一、二、三、四、五、六、七、八	10%	60%
	线上资源学习(蓝墨云班课)	音视频课程资源学习、线上作业、问卷完成情况	一、二、三、四、五、六、七	10%	
	课堂参与	参与讨论、头脑风暴、互评,按时提交作业,活动排名	一、二、三、四、五、六、七、八	20%	
	课后作业	线下和线上课后作业完成情况	一、二、三、四、五、六、七、八	20%	
终结性考核	期末考试	创新创业基本理论知识	五、六、七、八	40%	40%
合计					100%

过程性考核部分的成绩可以通过在线平台自动统计完成。在授课过程中,教师使用云班课平台记录了包括签到、线上资源发布、课堂活动、作业、测验等全部学习过程。因此在课程结束后只需要教师在平台设置各项成绩占比即可由平台自动计算生成学生的平时成绩,并导出成绩单,保障了过程性考核结果的公平合理。

终结性考核即为期末考试,考试内容均在日常教学活动中涉及,学生可通过平台习题库进行复习,考试前习题库向学生开放练习并可自动批改评分,学生可查看错题答案,有利于学生巩固复习,并且不受时间和空间限制,方便学生自主学习。

五、成效

(一) 学生评价

本课程每学期结束后对学生进行满意度调查，2021级学生发放135份问卷、回收有效问卷128份，2022级学生发放138份问卷、回收有效问卷132份，2023级学生发放97份问卷、回收有效问卷93份。问卷调查结果显示，学生对于课程的整体满意度在90%以上。图5显示了学生满意度评价调查结果。

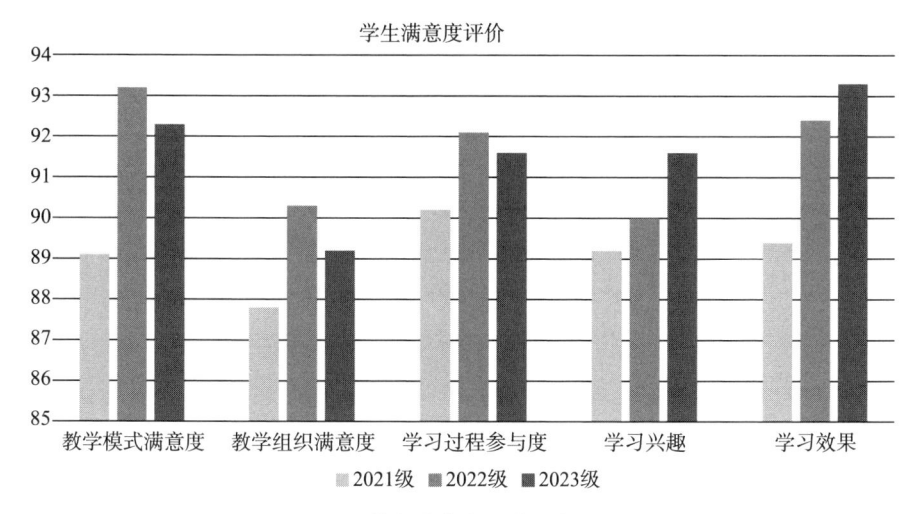

图5 学生满意度评价调查结果

通过混合式教学模式，提升了学生的学习主动性，激发了其学习兴趣，锻炼了其运用创新思维解决实际问题的能力，同时学生在信息收集、沟通交流和团队协作方面的能力也有所提高（见图6）。

该课程采用混合教学的班级在学校组织的学生评价中，得分均高于学院课程评分平均水平，得到较高的认可度，教学评价良好（见表3）。

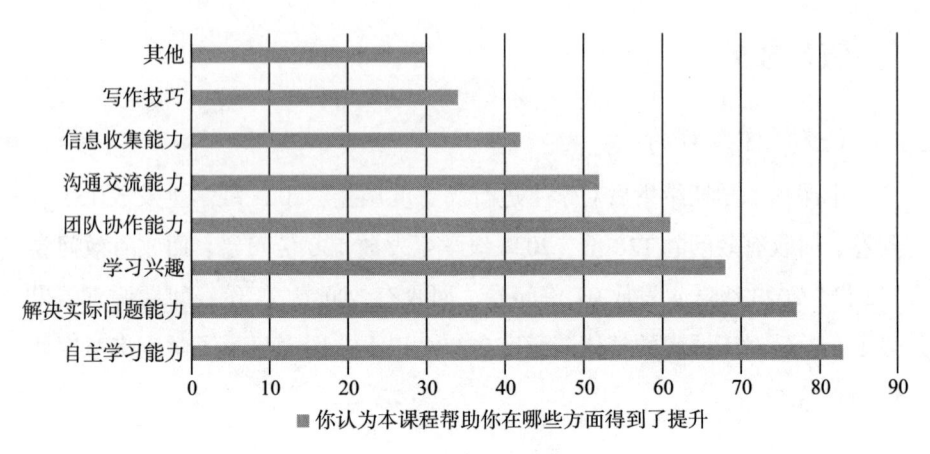

图6　学生反馈意见

表3　创新创业基础混合教学班学生评价结果

学年学期	选课人数	参评人数	参评比例	最终得分
2021—2022 学年第一学期	137	123	89.78%	90.297
2022—2023 学年第一学期	138	128	92.75%	91.62
2023—2024 学年第一学期	97	91	93.81%	91.82

（二）竞赛与学生创业成果

通过3年的线上线下混合式教学改革与实践，本课程的建设成效显著，学生参与大学生创新创业类竞赛的兴趣倍增，报名参与人数迅速增加，获得国家级、省级奖项达上百项，孵化学生小微创业项目数十个。

六、小结

通过实践表明，线上线下混合式教学模式结合了传统课堂教学的优势和现代学习的便利性，极大地提升了教学效果与学习体验。通过这种教学模式，教师能够更加灵活地调整教学内容和进度，根据学生的不同需求进行个性化指导。同时，学生不仅能够在课堂上与教师和同学进行互动，还可以通过线上平台自主安排学习时间和进度，深入理解和巩固知识。混合式教学模式的实施打破了时间和空间的限制，促进了优质教育资源的共享，增强了师生之间的互动，激发了学生的学习积极性，为全面培养学生的自主学习能力提供了有力支持。这种教学模式为现代教育提供了一条行之有效的路径，有助于实现教学相长和高效课堂的目标，为未来的教学模式改革提供了宝贵的经验与借鉴。

参考文献

[1] 何昭水，谭北海，谢侃，等. 三全育人背景下信息学科课程思政"六位一体三提升"教学实践探索 [J]. 高等工程教育研究，2023（06）：82-86.

[2] 闫寒冰，陈怡. 何以实现高质量在线教学？——基于2021、2022、2023年地平线报告（教与学版）的多案例研究 [J]. 现代教育技术，2023，33（07）：72-80.

[3] 高娜. 互联网时代混合教学对教育变革的推动——评《翻转课堂与混合式教学：互联网+时代，教育变革的最佳解决方案》 [J]. 中国科技论文，2023，18（02）：232.

[4] 毛雁冰，李心羽，赵露. 教育数字化转型中在线教育质量提升研究 [J]. 中国电化教育，2022（09）：38-42.

[5] 施晓秋. 新需求、新理念视域下一流课程建设思考与实践 [J]. 高等工程教育研究，2022（04）：52-58.

[6] 赵丽萍，姜涛. 后疫情时代高校渐进式混合教学改革构建 [J]. 包装工程，2021，42（S1）：246-251. DOI：10.19554/j.cnki.1001-3563.2021.s1.062.

[7] 李宝敏，余青，杨风雷. 混合教学对学生学习成效的影响——基于国内外106篇实证研究的元分析 [J]. 开放教育研究，2022，28（01）：75-84. DOI：10.13966/j.cnki.kfjyyj.2022.01.008.

[8] 张进良，邢贞德，杨苗，等. 大学双线混融教学：内涵、因素与策略 [J]. 当代教育论坛，2022（02）：80-90. DOI：10.13694/j.cnki.ddjylt.20220111.001.

[9] 李文洁，王晓芳. 混合教学赋能高校课程思政研究 [J]. 中国电化教育，2021（12）：131-138.

[10] 朱永海. 深度学习视角下混合教学系统化设计与体系化模式构建 [J]. 中国电化教育，2021（11）：77-87.

[11] 李政涛. 基础教育的后疫情时代，是"双线混融教学"的新时代 [J]. 中国教育学刊，2020（05）：5.

基于雨课堂和 BOPPPS 模型的分层教学实践[1]
——以专升本金融学课程为例

彭爱美[2]　张　峰[3]　赵玉荣[4]

摘　要　本文分析了 2023 年金融学专业专升本学生的学情和教情，由于退役大学生士兵比例上升至 50%，学生间学习基础和学习能力差异显著，因此实施了分层教学。通过宣讲动员和组织考试，72 名学生被分为拔高层（金融学 A 班）和达标层（金融学 B 班）。针对不同层次学生，重构了课程学习目标、内容和考核方式，并基于 BOPPPS 模型实施教学。教学过程中，利用雨课堂平台进行监督和提升学生参与度。结果显示，分层教学有效提升了学生的抬头率和班级平均成绩，且期末考试成绩与日常学习状态一致。然而，也发现拔高层学生成绩提升幅度相对较小，未来需进一步优化教学难度和内容选取。

关键词　雨课堂　BOPPPS 模型　分层教学

---

[1] 基金项目：北京联合大学 2023 年度校级教育教学研究与改革项目资助（项目编号 JJ2023Y049）。
[2] 彭爱美，北京联合大学应用科技学院副教授。
[3] 张峰，博士、教授、硕士生导师，北京联合大学研究生处处长。
[4] 赵玉荣，北京联合大学应用科技学院副教授。

雨课堂是 MOOC 平台"学堂在线"与清华大学在线教育办公室共同研发的一款基于微信和 PowerPoint 的智慧教学工具（王帅国，2017）。通过雨课堂，教师可以把图文资源、课件、习题等推送到学生的手机上，学生通过微信就能随时随地地开展学习。

BOPPPS 教学模型起源于北美高校，之后被全球教育工作者关注，近些年来在我国逐渐得到推广应用（曹丹平，2016）。BOPPPS 教学模型以教学目标为导向、以学生为中心，由引入（Bridge-in）、目标（Objective/Outcome）、前测（Pre-assessment）、参与式学习（Participatory Learning）、后测（Post-assessment）、总结（Summary）6 个教学环节构成（金鑫等，2022）。

分层教学使原本水平参差不齐的学习者被重新安排在基本符合自身水平的层级里，通过设定不同的教学目标和教学模式，采用升级、跳级或留级的方式，不断鞭策学习者，分层教学展现出的诸多优势使因材施教能落到实处（戈玲玲等，2014；郑维勇，2017）。

一、文献综述

关于本论文的研究包括以下几点。

（1）基于雨课堂的教学研究。田晶等（2022）在医学免疫学课程、王羽佳（2021）在展示设计基础原理课程、何莉等（2021）在组织学与胚胎学理论课程、颜红等（2021）在生理学课程、邱定荣等（2021）在精神科护理学课程、何红云等（2020）在人体解剖学课程等方面进行了基于雨课堂的教学研究和实践。

（2）基于 BOPPPS 教学模型的教学研究。金鑫等（2022）在机械设计课程、张杰（2022）在民族院校法学课程、郑燕林等（2021）在教育传播学课程、刘进军等（2021）在信息素养课程、董桂伟等（2020）在材料物理化学课程、杨娇（2019）和巨亚荣等（2019）在大学计算机基础课程等方面进行了基于 BOPPPS 教学模型的教学研究和实践。

（3）分层教学研究。曾丽娟等（2022）针对韩国学生 14 类汉语语篇

NP 省略教学提出了三个水平五个阶段的分层教学建议，黄盛等（2021）提出在大学英语分层教学中实施语音"翻转课堂"，南晓雪（2018）对高职院校高等数学提出立体化分层教学建议，曹永梅（2017）探讨了在英语专业教学中分层教学模式的实践运用，张红梅等（2016）分析了在计算机程序设计基础课程中的分层教学实践。刘晶，赵胜华（2022）基于雨课堂与 BOPPPS 模型在"工程制图"课程中进行分层混合教学模式建构与实践。

（4）文献述评。近年来，基于雨课堂、BOPPPS 教学模型以及分层教学的研究成果很多，为本研究的开展奠定了坚实的理论基础和研究建议启发。不过基于雨课堂和 BOPPPS 模型，并针对专升本学生专业课的分层教学实践较少。本文将基于雨课堂和 BOPPPS 模型，在专升本学生的金融学专业课程中进行分层教学实践。

二、学情和教情分析

（一）学情分析

随着国家放开对退役大学生士兵升学的限制，2023 年金融学专业专升本学生中的退役大学生士兵比例上升到 50%，普通学生和退役大学生士兵的比例达到 1∶1。普通学生来自专科阶段通过层层选拔的优秀学生，学习基础、学习能力相对较强；而大部分退役大学生士兵的学习基础、学习能力相对较弱。如果按照同一个课程标准，按部就班地上课，就会出现普通学生"吃不饱"、退役大学生士兵"吃不了"的情况，因此有必要实施分层教学，对不同层次的学生实施不同的课程标准。

（二）教情分析

近年来，金融学课程授课需要兼顾退役大学生士兵的基础和理解能力，这对于参加过专升本入学考试的专科优秀学生来说，很难提高他们对综合金融问题的解决能力和创新能力。

为了帮助退役大学生士兵学习，平时的小组协作学习采用"若干普通学生+1名退役大学生士兵学生"的方式，大大提升了退役大学生士兵的平时成绩。但是，除了少数优秀的退役大学生士兵积极参与小组作业以外，大部分退役大学生士兵存在"搭便车"现象。部分退役大学生士兵平时成绩高，但是期末闭卷考试成绩低，说明并没有真正掌握所学知识内容，没有达成课程目标。因此，有必要对不同层次的学生设置不同的教学内容、教学过程和考核内容。

三、分层教学的实施

（一）分层过程

2023年11月面向金融学专业2023级72名学生进行了分层教学宣讲和动员，并于12月份组织了分层考试，以分层考试成绩为参考依据，并结合学生个人意愿，34名学生进入拔高层（金融学A班），38名学生进入达标层（金融学B班）。其中，拔高层学生为学习基础较好、学习能力较强的学生，其他学生则为达标层。

（二）分层实施

重构不同的课程学习目标。贯彻OBE教学理念，使课程教学目标能有效支撑人才培养目标；针对拔高层（金融学A班）和达标层（金融学B班）学生的特点，重构了不同的课程学习目标。达标层（金融学B班）的学生通过学习需具备常规金融问题的解决能力，拔高层（金融学A班）的学生通过学习则应具备综合金融问题的解决能力；达标层（金融学B班）的学生能针对常规金融问题制作PPT并进行成果展示，而拔高层（金融学A班）的学生则能针对综合金融问题制作PPT并进行成果展示。例如，在小组展示教学环节中，达标层（金融学B班）学生小组展示的内容为预习视频中知识点的梳理，采用板书、思维导图、PPT等形式均可；而拔高层（金融学A班）学生小组展示的则是围绕2023年中央金融工作会议中提出的科技金融、绿色金融、普惠金融、养老金融、数字金融五篇大文章展开，对学生进行高阶思维和高阶能力的训练。

重塑不同的课程学习内容。根据拔高层（金融学 A 班）和达标层（金融学 B 班）教学目标的要求，对接经济社会发展的需求，构建了"价值塑造—知识探究—能力培养"三位一体的内容体系。根据内容体系和雨课堂平台的技术要求，开发相适应的教学资源，包括文档资源、PPT 资源、视频资源等。例如，达标层（金融学 B 班）的学生注重学习金融学的基本概念、基本知识和基本原理，而拔高层（金融学 A 班）的学生在此基础上，还学习了汇率决定理论等金融学相关理论，学习内容的难度更大。

基于 BOPPPS 模型实施教学。对拔高层（金融学 A 班）和达标层（金融学 B 班）的学生，都基于 BOPPPS 教学模型，针对每堂课的引入（Bridge-in）、目标（Objective/Outcome）、前测（Pre-assessment）、参与式学习（Participatory Learning）、后测（Post-assessment）、总结（Summary）6 个教学环节，设计不同层次的线上线下教学活动，如自主学习、协作学习、小组作业/任务、测验等，如图 1 所示。

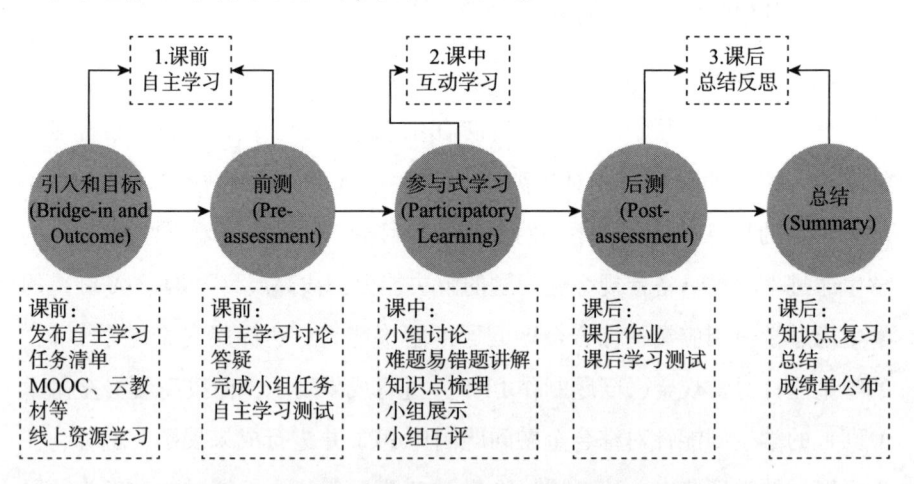

图 1 金融学课程拔高层和达标层的教学过程设计

以拔高层（金融学 A 班）第 6 周的"第 6 章 金融市场（1）"授课为例，教学过程分为以下三个环节。

（1）前置预习：自主深耕，知识预热。在结束第 5 周课程时，提前一周发布了第 6 周的自主学习任务清单。通过雨课堂平台，推送了三个学习视频，内容涵盖章节重点与难点，辅以针对性的自主学习任务与小组协作项目，确保每位学生都能在课前对新知识有初步的认识与理解。同时，配套的自测题（如图 2 所示）如同导航灯，引导学生自我检测、查漏补缺，为后续的深入学习奠定坚实基础。

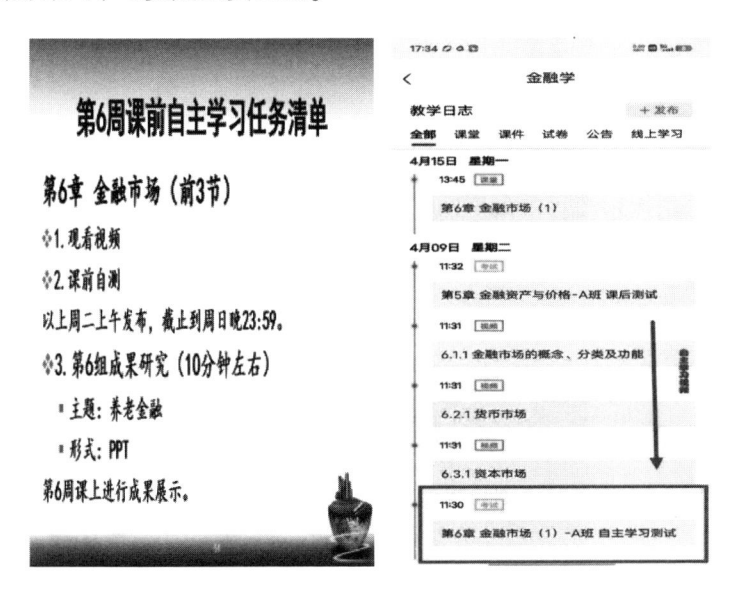

图 2　第 6 周课前自主学习任务

（2）课堂互动：深度解析，思维碰撞。步入第 6 周的课堂，首先聚焦于前一周的课后测试反馈，对普遍存在的疑惑与易错点进行了详尽解析，帮助学生扫除知识盲区。随后，针对自主学习测试中的挑战性问题，采用启发式教学方法，深入剖析知识点，力求让学生不仅知其然，更知其所以然。教学过程中，巧妙运用雨课堂实时推送习题，即时检测学生的学习成效，确保教学互动的即时性与有效性（如图 3 所示）。在小组展示环节，鼓励学生勇于展现自我风采，展示团队合作的学习成果。展示结束后，采用全员参与的互评机制，既促进了同学间的相互学习与借鉴，又增强了班级凝聚力与竞争意识（如图 4 所示）。

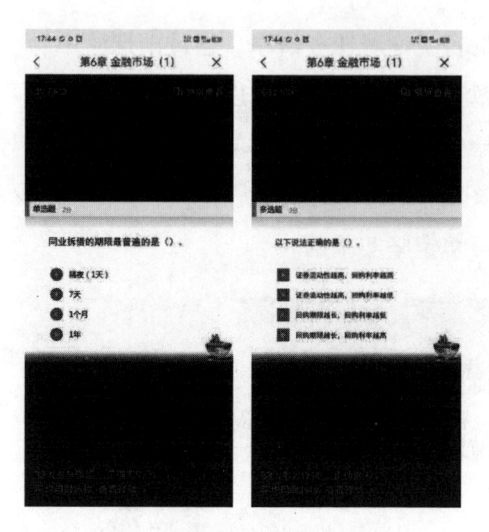

图 3　第 6 周课上推送习题

图 4　第 6 周小组展示及小组互评

（3）课后巩固与前瞻：反思成长，持续精进。第 6 周课程落下帷幕后，及时布置了课后测试，旨在巩固所学，检验学习成效，并通过发布成绩单（如图 5 所示），让学生直观了解自己的学习状态。同时，不忘前瞻，紧接着发布了第 7 周的自主学习任务清单，标志着新一轮 BOPPPS 教学循环的正式启动。

排名	所属行政班	图文(10.0%)	视频(30.0%)	课堂(30.0%)	考试(30.0%)	总成绩
1	应科金融2302S	10	30	30	28.605	98.6
2	应科金融2302S	10	30	30	28.462	98.5
3	应科金融2302S	10	30	29.732	28.628	98.4
4	应科金融2301S	10	30	29.732	28.563	98.3
5	应科金融2302S	10	30	29.732	28.41	98.1
6	应科金融2302S	10	30	29.732	28.088	97.8
7	应科金融2301S	10	30	30	27.795	97.8
8	应科金融2301S	10	30	29.732	27.811	97.5
9	应科金融2301S	10	30	28.714	28.8	97.5
10	应科金融2302S	10	30	29.732	27.771	97.5
11	应科金融2302S	10	30	29.732	27.366	97.1
12	应科金融2301S	10	30	28.661	28.301	97
13	应科金融2301S	10	30	30	26.704	96.7
14	应科金融2302S	10	30	29.304	27.28	96.6
15	应科金融2301S	10	30	27.857	28.652	96.5
16	应科金融2301S	10	30	29.33	26.998	96.3
17	应科金融2302S	10	30	28.714	27.133	95.9
18	应科金融2301S	10	30	28.446	27.209	95.7
19	应科金融2301S	10	30	28.446	26.687	95.1
20	应科金融2301S	10	30	29.018	26.099	95.1
21	应科金融2301S	10	30	29.732	24.655	94.4
22	应科金融2301S	10	30	28.045	26.133	94.2
23	应科金融2302S	10	30	27.83	25.976	93.8
24	应科金融2302S	10	30	28.634	24.942	93.6
25	应科金融2301S	10	30	30	23.245	93.2
26	应科金融2301S	10	30	28.634	24.423	93.1
27	应科金融2301S	10	30	25.929	26.931	92.9
28	应科金融2301S	10	30	27.366	24.934	92.3

图5 前6周成绩单（部分）

（三）考核内容与考核方式设计

课程考核包括过程性考核和总结性考核两部分，其中，以雨课堂平台形成的过程性考核为主要考核方式。在考核内容的设计上，从学生的"学习过程参与度、学习任务完成度、学习目标达成度、学习成果内化度"4个维度进行考核评价，如图6所示。

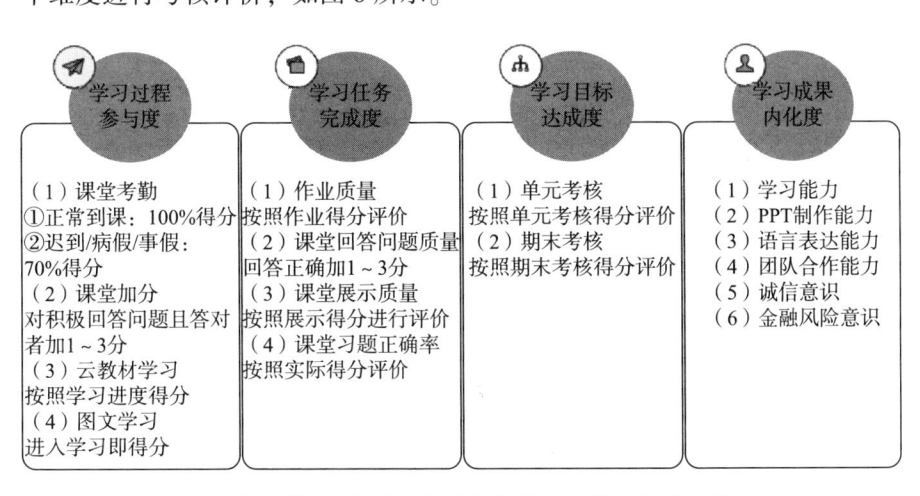

学习过程参与度
（1）课堂考勤
①正常到课：100%得分
②迟到/病假/事假：70%得分
（2）课堂加分
对积极回答问题且答对者加1~3分
（3）云教材学习
按照学习进度得分
（4）图文学习
进入学习即得分

学习任务完成度
（1）作业质量
按照作业得分评价
（2）课堂回答问题质量
回答正确加1~3分
（3）课堂展示质量
按照展示得分进行评价
（4）课堂习题正确率
按照实际得分评价

学习目标达成度
（1）单元考核
按照单元考核得分评价
（2）期末考核
按照期末考核得分评价

学习成果内化度
（1）学习能力
（2）PPT制作能力
（3）语言表达能力
（4）团队合作能力
（5）诚信意识
（6）金融风险意识

图6 金融学课程拔高层和达标层的"四维度"考核设计

从平时成绩构成来看，平时成绩由视频学习（占比 30%）、课堂表现（占比 30%）、平时考试（占比 30%）、小组展示（占比 10%）构成，其中，A 班发布了 40 个视频，进行了 27 次平时考试；B 班发布了 37 个视频，进行了 24 次平时考试。拔高层（金融学 A 班）、达标层（金融学 B 班）都取得了较好的学习成绩，如图 7 所示。

"金融学-2024春-金融学A班"平时成绩单

排名	所属行政班	视频(30.0%)	课堂(30.0%)	考试(30.0%)	小组展示·线下模块(10.0%)	总成绩	总成绩（四舍五入）
1	应科金融2302S	30	30	29.139	9	98.1	98
2	应科金融2302S	30	29.384	29.167	9.35	97.9	98
3	应科金融2301S	30	29.384	29.001	9.35	97.7	98
4	应科金融2302S	30	29.9	28.364	9.35	97.6	98
5	应科金融2302S	30	29.2	29.274	9	97.5	98
6	应科金融2302S	30	29.4	29.144	9	97.5	98
7	应科金融2301S	30	29.75	28.427	9.35	97.5	98
8	应科金融2302S	30	29.9	28.739	8.29	96.9	97
9	应科金融2301S	30	29.84	28.629	8.32	96.8	97
10	应科金融2302S	30	29.253	28.718	8.66	96.6	97
11	应科金融2301S	30	29.633	28.638	8.29	96.6	97
12	应科金融2302S	30	29.74	28.326	8.32	96.4	96
13	应科金融2302S	30	29.444	28.395	8.29	96.1	96
14	应科金融2301S	30	30	27.727	8.29	96	96
15	应科金融2302S	30	29.253	28.016	8.66	95.9	96
16	应科金融2301S	30	29.044	28.432	8.29	95.8	96
17	应科金融2302S	30	28.798	27.783	8.66	95.2	95
18	应科金融2301S	30	28.709	27.637	8.76	95.1	95
19	应科金融2301S	30	28.993	26.805	8.76	94.6	95
20	应科金融2301S	30	29.03	27.147	8.38	94.6	95

"金融学-2024春-金融学B班"平时成绩单

排名	所属行政班	视频(30.0%)	课堂(30.0%)	考试(30.0%)	小组展示·线下模块(10.0%)	总成绩	总成绩（四舍五入）
1	应科金融2301S	30.00	30	28.48	9.58	98.10	98
2	应科金融2301S	30.00	29.4	28.69	9.40	97.50	98
3	应科金融2301S	30.00	29.42	28.42	9.60	97.40	97
4	应科金融2302S	30.00	29.52	29.09	8.80	97.40	97
5	应科金融2302S	30.00	29.31	28.36	9.60	97.30	97
6	应科金融2301S	30.00	28.76	28.98	9.40	97.10	97
7	应科金融2301S	30.00	29.60	28.32	9.10	97.00	97
8	应科金融2302S	30.00	28.84	28.62	9.40	96.87	97
9	应科金融2301S	30.00	29.02	28.19	9.40	96.60	97
10	应科金融2302S	30.00	28.62	28.53	9.40	96.60	97
11	应科金融2302S	30.00	29.58	27.77	9.10	96.50	97
12	应科金融2301S	30.00	27.27	29.53	9.30	96.10	96
13	应科金融2302S	30.00	28.80	28.30	8.50	95.60	96
14	应科金融2302S	30.00	28.37	28.40	8.80	95.60	96
15	应科金融2301S	30.00	29.15	26.80	9.30	95.30	95
16	应科金融2301S	30.00	28.49	27.31	9.40	95.20	95
17	应科金融2302S	30.00	26.69	28.65	9.30	94.60	95
18	应科金融2302S	30.00	28.12	26.95	9.30	94.40	94
19	应科金融2301S	30.00	28.57	26.41	9.30	94.30	94
20	应科金融2301S	30.00	28.13	26.75	9.40	94.30	95

图 7　金融学 A 班、B 班平时成绩汇总（以班级前 20 名为例）

（四）教学效果评价

通过雨课堂和 BOPPPS 模型进行分层教学，取得以下教学效果。

(1) 学生的抬头率显著提升

上课时，学生需扫码进入雨课堂，并确保手机停留在课件界面，除非处于课间休息或进行小组评分环节，否则不得随意切换界面。此外，教师也时常在学生间巡视，检查学生的手机屏幕使用情况。这一措施有效减少了学生低头玩手机的现象，极大地提升了学生的抬头率，进而显著增强了他们的课堂参与度。例如，在达标层（金融学 B 班）中，张天虎同学于 4 月 25 日共 3 课时的课堂期间，共计进出雨课堂五次，完全符合既定要求，具体情况如图 8 所示。对于进出次数过多的同学，教师将给予相应提醒。

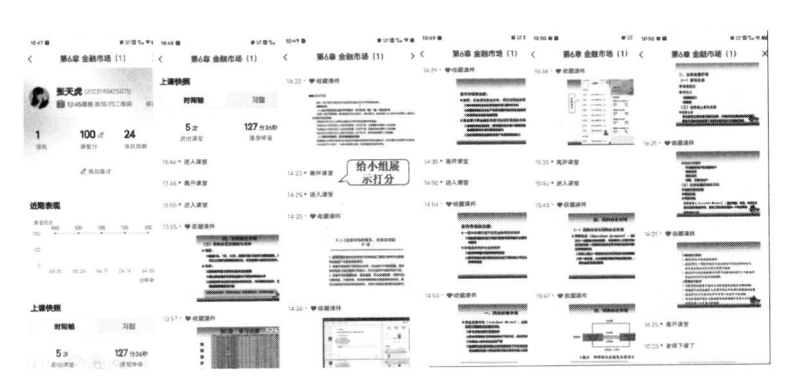

图 8 达标层（金融学 B 班）张天虎同学进出雨课堂的次数统计

(2) 班级平均成绩持续稳步上升

截至第 15 周末，金融学 A 班与 B 班的平均成绩分别达到了 95.79 分与 94.57 分的高位。自课程第 1 周起，这两个班级的平均成绩便呈现出一种稳定且持续的上升态势，如图 9 所示，清晰展现了学生在学习上的不断进步与提升。一个现象值得关注：学生在经历假期导致的课程暂停并重返校园后，部分学生的学业成绩出现了明显的下滑趋势，进而影响了班级整体的平均成绩。这一现象在处于达标层（金融学 B 班）的学生群体中尤为突出。针对这一现状，在未来的教学环节中需采取相应措施予以妥善解决。

金融学A班各周成绩平均分

金融学B班各周成绩平均分

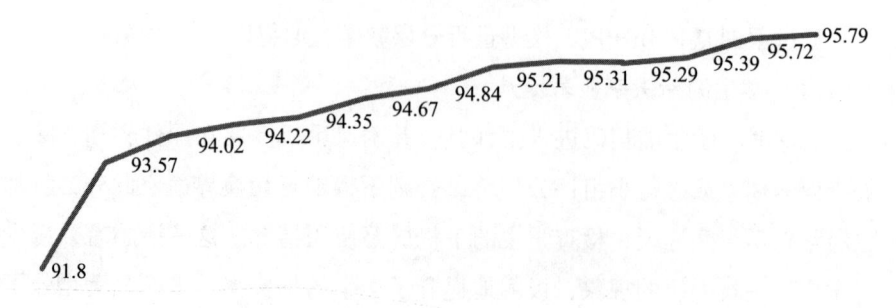

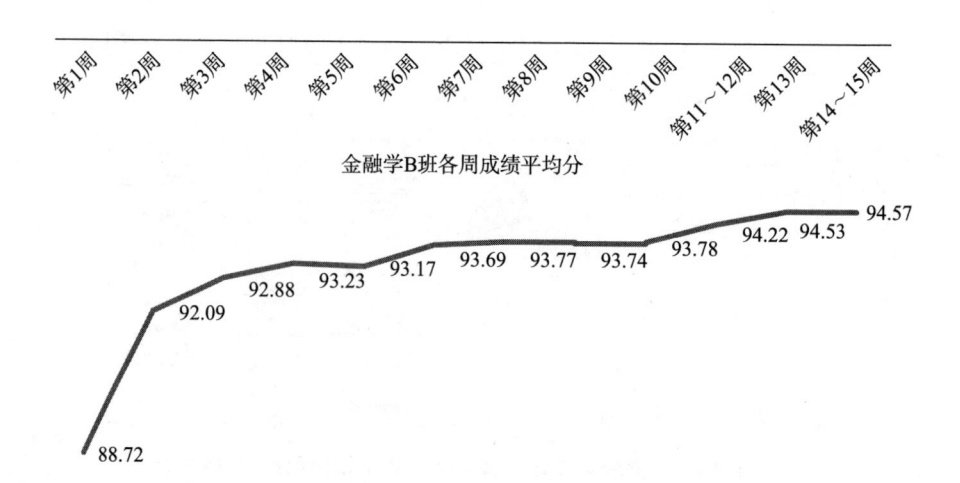

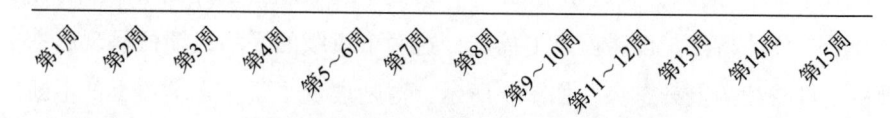

图9　金融学 A 班、金融学 B 班的平时成绩统计

（3）学生的期末考试成绩与日常学习状态相一致

本课程的期末考试采取了闭卷形式，试题内容严格依据达标层（金融学 B 班）的学习范畴及难度进行设置。考试结果有效地映射出了学生在日

常学习中的表现。具体而言，达标层（金融学 B 班）的期末考试平均分达到了 62.56 分；而相比之下，拔高层（金融学 A 班）的平均分则高达 83.50 分，足足超出了达标层（金融学 B 班）20 多分。

四、结束语

分层教学模式依据学生的实际学习水平和能力，将学生科学地划分层次，进而实施具有针对性的教学活动。本课程在实施基于雨课堂和 BOPPPS 模型的分层教学后，已取得了一定成效，学生的学业成绩实现了显著提升，且学生的学习满足感也明显增强。然而，在实施过程中也暴露出一些问题，例如，对于拔高层（金融学 A 班）的学生而言，其成绩提升的幅度相对较小，这表明教学难度需要进一步加大，同时，教学内容的选取也需更加审慎考量。未来，将在分层教学实践中持续优化这些方面，以期达到更佳的教学效果。

参考文献

[1] 黄盛，朱彤，林琳. 基于分级教学的大学英语汉译英"翻转课堂"实验研究 [J]. 贵州师范学院学报，2021，37（10）：71-78.

[2] 曾丽娟，梁卓. 韩国学生汉语语篇 NP 省略习得及分级教学研究 [J]. 语言文字应用，2022（04）：103-115.

[3] 金鑫，李良军，杜静，等. 基于 BOPPPS 模型的教学创新设计——以"机械设计"课程为例 [J]. 高等工程教育研究，2022（06）：19-24.

[4] 张杰. 民族院校法学双线教学 BOPPPS 模型建构 [J]. 民族教育研究，2022，33（03）：90-97.

[5] 王羽佳. 基于雨课堂的展示设计基础原理课程体验式教学实践 [J]. 装饰，2021（10）：134-135.

[6] 郑燕林，马芸. 基于 BOPPPS 模型的在线参与式教学实践 [J]. 高教探索，2021（10）：5-9.

[7] 何莉，杨虹，晏长荣，等. 基于雨课堂的过程性考核评价在组织学与胚胎学理论课教学中的应用探索 [J]. 中国组织化学与细胞化学杂志，2021，30（04）：392-

395.

[8] 邱定荣, 陈燕华, 杨雯荔, 等. 基于雨课堂直播的翻转互动教学在精神科护理学中的应用 [J]. 护理学杂志, 2021, 36 (08): 56-58.

[9] 刘进军, 陈代春. 基于BOPPPS模型的信息素养课程有效教学模式研究 [J]. 图书馆学研究, 2021 (08): 10-14.

[10] 董桂伟, 赵国群, 管延锦, 等. 基于雨课堂和BOPPPS模型的有效教学模式探索——以"材料物理化学"课程为例 [J]. 高等工程教育研究, 2020 (05): 176-182.

[11] 杨娇. 大学计算机基础课程的BOPPPS教学法设计——以认识十进制与二进制为例 [J]. 计算机工程与科学, 2019, 41 (S1): 178-181.

[12] 巨亚荣, 崔浩, 宁亚辉, 等. 基于BOPPPS模型的《大学计算机基础》课堂教学设计 [J]. 计算机工程与科学, 2019, 41 (S1): 134-138.

[13] 南晓雪. 高职院校高等数学立体化分级教学现状分析 [J]. 吉首大学学报 (社会科学版), 2018, 39 (S2): 298-300.

[14] 郑维勇. 分层次立体化大学英语教学的理论研究与实践探索——以上海对外经贸大学为例 [J]. 外语教学理论与实践, 2017 (04): 68-75.

[15] 曹永梅. 分级教学模式在英语专业教学中的实践运用 [J]. 中国教育学刊, 2017 (S1): 62-65.

[16] 张红梅, 贾韶华, 谢鹏. 《计算机程序设计基础》分级教学方案实践及反思 [J]. 计算机工程与科学, 2016, 38 (S1): 17-20.

[17] 戈玲玲, 李广伟, 刘彬. 基于语料库的大学英语分级教学模式实证研究 [J]. 外国语文, 2014, 30 (03): 150-152.

[18] 刘晶, 赵胜华. 基于雨课堂与BOPPPS模型的分层混合教学模式建构与实践——以"工程制图"课程为例 [J]. 教育观察, 2022, 11 (34): 63-67.

AIGC赋能对会计专业教学改革的应用探索

邱 红[1] 朱东星[2]

摘 要 AIGC（人工智能生成内容）技术以其优势而赋能教育的探索与应用正在全面展开，本文聚焦会计专业教学改革，围绕利用AIGC技术丰富教学内容、促进教学方法创新与支持学生个性化学习三个方面展开AIGC赋能会计专业课堂教学设计及合理融入研究，以有效推进会计专业教育创新和高质量发展。

关键词 AIGC 会计专业 教学改革

人工智能生成内容（Artificial Intelligence Generated Content）技术是一种利用人工智能算法自动生成文本、图像、音频或视频内容的前沿技术，简称为AIGC技术。随着技术的进步，AIGC在提高内容创作的效率、降低成本以及提供个性化内容方面展现出巨大的潜力，在自动写作、艺术创作、娱乐、营销和数据增强等诸多领域迅速推广应用，AIGC技术也正在被教育界广泛采纳，并用于创新教学方法、提升学习体验和优化教育管理等方面。生成式人工智能教育被列为2024年度教育技术十大研究热点。

---

[1] 邱红，北京联合大学应用科技学院副教授。
[2] 通讯作者朱东星，北京联合大学应用科技学院副教授。E-mail: sftdongxing@buu.edu.cn。

2024年6月，中国人工智能学会智能教育技术专委会与上海师范大学联合举办了"人工智能与未来教育：基于AIGC的教育变革"大会，来自国内的众多业内权威和学术精英、基础教育界的校长和骨干教师代表以及教育学院、教育部大数据与教育决策实验室等多家校内单位的教师出席本次会议，共同探讨生成式人工智能（AIGC）如何引领教育行业的未来变革[1]。2024年4月，教育部公布了首批18个"人工智能+高等教育"应用场景典型案例，其中包括基于大模型训练的人工智能助教、新型实验室用于学生训练、教学垂直细分场景应用等[2]，如上海交通大学在教学活动中使用AIGC技术进行课前预习和课后作业辅导，以及课堂教学行为分析，通过AI辅助学习，提高教学效果。AIGC赋能教育的探索与应用已全面展开，如张治（2023）提出了生成式人工智能重塑教育的底层逻辑和可能路径[3]，朱永新（2023）、徐国庆（2023）、杨宗凯（2023）等探讨了AIGC对未来教育的创新、发展与影响[4-6]，陶炜（2024）、孟凡丽（2023）提出了AIGC的教育改革范式和路径[7,8]，万力勇（2023）、罗江华（2024）、宋永磊（2024）对基于AIGC的数字化教育资源的开发及评价进行了深入研究，白雪梅（2024）提出AIGC赋能学习、能力与评价，但是已有文献尚无关于AIGC赋能的会计专业教学改革的深入研究。

基于AIGC技术的优势，即通过模拟真实场景和互动，提供个性化学习体验和反馈，满足不同学生的需求；同时，AIGC技术通过创建游戏化学习环境和个性化辅导系统，有效提高了学生的学习动机和积极性，AIGC技术在会计专业教学中的应用可以围绕教学内容创新、教学方法改革与个性化学习路径三个方面进行。

一、教学内容创新：利用AIGC技术丰富会计课堂教学

（一）模拟案例分析

通过AIGC技术，可以创建真实的或虚拟的会计教学案例，让学生在模拟环境中应用会计处理原则和概念，提高他们的专业实践能力。不同的会计专业课程各有差异，专业理论类课程侧重案例分析，可以利用AIGC

技术创建启发式教学案例，一步步引导学生对会计理论和方法进行深入理解；而专业集中实践类课程则侧重实战思路、实战操作能力的培养，利用AIGC技术创设仿真企业运营实务案例，让会计专业学生身临其境感受到以一名企业高级管理者身份，如何将企业管理、财务管理、会计、税法、市场营销等理论知识综合运用到案例中，这也符合当前会计人才转型趋势的需要。

（二）动态演示和可视化展示

AIGC技术可以生成动态图表和流程图，帮助学生更直观地理解会计流程和原则，使学生能够直观地看到从原始凭证填制到财务报表生成的整个处理过程，展示会计准则在不同情况下的应用，例如存货计价、固定资产折旧、成本费用核算、内部控制流程等，使抽象的概念和操作步骤以及规章制度执行更加具体化、直观、易于理解。

（三）对会计术语解释的创新

AIGC技术可以提供会计术语的详细解释和示例，帮助构建会计知识图谱，将关键概念和关系进行可视化展示。AIGC技术不仅让学生对知识重点、知识关键词进行初步了解，更可以让学生利用AIGC技术随时了解会计处理流程和会计准则的迭代变化，以及不同类型企业、国内外企业在会计确认和计量上的特点，做到课前、课中、课后的自主学习，提高课堂听课效率。

二、教学方法改革：AIGC技术促进教学方法的创新

（一）创设交互式学习工具

利用AIGC技术，可以开发交互式学习工具，根据章节内容，可以在相关知识节点设计智能问答系统，将引导式、启发式、开放性的讨论话题或者客观题融入其中，帮助学生深入理解会计概念和准则，对其学习中产生的问题，实时提供详细的解释和指导，做到课上课下贯通，以及时间和空间上的延展。

（二）辅助教师备课

AIGC 技术可以监控会计准则的更新和变化，及时通知教师，确保教学内容的时效性；可以帮助教师构建一个丰富的教学资源库，包括视频、图表、案例、习题等；可以辅助教师根据会计专业课程要求和学生特点，制订个性化教学计划，为学生提供充足的学习资料，通过分析学生的学习数据，评估教学效果，不断进行课程教学内容、方式和手段的调整，以优化教学过程，提升教学质量。

（三）提供实时反馈

在学生进行会计实训时，AIGC 技术可以提供实时出错信息反馈，并提供正确的指导，让学生在训练中能知错就改，及时纠偏，提高学习效率，提升实际操作能力，增强学以致用的自信心。利用 AIGC 技术，学生之间、师生之间可以随时交流互动，一方面便于学生之间自主答疑解惑，另一方面便于教师及时了解学生中存在的共性问题，以进行集中答疑。这样的实践教学更加有的放矢，以学生为本，达到实践教学的真正目的。

三、个性化学习路径：AIGC 技术支持学生的个性化学习

（一）AIGC 技术结合 AR 与 VR 创建沉浸式学习体验

结合增强现实（AR）和虚拟现实（VR）技术，AIGC 技术可以创建沉浸式的学习体验，可以辅助开发 AR/VR 教学资源，如虚拟会计实验室、互动式教学模块等，让学生在虚拟环境中进行会计实务操作和经营决策，使会计专业的学习可以变得更加生动，从而提高学生的学习兴趣、参与度和理解能力。

（二）利用数据分析工具完成财务数据分析和预测

AIGC 技术可以自动处理和整理大量的财务数据，包括清洗、分类和格式化，为数据分析做好准备；AIGC 技术可以帮助学生学习如何使用数据分析工具来解读财务报表，如表 1 所示。

表1　AIGC技术在财务数据分析和预测中的应用

AIGC技术可提供的数据分析功能	可完成的财务数据分析和预测任务内容
构建模型	根据历史数据预测未来的财务指标，如收入、成本、利润等，构建财务分析模型
集成数据源	集成外部数据源，如市场数据、经济指标等；进行包含外部因素的、更全面的财务分析
创建动态的数据可视化图表	帮助学生更直观地理解复杂的财务数据；学生通过可视化界面探索数据，进行假设测试和敏感性分析
生成财务分析报告	自动生成财务分析报告，包括关键指标的摘要、趋势分析、预测结果等；并可以分析数据中的不确定性和财务风险因素
模拟决策	在特定情境下做出决策，并展示决策结果对财务报表的影响；为决策者提供财务风险评估报告

（三）在线讨论和协作学习

根据学生的讨论参与度和兴趣点，AIGC技术可以推荐个性化的学习资源和讨论主题。教师利用AIGC技术设置个人和分组任务，确保每个学生都能参与讨论和项目。通过在线平台，学生可以就会计准则等知识点的应用进行讨论和协作，利用AIGC技术辅助管理讨论话题，并根据讨论内容，用AIGC推荐相关的学习资源，如文章、视频、案例研究等，提供参考资源。在在线讨论中，利用AIGC提供实时反馈，帮助学生纠正错误的观点和理解。用AIGC自动总结讨论的关键点和结论，供学生复习和参考。AIGC技术还可以发送智能提醒和通知，确保学生不会错过重要的讨论和协作机会。AIGC支持同步交流，满足不同学生的学习习惯和进度安排。

（四）个性化练习

AIGC技术可以帮助学生在个性化的学习环境中丰富会计知识和技能，同时提高学习效率和动机。利用AIGC收集学生的学习数据，包括成绩、学习习惯、兴趣点和理解难点等，为个性化练习奠定基础。根据学生的学习进度和理解程度，AIGC技术可以生成个性化的练习题和测试，包括不同难度和类型的题目。利用AIGC技术，创建智能错题本，记录学生的错误，提供有针对性的复习材料，帮助学生巩固和应用所学的会计知识点，提升专业能力。在学生完成练习后，AIGC 技术提供实时反馈，评估答案的正确性，并给出详细的解释和指导。与此同时，AIGC 技术必须保证练习题与会计知识点之间的关联性，确保练习覆盖所有重要概念。通过融入游戏化元素，如积分、等级、挑战等，提高学生完成个性化练习的动力。构建自适应学习系统，根据学生的实时表现不断调整练习内容和难度。

四、结论

AIGC 技术对会计专业教学改革的应用主要体现在能够根据学生的学习习惯、能力和进度，提供定制化的学习材料和练习，满足不同学生的个性化需求；生成大量的教学内容，包括案例、习题、模拟环境等，丰富教学资源，提高教学的多样性和互动性；通过 AIGC 自动化的数据分析和内容生成，减少了教师在备课和评估学生作业上的时间，教师能够更专注于教学本身；AIGC 技术可以创建模拟的会计环境，让学生在虚拟环境中进行实际操作，提高学生的实践能力和应用知识的能力；AIGC 能够提供实时的学习反馈，帮助学生及时了解自己的学习情况，教师也可以根据反馈调整教学策略；AIGC 技术可以帮助教师和学生追踪学习进度，鼓励持续学习和专业发展。

然而，AIGC 技术在会计专业教学改革中也面临着挑战，如数据隐私和安全、技术依赖、评估和认证等，第一，其需要收集和分析大量的个人学习数据，如何保护学生隐私和数据安全是一个重要问题；第二，过度依赖技术可能导致学生失去自主学习和解决问题的能力；第三，评估 AIGC 技术在教学中的效果，以及如何将这些效果与传统评估体系相结合，都是 AIGC 技术在教学应用中需要解决的问题。

参考文献

[1] "人工智能与未来教育：基于 AIGC 的教育变革"专题研究会在上海师范大学召开 [J]. 现代教育技术, 2024, 34 (07): 142.

[2] 教育部高等教育司关于公布首批"人工智能+高等教育"应用场景典型案

例的通知［EB/OL］. https：//hudong. moe. gov. cn/s78/A08/tongzhi/202404/t20240417_1126075. html

［3］张治. ChatGPT/生成式人工智能重塑教育的底层逻辑和可能路径［J］. 华东师范大学学报（教育科学版），2023，41（07）：131-142.

［4］朱永新，杨帆. ChatGPT/生成式人工智能与教育创新：机遇、挑战以及未来［J］. 华东师范大学学报（教育科学版），2023，41（07）：1-14.

［5］徐国庆，蔡金芳，姜蓓佳，等. ChatGPT/生成式人工智能与未来职业教育［J］. 华东师范大学学报（教育科学版），2023，41（07）：64-77.

［6］杨宗凯，王俊，吴砥. ChatGPT/生成式人工智能对教育的影响探析及应对策略［J］. 华东师范大学学报（教育科学版），2023，41（07）：26-35.

［7］陶炜，沈阳. 从ChatGPT到Sora：面向AIGC的四能教育和范式革新［J］. 现代教育技术，2024，34（04）：16-27.

［8］孟凡丽，马翔，王建虎. AIGC视域下的虚拟教研室：概念特征、运行要素与建设进路［J］. 现代远距离教育，2023（04）：14-21.

［9］万力勇，杜静，熊若欣. 人机共创：基于AIGC的数字化教育资源开发新范式［J］. 现代远程教育研究，2023，35（05）：12-21.

［10］罗江华，岳彦龙. 人工智能生成数字教育资源适应性评价指标体系构建［J］. 现代远距离教育，2024（4）：39-47.

［11］宋永磊，罗江华. AIGC赋能职业教育数字资源服务的愿景、挑战与路径［J］. 中国职业技术教育，2024，（17）：27-33.

［12］白雪梅，郭日发. 生成式人工智能何以赋能学习、能力与评价？［J］. 现代教育技术，2024，34（01）：55-63.

由"授人以鱼"到"授人以渔"
——谈 AIGC 赋能教育对学习者问题解决能力的培养

邱 红[①] 张 静[②]

摘 要 人类的问题解决能力是推动社会进步的关键，AIGC 可以激发灵感，提供问题解决方案，助力人类解决问题，即"授人以鱼"，但人类的问题解决能力不能被替代。本文在解析问题解决能力的核心要素与问题解决过程的内在联系、剖析 AIGC 技术提供问题解决方案背后的技术逻辑（即 AIGC 技术所具备的问题解决能力）的基础上，从创设高质量问题情境、预设问题链、提供解决问题技术决策链、提供多场景反思迁移链四个方面提出科学合理利用 AIGC 技术培养学习者问题解决能力的策略与路径，为推动 AIGC 赋能教育培养人类解决问题的能力，即"授人以渔"，提供了新思路与新实践方法。

关键词 AIGC 教育 问题解决能力

"授人以鱼不如授人以渔"是一句中国的古语，出自《老子》。"授人以鱼"原意是指直接给予别人物质上的帮助，如给予一条鱼，解决暂时的

[①] 邱红，北京联合大学应用科技学院副教授。
[②] 通讯作者张静，北京联合大学生物化学工程学院实验师。E-mail: zhangjing1@buu.edu.cn。

需求；"授人以渔"则是指教会别人捕鱼的方法，使他们能够长期自给自足；其深层的含义在于前者只提供了单纯解决问题的方案，能解决眼前的问题，而后者则强调教会别人如何解决问题或获取资源的方法，能帮助他人长期发展，避免依赖，因此"授人以渔"比"授人以鱼"更有价值。"授人以鱼不如授人以渔"用于教育领域则在于强调培养学习者独立思考和解决问题能力的重要性，注重培养学习者的自主学习能力，而不是简单地提供现成的答案。由此可见，获得解决问题的能力尤为重要。杨学敬与徐斌艳（2007）、伍远岳与谢伟琦（2013）、王薇与刘莉（2021）、王薇与何庆青（2022）等都曾对问题解决的内涵、教育特征及培养方法等进行了深入研究与阐释[1-4]。问题解决能力的培养是教育永恒的任务。

AIGC，即人工智能生成内容（Artificial Intelligence Generated Content），是一种利用人工智能技术自动生成文本、图像、音频或视频内容的技术，在人工智能时代将应用于社会各领域，包括教育教学领域。AIGC可以根据学习者的学习进度和理解能力提供个性化学习材料，帮助学习者巩固和深化理解；可以创建真实或虚构的案例，让学习者在模拟环境中应用原则和概念；利用AIGC技术可以开发交互式学习工具，如智能问答系统，帮助学生解答疑问、提供即时反馈等。然而，AIGC技术应用于教育教学也面临着挑战，如学习者的技术依赖、批判思维能力下降、创新效能下降等。焦建利（2023）、朱永新与杨帆（2023）、王焕景等（2024）、刘三女牙与郝晓晗（2024）、白雪梅（2024）相继论述了人工智能时代在学和教方面所面临的机遇与挑战，探索了在人工智能时代该如何学和如何教[5-9]，赵晓伟等（2024）提出了以数智对话塑造学习者的主体性[10]。诸多研究表明人工智能时代将带给教育教学全新的改变，引发了教育者的深入思考与探索，由此引发了本文对人工智能时代问题解决能力培养的思考与探索。

AIGC技术可以满足学习者对知识及问题解决方案的需求，但学习者更需要获得解决问题的能力。学习者过度依赖AIGC生成的想法和解决方案，导致在没有AIGC的情况下出现无助和焦虑情绪。长期依赖AIGC的学习者在面对问题时会缺乏主动思考与解决问题的能力，使用 AIGC 的学习者会对自己的创新表现给出较低的自我评价。AIGC 赋能教育可以"授人以鱼"，但能否"授人以渔"呢？如何让 AIGC 赋能教育达到"授人以渔"的目标，是教育者和 AIGC 技术开发人员需要深思和解决的问题。

一、问题解决能力的概念及其重要性

问题解决能力是指个体在面对问题时，能够识别问题本质、分析问题结构、探索解决方案，并最终有效解决问题的能力。这种能力是认知、技能和行为的综合体现，对个人在学术、职业和日常生活中的成功至关重要。

问题解决能力是一个多维度的概念，涉及认知过程、情感态度、行为技能和元认知策略。问题解决能力还包括以下能力。

（1）元认知能力：对自己认知过程的认识和控制，包括自我监控和自我调节。

（2）情绪智力：理解和管理自己的情绪，以及识别和影响他人的情绪。

（3）创造性思维：能够跳出常规思维模式，提出新颖的想法和解决方案。

（4）批判性思维：能够客观地分析和评估信息，避免偏见和错误。

（5）决策能力：在多个选项中做出明智的选择。

现代教育越来越重视培养学生的问题解决能力，将其视为 21 世纪的技能之一。随着知识更新速度的加快，问题解决能力使个体能够适应不断变化的环境，终身学习新知识和新技能。问题解决能力不局限于特定学科，它可以应用于各个领域和情境中，是一种普遍需要的技能。在职场中，无论是哪个行业，问题解决能力都是评价员工能力的重要标准之一。面对快速变化的世界，问题解决能力使个体能够灵活适应各种挑战和变化。问题解决能力使个体能够有效参与社会活动，解决社会问题，促进社会进步。在全球化的背景下，问题解决能力是提升国家和个人竞争力的关键因素。

二、问题解决能力与问题解决过程的逻辑框架

问题解决过程通常包括以下几个关键的组成部分，问题解决能力贯穿于问题解决的过程中，这些组成部分共同构成了一个系统性的问题解决过程（见图1）。

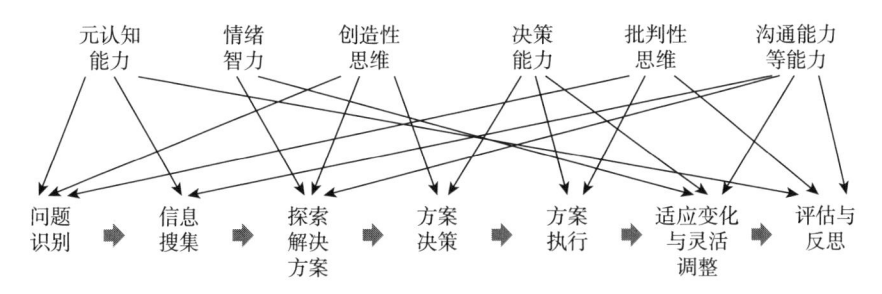

图1　问题解决能力与问题解决过程的逻辑框架

（1）问题识别：能够准确地识别和定义问题的存在，理解问题的核心和范围。将问题分解为更小的部分，识别问题的关键要素和相互关系。

（2）信息搜集：搜集与问题相关的信息和数据，为分析问题提供依据。

（3）探索解决方案：运用创新的方法来探索可能的解决方案。使用逻辑和推理来评估不同解决方案的可行性和效果。

（4）方案决策：在多个可能的解决方案中做出明智的选择。在解决问题时，考虑道德和社会影响，确保解决方案的正当性和可持续性。

（5）方案执行：制订解决问题的步骤和计划，有效地组织资源和时间。能够利用适当的技术和工具来辅助问题解决过程。将计划转化为行动，实施解决方案。

（6）适应变化与灵活调整：在问题解决过程中，能够适应变化，灵活调整策略。

（7）评估与反思：对解决方案的效果进行评估，并从中学习，将问题解决过程中获得的新知识、技能和经验整合到现有的知识体系中，以改进未来的问题解决过程。

在问题解决过程中，还涉及沟通、情绪管理及学习和应用新知识等方面。

（1）沟通：在问题环境中，能够有效地沟通想法和计划，协调团队成员的工作。

（2）情绪管理：在面对挑战和压力时，能够管理自己的情绪，保持冷静和专注。

（3）学习和应用新知识：在解决问题的过程中，能够快速学习新知识，并将其应用于实际情境。

三、AIGC 技术的问题解决能力

AIGC 的问题解决能力是一个综合性的系统，涉及数据科学、机器学习、自然语言处理、计算机视觉和伦理学等多个领域的技术，是基于一系列复杂的算法和数据处理流程构建的。

（一）自然语言处理与问题识别

AIGC 技术在自然语言处理（NLP）方面的能力使其能够理解和生成自然语言，从而更好地与人类交流问题和解决方案。通过深度学习等技术，AIGC 能够识别问题中的模式和异常，辅助问题识别和分析。在处理涉及人类情感的问题时，AIGC 技术通过分析文本或语音中的情感倾向，以更好地理解问题背景。

（二）深度技术决策能力

构成 AIGC 深度技术决策能力的关键要素主要包括以下几点。

1. 数据收集、预处理与特征提取

AIGC 技术可以收集大量的数据，这些数据可以是文本、图像、音频或视频等多种形式，用于训练模型。将收集到的数据清洗和格式化，以确保数据的质量和一致性，包括去除噪声、标准化格式、标注和分类数据等步骤。从预处理后的数据中提取有用的特征，这些特征能够代表数据的重要信息，供模型学习。

2. 模型选择与模型训练

选择合适的机器学习或深度学习模型，如卷积神经网络（CNN）用于图像处理，循环神经网络（RNN）或 Transformer 模型用于文本处理等。使用提取的特征和标注的数据训练选定的模型，这个过程涉及大量的参数调整，以最小化模型预测和实际结果之间的差异。在训练过程中，需要采取措施避免过拟合，如使用正则化技术、增加数据多样性、使用 Dropout 等。

3. 评估与优化

使用验证集评估模型的性能，根据评估结果对模型进行调整和优化，以提高准确性和泛化能力。

4. 内容生成

训练好的模型可以用于生成新的内容，给出问题解决方案。在文本生成中，模型可以基于给定的提示或上下文生成连贯的文本，而且 AIGC 能够根据情境生成更合适的内容；一些高级的 AIGC 系统具备多模态能力，即处理多种类型数据的能力（如图像、文本和音频），能够进行跨模态的内容生成和理解，在图像生成中，模型可以根据描述生成图像。

（三）深度反思迁移能力

AIGC 系统不仅有强大的数据处理和模式识别能力，还能通过复杂的算法和模型架构，模拟人类的学习和思维过程，具备理解、评估和创造性地应用知识的能力。

1. 迭代学习

AIGC 系统需要具备在线或增量学习的能力，在生成内容的过程中不断吸收新的信息和反馈。它可以通过接收用户反馈和新数据进行迭代训练，以提高生成内容的质量和相关性。AIGC 系统通过元学习能够理解不同任务之间的共性，从而在面对新任务时快速调整和适应。

2. 用户交互

AIGC 系统通常具备与用户交互的能力，能够根据用户的输入和反馈进行实时的内容调整和生成。它能够理解问题所处的背景，以便更好地适应和迁移知识。AIGC 问题解决过程的可解释性，可以帮助开发者和用户理解模型的生成逻辑，从而更好地进行迁移和应用。

3. 知识表示与推理

AIGC 系统在反思过程中不仅复制已有知识，还能够创造性地生成新的内容和解决方案。在某些高级应用中，AIGC 技术还具备知识表示和推理的能力，以模拟人类的思考过程，生成更有深度和逻辑性的内容，并可以将大型、复杂的模型中的知识转移到更小、更高效的模型中，使 AIGC 在保持高性能的同时减少计算资源消耗。AIGC 系统能够根据生成任务的难度和复杂性自适应地调整其控制策略。

四、AIGC 技术助力学习者问题解决能力的培养

培养问题解决能力需要实践、反思和持续的学习。在教育和培训中，通过提供多样化的问题解决机会和反馈，可以帮助个体提高这方面的能力。AIGC 助力学习者通过问题解决跨越自己的无知，探索未知，习得新知识、新技能、新能力，促进人的全面发展。

（一）创设高质量问题情境培养学习者批判性思维

以往问题情境创设的困境在于：一是由于教师知识、经验与认知局限等，创设问题情境的质量本身具有局限性；二是由于知识评价体系思维束缚及影响，限制问题情境蕴含的评价任务。

利用 AIGC（人工智能生成内容）技术创设高质量的问题情境，步骤如下。

（1）明确学习目标：确定通过解决问题需要达到的教育目标，比如培养批判性思维、决策能力或创造能力。

（2）关注学习者：了解目标学习者的知识背景、兴趣和需求，以便设计更符合他们特点的问题情境。

（3）设计情境背景：利用 AIGC 技术生成详细的情境背景信息，包括故事、场景描述、角色和事件等；设计包含多个变量和不确定性的问题情境，以模拟现实世界中的复杂问题；在情境中嵌入需要解决的问题或挑

战，确保它们具有启发性和探索性。

为了确保 AIGC 创设的问题情境能够激发学习者的批判性思维，可以采取以下策略。

（1）设计开放式问题：设计没有唯一正确答案的问题，鼓励学习者探索多种可能性和解决方案。

（2）提供多角度观点：生成包含不同观点和论据的内容，促使学习者从多个角度分析问题。

（3）引入认知冲突：设计情境中包含看似矛盾的信息或观点，激发学习者的好奇心和探究欲。

（4）鼓励质疑和怀疑：通过问题情境中的不确定性和模糊性，鼓励学习者质疑现有信息和假设。

（5）提供高层次问题：设计问题时，不仅仅关注"是什么"，更要关注"为什么"和"怎么办"。

（6）使用真实案例：利用 AIGC 技术生成基于现实世界情境的案例，这些案例通常更复杂且需要深入分析。

（二）预设问题链培养学习者的创新思维

AIGC 可以有效地利用预设问题链来培养学生的创新思维和批判性思维，帮助他们成为能够独立思考和解决问题的学习者。实现这一目标的方法有以下几点。

（1）构建问题层次：设计一系列由浅入深的问题，从基础问题开始，逐步过渡到更复杂、更开放的问题。

（2）设计递进式问题：问题链中的每个问题都建立在前一个问题的回答之上，促使学生逐步深入思考。

（3）引入假设性问题：提出假设性问题，要求学生思考在不同条件下问题的可能结果和解决方案。

（4）鼓励学生多角度思考：通过问题链引导学生从不同角度和不同学科视角分析问题。

（5）提供反思性问题：在问题链中穿插反思性问题，促使学生思考自己的思考过程和决策依据。

（6）使用开放性问题：设计开放性问题，没有固定答案，鼓励学生发挥想象力和创造力。

（7）鼓励问题重构：教会学生如何重新表述和重构问题，以发现问题的新方面和深层次含义。

特别值得关注的是使用苏格拉底式提问法（Socratic method），它为我们提供了良好的提问框架，该提问方式可以引导学习者去探索和发现问题的答案，激发他们的好奇心和探究欲（见表1）。

表1　直接提问与苏格拉底式提问的问题表述示例

直接提问的问题表述	苏格拉底式提问的问题表述
我能用什么方案解决XXX问题？	我为什么要解决这个问题？ 对于XXX（我的最终目标）来说，我应该优先解决哪些问题 如果我想要解决XXX问题，应该从哪些方面考虑？ 这个问题隐含了什么样的前提假设？ 这些前提假设在什么情况下成立，在什么情况下不成立
我可以使用XXX方法做XXX事情吗？	我正在考虑使用XXX方法做XXX事情，你能帮我分析一下这样做的优点和缺点吗 XXX事情发生，可能的原因有哪些
XXX（知识或技能）是指什么？	为了测试我对XXX（知识或技能）的了解程度，你会问什么问题来测试我的水平？请提供10个问题 对于XXX技能，你认为哪些是必须理解和掌握的核心要点

（三）提供解决问题技术决策链培养学习者的决策能力与元认知能力

AIGC（人工智能生成内容）可以通过提供解决问题的技术决策链来培养学习者的决策能力，如图2所示。

（1）定义问题：AIGC首先帮助学习者明确问题的定义和范围，确保决策过程针对正确的问题。

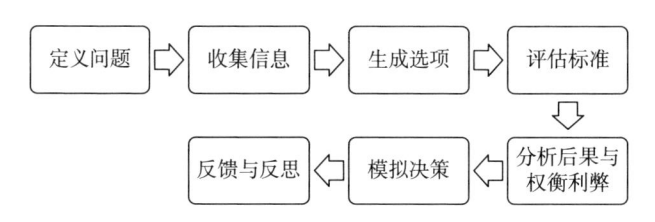

图 2　AIGC 提供的解决问题技术决策链

（2）收集信息：利用 AIGC 技术搜集和整理与问题相关的数据和信息，为决策提供必要的背景知识。

（3）生成选项：AIGC 可以生成多种可能的解决方案或决策选项，展示不同的路径和结果。

（4）评估标准：AIGC 帮助学习者确定评估决策的标准，如成本、效益、风险和道德考量。

（5）分析后果与权衡利弊：AIGC 提供工具和框架来分析每个决策选项可能带来的后果和影响；通过比较不同选项的利弊，AIGC 引导学习者进行权衡，理解决策的复杂性。

（6）模拟决策：AIGC 可以创建模拟环境，让学习者在没有真实风险的情况下尝试不同的决策。

（7）反馈与反思：提供及时反馈，帮助学习者了解决策结果，从而在未来做出更好的选择；鼓励学习者反思决策过程，包括成功和失败的决策，以提升元认知能力。

（四）提供多场景反思迁移链培养学习者的创新思维与元认知能力

AIGC（人工智能生成内容）技术可以通过提供多场景反思迁移链来促进学习者的深度学习和理解。如 AIGC 可以生成多种不同的场景，每个场景都涉及不同的背景、条件和挑战，以展示问题的不同方面。再如，设计连续的场景链，每个新场景都在前一个场景的基础上增加难度或引入新的元素。利用 AIGC 技术创建接近现实的模拟情境，让学习者在模拟环境中应用和测试他们的知识和技能。

利用 AIGC 技术提供的视觉化工具和模型帮助学习者更好地理解和分析场景。在场景中嵌入实时反馈机制，帮助学习者及时了解自己的表现和改进方向。AIGC 还可以根据学习者的反馈和表现，个性化地调整场景的难度和复杂性。

在每个场景的问题解决后，提供反思的机会，鼓励学习者考虑他们的行动、决策过程以及结果。引导学习者从每个场景中提取关键经验和教训，形成对问题更深层次的理解。鼓励学习者识别跨场景的共同点和差异，将从一个场景中学到的知识应用到其他场景中。基于反思和分析的结果，学习者可以在新场景中调整和优化他们的策略和方法。

通过提出批判性问题，AIGC 激发学习者分析和评估不同场景下决策的有效性。通过反思迁移链，学习者可以提高他们的元认知技能，更好地监控和调整自己的学习过程。AIGC 可以设计跨学科的场景，促进学习者在不同领域之间建立联系，增强知识的整合能力。

通过这些方式，AIGC 不仅能够提供丰富的学习材料和场景，还能够通过反思迁移链促进学习者的深度学习、发展创造性思维和提高知识迁移能力。

五、结论

AIGC 技术在教育领域的应用为学习者问题解决能力的培养提供了新的可能性和技术支持。科学合理地利用 AIGC 技术，可以创设真实或虚构的情境，让学习者在模拟环境中练习问题解决能力，增强其应对现实问题、解决问题的能力。AIGC 提供的多样化和创新性问题情境可以激发学习者的创造力，鼓励他们探索新的解决方案。通过设计复杂和开放式问题，AIGC 促进学习者发展批判性思维，学会质疑、分析和评估信息。AIGC 通过提供决策链和反思迁移链，帮助学习者在面对问题时做出更明智的选择。AIGC 促使学习者对自己的学习过程进行反思，提高元认知能力，更好地理解问题、解决问题。

参考文献

[1] 杨学敬,徐斌艳.问题解决内涵的重构——来自PISA的启示[J].教育科学,2007(2):32-35.

[2] 伍远岳,谢伟琦.问题解决能力:内涵、结构及其培养[J].教育研究与实验,2013(4):48-51.

[3] 王薇,刘莉.问题解决的教育实践特征:基于心理学到教育学的转换[J].教育学术月刊,2021(6):90-96.

[4] 王薇,何庆青.培养学生问题解决能力的学习活动设计和课堂评价准实验研究[J].教育学报,2022,18(5):44-55.

[5] 焦建利.ChatGPT助推学校教育数字化转型——人工智能时代学什么与怎么教[J].中国远程教育,2023,43(4):16-23.

[6] 朱永新,杨帆.ChatGPT/生成式人工智能与教育创新:机遇、挑战以及未来[J].华东师范大学学报(教育科学版),2023,41(07):1-14.

[7] 王焕景,魏江明,费建翔.深度问题解决能力:概念特征、理论框架及培养路径——基于AIGC技术赋能视角[J].中国电化教育,2024(05):97-104.

[8] 刘三女牙,郝晓晗.生成式人工智能助力教育创新的挑战与进路[J].清华大学教育研究,2024,45(03):1-12.

[9] 白雪梅,郭日发.生成式人工智能何以赋能学习、能力与评价?[J].现代教育技术,2024,34(01):55-63.

[10] 赵晓伟,沈书生,祝智庭.数智苏格拉底:以对话塑造学习者的主体性[J].中国远程教育,2024,44(06):13-24.

数智化背景下专升本会计学专业审计课程建设研究[①]

王彦芳[②]　吴　霞[③]

摘　要　本文以数智化为背景，通过数智化在审计中的应用和对审计行业的影响分析，结合专升本学生的特点，联系审计课程在会计学专业培养体系中的地位，提出数智化背景下专升本会计学专业审计课程建设的改革措施。

关键词　数智化　专升本　审计课程建设

一、数智化在审计中的应用

数智化（Digitalization and Intelligentization）是指利用数字技术和智能化技术对传统业务流程、产品与服务进行改造和优化的过程。在审计领域，数智化意味着利用大数据、云计算、人工智能（AI）、区块链等先进技术来提高审计工作的效率、准确性和可靠性。数智化在审计领域的具体应用包括数据分析方面，也就是通过处理海量财务数据，识别异常模式和

[①] 基金项目：北京联合大学教改项目——"产教融合+数智赋能"的企业审计综合能力实训课程教学改革与实践研究成果（项目编号：JJ2025Y053）。
[②] 王彦芳，讲师，研究方向审计实务。
[③] 通讯作者吴霞，副教授，硕士研究生导师，研究方向：财务管理。E-mail：yykjkj@126.com。

潜在风险；通过机器学习算法自动识别财务数据中的异常值和趋势，提高审计效率。自动化工具方面，能够执行重复性的审计任务，如数据输入、核对等；也能够进行智能合同审核，提高合同审查的速度和准确性。云计算方面，利用云平台存储和处理大量的审计数据，确保数据的安全性和可访问性；同时通过云服务进行远程审计，减少实地考察的成本和时间。区块链技术方面，实现智能合约审计，审计智能合约的执行情况，确保其按照预定规则运行；同时可以进行分布式账本审计，主要利用区块链技术确保数据的完整性和不可篡改性，提高审计的透明度和信任度。虚拟现实与增强现实方面，使用 VR/AR 技术为审计人员提供沉浸式的培训体验，使其更好地理解和掌握审计流程；还可以创建虚拟的审计环境，模拟审计场景，让学生或初级审计人员在一个逼真的环境中练习审计过程。智能报告方面，使用 AI 技术自动生成审计报告，减少人工编写报告的时间；同时，报告中包含由 AI 生成的深入分析和建议，帮助决策者更好地理解审计结果。

二、数智化对审计行业的影响

数智化技术的应用显著提高了审计工作的效率，减少了手动操作的时间，使审计师能够专注于更高价值的任务；利用 AI 和大数据技术，可以更准确地识别和分析财务数据，降低人为错误的可能性，增强准确性；数智化技术使得审计师能够对更多的数据进行审计，从而覆盖更广泛的业务领域，提供更全面的审计服务，扩展审计范围；数智化技术的应用促进了审计方法的创新，推动了新的审计工具和方法的发展；区块链技术的应用确保了数据的不可篡改性，增强了审计的透明度，提高了公众对财务报告的信任度；数智化背景下，产生了人才培养与需求的变化，审计人才需要具备更强的数据分析能力、编程能力以及对新技术的理解和应用能力。

对于审计教育来说，需要更新课程内容，加入更多关于数据分析、AI、区块链等现代技术的教学内容，以更好适应数智化的需求。

三、专升本学生的特点

我们主要针对专升本层次的学生进行研究，这个层次的学生特点突出。他们已经完成了专科阶段的学习，具备了一定的专业知识和技能基础。这些基础知识为他们进一步深造提供了良好的起点。他们实践经验较丰富，很多专升本学生在专科阶段就已经开始接触实习或实际工作，积累了较为丰富的实践经验。这种实践经验有助于他们在本科阶段的学习中更好地理解和应用理论知识。他们的年龄相对较大，专升本学生的平均年龄通常比直接进入本科的学生要大一些。年龄上的差异导致他们对学习的态度更加成熟，对职业发展的规划更为明确。专升本学生学习动机较强，通常有着明确的学习目标和较强的自我驱动力，希望通过进一步的学习提升自己的职业技能和学历水平。他们对未来的规划比较清晰，知道自己想要什么，并且愿意为此付出努力。专升本学生学习方法多样，他们已经形成了自己的学习习惯和方法，这些习惯和方法与直接入学的本科学生有所不同。专升本学生更倾向于通过实践来验证理论，喜欢结合实际案例进行学习。专升本学生心理状态较为成熟，能够更好地处理学习与生活中的压力。他们往往更加自律，能够较好地管理自己的时间和精力。由于已经有了专科阶段的学习经历，专升本学生对本科阶段的教学质量会有更高的期望。他们希望获得更为深入的专业知识和更为实用的技能训练。专升本学生在专科期间已经建立了较为广泛的社交网络，这些关系对他们今后的职业发展有所帮助。他们通常比直接入学的本科生更容易融入社会，并且具备一定的社会资源。

四、审计课程的地位

审计课程在会计学专业中具有非常重要的地位，它是会计学专业教育体系中的核心组成部分之一，是会计学专业中的必修课或专业核心课程。学生通过审计课程的学习，能够掌握审计的基本理论、方法和技术，为未来的职业生涯打下坚实的基础。在注册会计师考试中，审计是一个重要的科目，学生需要掌握相关的理论知识和实务操作技能。审计课程对于学生考取注册会计师（CPA）等专业资格证书至关重要。审计课程不仅教授理论知识，还注重实践能力的培养。通过案例分析、模拟审计项目、实习实训等方式，学生能够在实际操作中巩固理论知识，提高解决实际问题的能力。审计课程有助于学生综合能力的提升，审计课程不仅涉及财务报表的审计，还包括内部控制评估、风险评估、审计证据收集与分析等多个方面，学生通过学习，能够全面提升自己的专业知识和综合能力。

五、审计课程建设路径

基于以上分析，设计审计课程建设路径如图 1 所示。

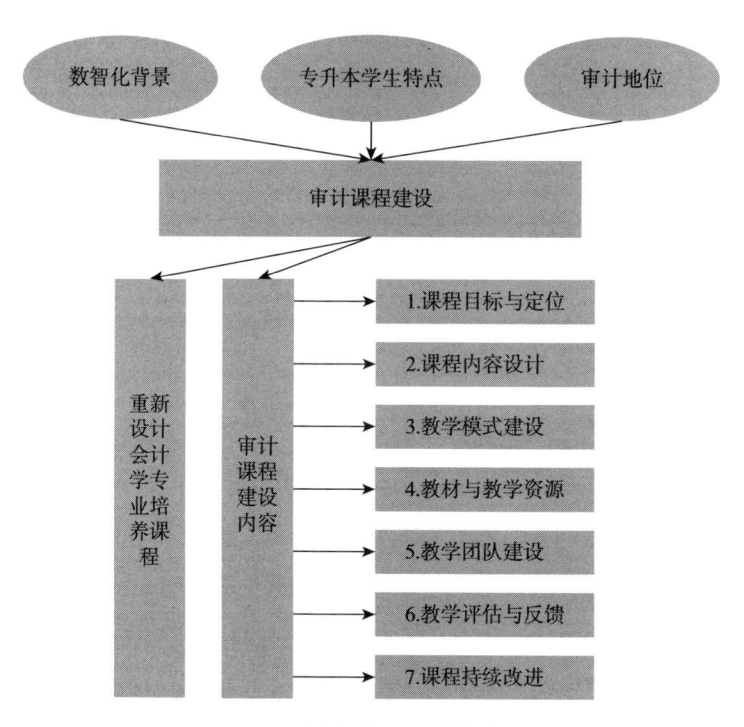

图 1 审计课程建设路径

六、审计课程建设方案

（一）重新设计会计学专业培养课程

（1）基础课程

保留传统的会计学原理、审计学基础等课程，确保学生掌握基本的审计理论知识。

（2）技术类课程

数据分析与编程：教授学生如何使用 Python、R 等工具进行数据分析。

云计算与大数据：讲解云计算的基本概念和大数据处理方法。

人工智能与机器学习：介绍 AI 技术在审计中的应用，如机器学习在风险评估中的应用。

区块链技术：探讨区块链技术在审计中的作用，如智能合约审计、分布式账本审计等。

（3）综合应用课程

信息技术审计：结合信息技术知识，讲解如何进行系统审计、网络安全审计等。

案例研究与实践：通过真实案例分析，学生在实践中学习如何应用理论知识解决实际问题。

（4）实践环节

实习实训：安排学生到会计师事务所、企业内部审计部门等进行实习，增强实际操作能力。

项目实践：设立基于真实项目的实践课程，让学生参与到实际的审计工作中去，提升解决实际问题的能力。

通过这样的课程体系设计，能够培养出既具备扎实的审计理论基础，又能熟练运用现代信息技术的复合型审计人才，更好地适应数智化时代的需求。

（二）审计课程建设内容

课程建设是教育领域的一个关键环节，旨在通过科学合理地设计与实施，确保课程能够达到预期的教学目标，满足学生的学习需求，并适应社会发展的需要。课程建设包括多个方面的内容，以下是课程建设的主要组成部分。

1. 课程目标与定位

（1）课程目标

结合专升本学生的特点，审计课程的目标主要围绕着培养学生的专业能力和职业素养展开，具体包括以下几点。

专业技能：学生应掌握审计的基本理论、技术和方法，能够识别和评估审计风险，制订有效的审计策略，并具备执行审计工作的能力。

职业道德：培养学生遵守审计职业道德规范，理解审计职业责任，能够在审计过程中保持客观公正的态度。

法律意识：学生应熟悉与审计相关的法律法规，能够在审计过程中合法合规地开展工作。

沟通能力：培养学生与客户、同事和其他利益相关者进行有效沟通的能力，能够清晰地表达，并撰写专业的审计报告。

问题解决能力：学生应具备分析复杂问题的能力，能够识别潜在的风险点，并提出合理的改进建议。

终身学习：鼓励学生持续学习，跟进行业发展趋势，不断更新自己的知识体系和技术能力。

（2）课程定位

考虑到课程在整个会计学专业学习中的地位及其对学生未来职业发展的支持作用，决定从以下几个方面来定位审计课程。

专业核心课程：审计课程是会计学专业的重要组成部分，它与其他专业课程（如财务管理、成本会计等）相互补充，共同构成学生的专业基础。

实践导向：课程应注重理论与实践的结合，通过模拟审计项目、实习实训等方式，学生有机会将所学知识应用于实际操作中。

前沿性：随着信息技术的发展，审计领域也在不断变化，课程应紧跟行业发展步伐，引入新的审计技术和方法，如大数据分析、云计算等。

国际化视野：在全球化的背景下，审计课程还应该培养学生的国际视野，了解国际审计标准和惯例，为将来可能面临的跨国审计工作做好准备。

职业发展支持：课程设计应考虑帮助学生为未来的专业资格考试（如注册会计师考试）做准备，并通过实习实训等环节，增强学生的就业竞争力。

2. 课程内容设计

审计课程的内容设计是确保学生能够系统地掌握审计知识和技能的关键步骤。课程内容需要涵盖审计的基本理论、方法、技术和实践应用等方面，同时也应考虑到行业发展的最新趋势和技术进步。以下是审计课程内容设计的具体内容。

基础知识：主要包括审计概论、职业道德、独立性等内容。

审计理论：主要包括审计风险模型、审计重要性、审计证据等内容。

审计方法与技术：主要包括审计计划、审计程序、审计抽样技术、审计报告等内容。

实务操作：主要包括四大业务循环审计等内容。

法律法规：主要包括与审计相关的法律法规等内容。

职业资格准备：主要为专业资格考试做准备。

实习实训：主要包括安排学生到会计师事务所、企业内部审计部门等进行实习。

数字化与技术应用：主要包括数字化审计、大数据在审计中的应用、云计算与审计、区块链技术在审计中的应用、审计软件与工具、审计软件的使用（如审计管理系统）以及数据分析工具的应用（如Excel高级功能、Python编程等）。

专题教育及前沿知识：主要包括审计中的社会责任，以及融入行业最新的研究成果和技术进展，使课程内容与时俱进。

3. 教学模式建设

教学方法：选择适合课程内容的教学方法，如讲授、讨论、互动、案例分析等。

教学手段：利用多媒体、网络技术等现代教学手段，提高教学效果。

教学结构：构建合理的教学结构，包括课程的模块划分、教学环节的安排等。

翻转课堂：课前通过在线平台让学生预习，课堂上进行讨论和深入探讨。

虚拟仿真：利用虚拟仿真技术模拟真实的审计环境，让学生在虚拟环境中进行实践操作。

互动式学习：采用小组讨论、案例分析等形式，增强学生的参与感和主动性。

4. 教材与教学资源

教材选择：选用适合课程内容的教材，确保教材质量。

辅助资料：提供参考书籍、论文、案例、视频等辅助学习资料。

在线资源：开发或整合在线课程资源，如慕课（MOOC）、在线题库等。

5. 教学团队建设

师资配备：组建具备专业知识和教学经验的教师队伍。

师资培训：定期组织教师培训，提高教师的教学能力和科研水平。

校企合作：邀请行业专家参与课程设计和教学，增强课程的实用性和前沿性。

6. 教学评估与反馈

课程考核：设计合理的考核方式，如平时成绩、期末考试、项目报告等。

质量监控：建立课程质量监控机制，定期评估课程实施效果。

学生反馈：收集学生的意见和建议，及时调整课程内容和教学方法。

同行评议：邀请同行专家对课程进行评审，保证课程质量。

7. 课程持续改进

定期修订：根据社会发展和行业需求，定期修订课程内容和教学方法。

跟踪调研：跟踪毕业生的职业发展情况，评估课程的实际效果。

学术研究：鼓励教师开展与课程相关的学术研究，推动课程创新发展。

在数智化背景下，结合专升本学生的特点，通过对审计课程体系及内容的改进，审计课程能够更好地适应现代审计工作的需求，培养出具备数字技术能力和创新思维的审计人才。

参考文献

[1] 王维，华秋红. 数智化背景下高职审计专业课程体系建设研究 [J]. 大众标准化，2020（06）：221-223.

[2] 崔君平，赵敬文，盛美琦. CDIO模式下审计专业数智化、创新型人才培养路径研究 [J]. 营销界，2021（33）.

[3] 麦艳航，蒋晓霞，盛于航. 数智化时代背景下教育统计学课程教学改革研究与实践 [J]. 高教论坛，2024（07）：57-61.

人工智能技术在高等职业教育教学中的应用研究[①]

滕 曦[②]

摘 要 本文探讨了人工智能技术在高等职业教育教学中的应用现状与发展趋势，分析了其在课程设计中的创新实践以及对教师角色转变的影响。随着人工智能技术的广泛应用，高等职业教育逐渐向着智能化和个性化的方向发展，显著提升了教学质量和学生的学习体验。然而，应用过程中也面临着技术基础设施不足、师生技术素养有待提高等挑战。本文针对这些挑战提出了具体的应对策略，为推进高职教育的数字化转型和高质量发展提供了参考。

关键词 人工智能技术 高等职业教育发展 数智化转型 教学创新

随着人工智能（AI）技术的快速发展，其在各行各业的应用日益广泛，教育领域也不例外。在党的二十大报告中，明确提出了"推进教育数字化"，高等职业教育作为培养应用型技能人才的重要途径，正逐渐引入人工智能技术，以提升教学质量和效率。高等职业教育数智化不仅是现代教育体系建设中的关键环节，也能体现我国推动教育高质量发展的重要路

---

① 基金项目：2024年中国人生科学学会"十四五"规划课题——数智化转型背景下的职业教育教学场景创新研究（项目编号：K1102024061261）。
② 滕曦，讲师，主要研究方向为电子商务、新媒体、网络营销、职业教育等。

径。在这一背景下，人工智能技术作为数智化转型的核心推动力，正在迅速地融入高等职业教育的教学实践当中。人工智能技术不仅改变了传统的教学模式，还在课程设计、个性化学习、教学管理等方面带来了变革。通过智能化的教学工具和数据驱动的分析手段，人工智能技术为高等职业教育教学提供了更多的可能性，满足了学生多样化的学习需求。然而，在这一进程中，也面临着诸如技术融合、教师角色转变等问题。本文旨在探究人工智能技术在高等职业教育教学中的具体应用，分析其带来的机遇与挑战，并为未来的发展提供建议。

一、人工智能技术在高等职业教育中的发展现状

高等职业教育的数智化转型是指在高职教育中，充分利用数字技术和智能技术，以实现教学内容、教学模式、管理系统及教育生态的全面升级和优化。这个转型不仅包括简单的数字化（如在线课程和电子教材的使用），更强调通过人工智能、大数据、物联网、虚拟现实等先进技术，实现教育过程的智能化。在高职教育领域，数智化转型尤为重要。高职教育旨在培养具备实践技能和应用能力的专业人才，而数智化技术的应用能够大幅提升这些目标的实现效率。通过智能化的教学工具和个性化的学习支持，高职教育不仅能够更好地满足学生的多样化需求，还能提高教育质量，培养出更适应现代社会和产业需求的高素质技能人才。

人工智能技术在高等职业教育中的应用已经取得了一定的进展，并且其应用范围和深度仍在不断地拓展。针对课程建设内容的创新，教师可以根据学生的学习行为与表现的数据，动态调整教学内容和难度，有针对性地进行课程改进，优化教学策略。针对学生对于课程相关内容的问题，人工智能技术的介入，可以协助老师在线为学生提供24小时的专业常规问题的解答，快速解决学生的问题，从而提高学生的学习效率；帮助学生提前预习课程相关内容，拓展他们的视野。这些不仅能减轻教师的负担，还帮助学生在课外实践中得到有效的学习支持。随着高等职业院校逐渐引入智能化教学平台，人工智能技术已经可以为学生的个性化学习体验提供技

上的保障。对于教师来说，智能化教学平台也可以整合课程管理、学习分析和反馈系统等功能，帮助教师优化教学策略。

但目前高等职业院校教师的数智化素养，没有达到全面、有效应用人工智能技术的阶段，目前针对人工智能技术在教学中的应用推广还有一定的难度。如果平台技术应用水平和应用成本不均衡，也会导致人工智能技术在高等职业院校中应用的效果参差不齐。

二、人工智能技术在课程设计中的应用

（一）智能化教学平台

随着在线课程建设与线上线下课程建设的发展，高等职业院校逐渐引入数智化教学平台，这些平台通过各种数智化技术为学生提供个性化的学习体验。教师通过平台能够与学生进行及时性的互动，从而调动学生的学习积极性，还可以利用人工智能技术来实时分析学生的行为和表现，把握每个学生的学习进度和对于各部分专业知识的理解程度。根据平台系统数据的分析结果，教师可以动态调整教学的内容和难度，从而提高学生的学习效果。一般来说，这类智能化教学平台可以整合课程管理、学习分析和学生反馈系统等，从而帮助教师优化教学策略。

（二）促进课程实践

在经管类课程中，人工智能技术可以帮助教师模拟仿真条件，从而使学生理解比较复杂的商业和经济理论。比如，通过人工智能技术创建虚拟商业环境，学生可以在模拟平台上，模拟公司运营、竞争策略、市场定价等，并可以实时看到决策对市场的影响。人工智能技术仿真的比较复杂的经济模型，可以帮助学生理解经济政策、市场行为以及宏观经济波动对微观个体的影响，以培养和提高学生分析现实经济问题的能力。

一方面，人工智能技术可以和大数据分析工具相结合，使学生可以处理和分析大量模拟出来的商业数据；另一方面，通过人工智能技术可以生成自动化数据分析报告的能力，学生可以快速地分析他们所收集整理的市

场趋势以及消费行为的数据,在简化流程的同时,提高了学生理解和认知针对市场相关理论的应用与分析的效率。

(三) 智能评估与考试

通过人工智能技术,在线平台可以自动采集学生在学习过程中的各类行为数据,如课堂出勤情况、在线讨论参与度、作业完成情况、项目实践成果等。这些数据可以通过机器学习等 AI 技术进行分析,生成学生的综合学习画像。与传统单一的考试成绩评价相比,这种多维度的数据采集与评价体系能够更加全面地反映学生的实际学习效果和能力水平。例如,学生在线讨论的发言质量和次数,在小组项目中的方案质量,或是在小组合作中的领导能力,都能够被系统捕捉并纳入综合评价。

人工智能技术还支持建立学生的增值模型,通过积累、记录、分析学生在学习过程中的纵向数据,系统可以动态追踪学生的学习进展,识别其能力的增长趋势,展示学生在整个学习周期内的成长轨迹,从而为教育过程提供更加客观的评价依据。

三、教师角色的转变

(一) 从知识传授者到学习引导者

传统上,教师的主要职责是知识的传授者,向学生讲授课程内容、解释概念和理论。随着人工智能技术的引入和广泛应用,教师不再是信息的唯一来源,而是逐渐转变为学习的引导者和促进者。教师的任务也不再是简单的知识传授,而是启发学生自主学习,培养学生的批判性思维和实际操作能力,激发学生的学习兴趣和创造力。

(二) 从单一教案设计者到多元教学设计师

人工智能技术赋予了教师更多的教学工具和数据支持,为学生提供了更为个性化和多样化的学习体验。教师需要根据学生的学习数据、兴趣和需求,设计灵活多样的教学内容和方式。教师还需要及时掌握和使用人工智能工具,比如智能教学与评估系统、虚拟现实系统等,将这些技术融入教学设计中，以提高教学效果。

（三）从权威知识源到学习伙伴

在人工智能技术驱动的教学环境中，教师和学生之间的关系变得更加平等，教师不再是权威的知识源，而是和学生一起探索和学习的伙伴，这种转变也使得课堂更加地开放，学生积极参与，提出问题，和教师进行更深度的交流。

四、人工智能技术在高等职业教育应用中的挑战与对策

人工智能技术在高等职业教育中的应用为教学和管理带来了诸多的创新和效率的提升，但与此同时，也面临着一系列的挑战。人工智能技术的应用依赖于强大的计算能力和稳定的网络以及先进的软件工具，在选择人工智能技术时，应选择成熟且经过广泛应用验证的解决方案。另外，目前高等职业院校的基础设施情况和较高的技术开发与实施的成本，使得院校难以支持人工智能技术的大规模应用。针对这个问题，院校可以在预算内合理规划人工智能技术的应用，优先发展显著提升教学效果和管理效率的项目，或通过政府专项资金和与企业合作等方式，降低学校在人工智能技术成本上的经济压力。

针对人工智能技术，许多教师的了解和掌握还不充分，缺乏应用新技术进行教学设计和管理的能力，需要提高相应的技术素养，以充分发挥人工智能技术在课堂上的潜力。院校也应提供系统的人工智能技术相关的培训，鼓励教师参加相关研讨会与讲座，持续提升专业能力。另外，还可以在教学团队中引入具备人工智能技术背景的专家，通过教师与专家的合作，推动人工智能技术的有效整合与应用。

综上所述，人工智能技术在高等职业教育中的应用正在迅速发展，并在课程设计、教学方法、教师角色以及教育管理等方面向着更加智能化、个性化的方向发展。然而，技术发展与应用的同时，也不可避免地带来了新的挑战。通过有效的对策，高职教育能够在这一变革过程中稳步前进，实现教育质量的全面提升，为社会培养出更加符合时代需求的高素质职业人才。

参考文献

[1] 郑艳. 人工智能赋能高等职业教育发展：应用场景与推进策略 [J]. 高等继续教育学报, 2023, 36 (03): 57-62.

[2] 申书洋, 郑昱寒. 人工智能赋能高等职业教育发展：价值意蕴与推进策略 [J]. 继续教育研究, 2024 (03): 84-87.

[3] 冯丽. 人工智能技术在高职精品课程建设中的应用探究 [J]. 大数据时代, 2024 (04): 57-62.

[4] 陈林, 王化笛. 高等职业教育数字化转型：内涵价值、主要限度与优化策略 [J]. 江苏高职教育, 2024, 24 (03): 34-43.

[5] 应益华, 陈嘉乐, 黄百俊. 教育生态重塑：ChatGPT 的潜力、风险及治理 [J]. 继续教育研究, 2024 (05): 56-61.

数智融合支持下统计学课程教学改革与实践[①]

任 杰[②]

摘　要　数智融合时代高校经管类学科建设面临新的机遇与挑战，把握数智背景下高校统计学课程的改革动向有助于培养高素质应用型人才，实现学科高质量培养目标。在数智融合背景下，利用多种技术介入高校课堂教学能够有效地驱动高校教育教学改革。基于此，文章以统计学课程为例，分析了数智化赋能统计学课程教学改革的价值意蕴，探析统计学课程数字化变革面临的问题，在此基础上构建数智融合支持下统计学课程教学中的实践路径，以期勾勒出统计学课程数字化转型的现实图景。

关键词　数智融合　精准教学　统计学　教学改革

教育强国建设是党的二十大对教育事业的重大决策部署，是建设社会主义现代化强国的重要任务，高质量发展是全面建设社会主义现代化国家

---

① 基金项目：2022年北京市职业教育教学改革项目"职业教育管理类专业数字化转型逻辑框架与实践路径"，课题编号为BB2022001，项目主持人为任杰；2023年北京国际商贸中心研究基地课题"基于扎根理论的网络直播特征对消费者购买意愿的影响研究"，项目编号为ZS2023A02，项目主持人为任杰；2024年北京联合大学教育教学研究与改革项目——数智融合支持下统计分析与应用课程教学改革与实践，项目编号为JJ2024Y047，项目主持人为任杰。

② 任杰，管理学博士，北京联合大学应用科技学院副教授，硕士生导师，研究方向为电子商务、职业技术教育。

的首要任务。2023年5月29日，习近平总书记在中共中央政治局第五次集体学习时强调："加快推进教育现代化，以教育之力厚植人民幸福之本，以教育之强夯实国家富强之基，为全面推进中华民族伟大复兴提供有力支撑。"与此同时，《中国教育现代化2035》指出"加快信息化时代教育变革""利用现代技术加快推动人才培养模式改革""实现规模化教育与个性化培养的有机结合"。数智融合是通过多种智能技术，借助数据发展感知、分析、预测等能力，实现数据智能化，之后运用数据智能再现人类智能，实现智慧决策，推动数据与智能融合发展。以数智技术赋能高等教育，有望实现共同学习与个性化学习有机融合，从而助力学习型社会和学习型大国的构建。

一、改革背景与重要部署

目前，我国正深入实施教育数字化战略行动，推动教育变革和创新，加快建设人人皆学、处处能学、时时可学的学习型社会和学习型大国。信息技术的发展以更加多元的形式赋予教与学更多的可能，教育数字化是我国开辟教育发展新赛道和塑造教育发展新优势的重要突破口。2022年12月21日，教育部部长怀进鹏在《人民日报》撰文指出，"推进教育数字化"是新时代加快建设教育强国的总体方向和重点任务之一。以数智化转型推动高等教育的高质量发展是新时代赋予大学的历史机遇，也是大学贯彻国家战略的应有之义。《中国智慧教育蓝皮书（2022）》认为，智慧教育是数字时代的教育新形态，主要体现在新的核心理念、新的体系结构、新的教学范式、新的教育内容和新的教育治理五个方面。2023年，随着ChatGPT引领的生成式人工智能技术的兴起，教育行业面临新技术带来的直接挑战，再一次面临变革。面对这些新技术的挑战，关键在于积极地更新教育理念和教学模式，以培养能够适应科技革命和社会需求的学生。

二、数智融合赋能统计学课程教学改革的价值意蕴

数智融合是数字化与智能化的结合，其核心在于实现物与物之间的互

联，并通过数据价值提炼来实现不同实践场域的应用。传统观念认为，数智技术赋能课程教学改革是将各项数字手段单纯移植于课堂教学，以技术勾连教学方法、革新教学要素的过程。这种单向度的赋能范式只是提升了教师的教学方法，没有真正实现学生的个性化学习。从现代视野看待课程教学改革的升级跃迁，可以将这一过程理解为立足课程的知识基础，运用数智技术的内驱优势赋能课程教学全过程、全要素、全结构，优化教学方法，提升育人实效，实现内容共生、价值演绎、多方协同，最终促进学生的全面发展。总体来看，数智融合作为国家战略已经深刻嵌入教育的数字化转型实践当中，以数智手段赋能课堂教学改革，不仅是提升育人效能的重要方式，也是教育教学智能化发展的关键举措。

（一）拓展维度：将大数据思维融入统计学课程

大数据思维是通过数据采集、处理、分析和结果可视化等大数据技术手段来解决客观问题时产生的一种思维态度和逻辑范畴，具体可表现为整体性思维、相关性思维和预测性思维。数智赋能高等教育的基本逻辑是通过与教育场景的持续互动匹配，赋能"学生—教师—学校"三大主体，进而融入高等教育生态。借助数智化工具与资源，能够改革传统的课堂互动形式，营造交流的环境，重新塑造一种平等、开放、对话和协作的新型关系，有助于引导学生的知识内化、思维提升。另外，统计学课程致力于提高学生收集数据与分析数据的能力，最终目标是要求学生依托所学的统计学知识形成统计思维，并运用到未来的工作中。在数智融合支持下，数据的统计能够依托先进的信息技术及其相关工具，实现各种数据的自动记录、储存以及动态不间断扩充，数据信息的规模实现指数级增长。因此，统计学课程要重视大数据思维的引入，让学生能够更加全面、系统地认识大数据，引导大学生树立好的问题意识。

（二）保障效度：深化统计学课程教学的精准性

精准教学、个性化学习始终是备受推崇的教与学模式。在数智融合的支持下，智能技术及其软硬件成果在智慧校园的落地应用为精准教学和规模个性化学习的开展提供了便捷通道。统计学的教学能够突破传统教学的时空桎梏，实现人机协同。教师以终端设备的软件应用为载体，为学生提供阅读支架和数据支架等组合学习支架，构建学生的个性化学习路径，对其学习过程进行有针对性的指导。首先，阅读支架的具体运用是以统计类问题需求为抓手，介绍统计学相关热门话题、经典故事、惊人数据等信息报道，并播放相关微课短视频，引入统计学相关内容，为学生提供优秀的阅读学习资料，提升学生对相关新情境或新问题的应对能力。其次，通过数据分析掌握学生的学习状况与需求，整合和筛选大量统计学资源，提供高质量学习资料，引导学生对核心知识进行深度加工，创新并分享教学内容。最后，引导学生正确使用各类数字化学习工具，运用智慧化手段打磨数据的颗粒度，增强数据的时效性。

（三）聚合温度：强化统计学课程教学的亲和力

高等教育的核心素养是培养能够独立思考和有正确价值判断能力的人，构建以人为中心的开放式教育体系是教育创新发展的必然趋势。数智环境中必须将实现更高质量、更加开放的教育作为统计学课程教学数字化转型的价值取向，从而实现课程教学生态的重构，进而推动课程教学的高质量发展。凭借先进的数智技术，我们能够深度挖掘统计学课程相关的资源，提升学生对该课程的应用水平，从而反哺统计学教育教学创新。教师通过数字技术可以对教学全过程中各类交互对象的行为频次、情感变化、注意力分配等进行分析，评判学生在生理、心理、认知、行为等方面的变化，构建有温度的"课程+数智化"，从而为进一步的精准教学决策提供参考和依据。

三、数智融合支持下的教学改革

通过数字技术为教育创新赋能，教育创新的核心是教学转型，通过技术赋能教育，能够使其成为推动教学转型的重要引擎，共同塑造数智教育教学的新模式。

（一）明确教学目标，更新教学理念

培养理论功底好、实践技能强的复合型统计人才，需要促进学科交叉融合，将新技术、新理念融入统计学教学中，注重学生知识、能力和素养的培养。统计学是一门研究社会经济现象、数量变化规律的方法论课程，有助于提升学生数据处理分析和应用的能力。但是，传统的统计学课程已不能满足培养卓越统计管理人才的需求，传统的教育环境正在向通过信息技术手段构建的新型学习环境转变。借助数字智能技术能够开启统计学课程教育模式的新图景与新生态。例如，利用网络化工具和数字化内容等开展探索式、项目式、合作式学习，对大学生的课程参与度有正向促进意义。基于此，本教学团队借助数字技术的深度应用，转变育人目标和教学理念，以促进学生核心素养、关键能力的发展。

（二）丰富教学方法，提高学习能力

第一，构建数字化学习环境，丰富数智融合育人新样态。数智技术通过改变学生的认知方式，拓展课程教学的时间和空间，重塑课程教学的模式和形态，为统计学课程改革带来多重维度发展的可能。例如，开展基于数智化的统计学课程混合式教学，借助大数据、区块链、物联网、在线学习平台等数字技术，打造"线上+线下""真实+虚拟"的统计学课堂混合教学模式，通过微课、慕课和翻转课堂等教学方式，将专业教师多年的教学经验和平台中的优质教学资源进行结构化整合、多端口输出。视景仿真技术能够营造"自主学习"的环境，将传统的课堂教学变革为学习者与环境之间的有机互动，能够将其应用于教学和远程教育中。

第二，数智技术是统计学课程教学的重要赋能基地，数智技术的加入使得教育资源和教育数据多元化、多态化的趋势日益凸显，多源多元、开放式的信息传播方式为统计学课程学习新模式的形成提供了载体保障。通过给学生推送高质量的在线类统计学相关课程及其相关资源，能有效实现学生随时随地学习的需求，提升学生学习的积极性。

四、统计学课程数智融合教学改革面临的难题

在快速发展的同时，统计学课程建设还存在着一定的不足。第一，数字化教学资源本身具备海量信息特征，具有虚实交互的特点，如果教师的数字素养不高，就会根据自己教学技能的偏好而产生特定的教学内容，从而引发信息茧房行为，导致"数""教"脱节，加大失信失真风险，同时降低教师和学生对数字化教学资源的应用效率和可信度。第二，教师针对统计学课程的数字化意识、数字化知识、数字化技能和数字化应用等较少进行系统的专项培训，更偏向于简约化的、符合自身喜好的数字资源，从而使数字化教学资源的整合应用行为本意被扭曲。第三，案例教学具有"以案论理，活化教学内容；讨论为主，调动学生的主体性；问题分析，提高学生掌握并应用所学理论分析、解决实际问题的能力"三大功能。案例教学法也是统计学教学中长期使用且行之有效的一种教学方法。但随着AI、VR、数字孪生技术等的广泛运用，如何运用虚拟现实技术，推动统计学案例教学数字化转型，在实践中还存在着技术赋能与课题教学实效的二分性问题。一方面是主张通过技术赋能、数据驱动、算法推演的全要素数字化改革，这种方式弱化了教学内容的理论性和师生之间的互动性。另一方面是将技术窄化为内容传递的手段和工具，没有形成数字技术与课程教学有效衔接转换的理念共识。

五、数智赋能背景下统计学课程教学实施路径

课堂是教学改革的主渠道。统计学课程在借助数智技术进行教学设计时，要重构课程教学目标，注重学生学到了什么；注重统计学课程教学资源库的建设，培养学生独立思考问题的综合能力。

（一）数智赋能背景下重构课程教学目标

统计学课程的教学要突出"应用型"的核心，以本科教育的培养目标定位为切入点，从顶层设计到体系构建再到具体问题的逐一破解，在实践教学体系改革和创新过程中，促进整体教学效果的提升，实现高等教育强

国建设。教学目标的制订体现数字素养的导向作用，主要包括以下几个方面。一是培养学生的信息素养，激发学生的学习兴趣和动机。在数字化、智能化时代下，要利用多媒体技术和动态可视化工具等创新手段，将抽象的统计概念和方法呈现得更加生动有趣。通过多样化的教学资源和形式，为学生提供更灵活、个性化和互动性更强的学习体验，激发学生的学习兴趣和动机，提高他们的学习积极性和主动性。二是培养学生的数字处理素养，提高学生的数据分析能力。通过数字化工具引入实际案例、真实数据和模拟实验的方式，学生可以亲自动手进行数据分析，掌握统计学的基本理论和实际应用。三是培养学生的再创造素养、创新思维和团队合作精神。通过引入数字化技术和智能工具，教师和学生共同设计开放性问题，开展项目式学习，培养学生利用数字资源学习新知识和获取数字资源的能力，激发学生的创造力和独立思考意识。

（二）数智赋能背景下课程教学资源库的建设

教学资源库通过数字技术实现对文字、图片、视频、音频、数据等各类教学资源的挖掘、整合和构建，逐渐演进成集合多种形式教学资源和提供数据交互应用的数字信息系统和网络学习共享平台。本课程在教学资源库的建设中，首先，充分利用数字技术和手段，例如，使用 ChatGPT 辅助进行知识分类和组织，以可视化的方式生成知识图谱和知识关联脉络，助力知识分析与提炼精准化，对教学资源进行有效的数据分类和层级构建，呈现出一系列具有系统性和逻辑性的教学资源数据链。其次，提供各种类型的学习资源，从而满足学生不同层次的学习需要，帮助学生更好地理解和掌握知识。最后，为师生提供一个沟通便捷、响应灵活的互动交流平台，可借助 ChatGPT 作为个性化的人工智能助理和私人学习顾问，帮助师生对课程进行自定义构建，在课程中承担对话辅导、技能训练、讲解演示的教学任务，使学生思想表达更为真实和自由。例如，以"网络经济背景下网络产品生产率影响因素的统计研究"为例，在分析数据过程中结合中国的国情来进行阐述，以此帮助学生了解中国的发展状况。

（三）利用 AIGC 开发统计学课程教学内容

AIGC 作为一种全新的内容创造模式和信息组织模式，能够将专业教育资源和大众教育资源高效融合，具有更深层次的数字意识。在课程准备阶段，使用 AIGC 对学生既有学习材料和其他课程安排进行分析，精准捕捉学生的学习需求和本课程的教学重点；在课程设计与开发阶段，使用 AIGC 制订完善的教学方案，并拓展多模态素材；在教学实施阶段，使用 AIGC 提供交互性强的学习环境和个性化辅助指导；在教学评估阶段，使用 AIGC 对教学数据进行分析，反馈教学效果，实现教学的持续优化。

参考文献

[1] 中华人民共和国教育部. 教育部关于印发《教育信息化 2.0 行动计划》的通知 [EB/OL]. （2018-04-13） [2018-4-18]. www.moe.gov.cn/srcsite/A16/s3342/201804/t20180425_334188.html.

[2] 潘巧明, 赵静华. 区域精准教学改革实践的探索与研究 ——以丽水市精准教学改革实践为例 [J]. 电化教育研究, 2019, 40（12）: 108-114.

[3] 刘波, 李晨曦, 王松, 等. 新质生产力赋能大学体育高质量发展的内涵意义、内在机理与实施路径 [J]. 武汉体育学院学报, 2024（09）: 1-9.

[4] 张静. 数智化赋能教师教育研究的动因、表征及限度 [J]. 黑龙江高教研究, 2024, 42（09）: 125-130.

[5] 向安玲, 赵丽芳. AIGC 赋能民族地区教育的价值与路径 [J]. 民族教育研究, 2024, 35（04）: 122-130.

学以致用篇

浅析网络红人小红书营销对大学生购物行为的影响分析

郭雅琼[1]

摘 要 本文围绕网络红人小红书营销的特征，围绕大学生群体面对营销时产生的消费行为问题进行研究。通过使用调查问卷、SPSS 数据分析、交叉分析和相关性分析，对大学生在小红书的使用情况、参与网络红人小红书的营销以及产生的消费等方面进行浅析。通过研究分析发现绝大部分大学生都会使用小红书并关注网络红人，对其营销关注程度和消费也都较高。营造良好的校园文化氛围，加强对大学生的消费观教育，可以规避大学生在网络消费中出现的一些不良现象，规范大学生的网络消费行为。

关键词 网络红人 小红书 消费

一、研究背景及意义

网络红人简称"网红"，于 2015 年 12 月 15 日被《咬文嚼字》杂志评选为 2015 年十大流行语之一。

---

[1] 郭雅琼，北京联合大学应用科技学院教师，毕业于英国莱斯特大学和威廉王子与凯莉王妃母校英国圣安德鲁斯大学。主要研究财务分析和可持续发展方向，并发表多篇核心期刊与论文，参与多项科研项目。

2016年被称为网红经济爆发的第一年，网络红人们利用新媒体改变了大众最初接受信息的习惯。随着市场与技术的发展升级，网络红人也已经从一种现象逐渐转变成了一种产业，也就是我们所说的"网红经济"。

作为一个新兴的网络社交方式，小红书以操作方便、分享生活等特点，吸引着庞大的用户群。根据实时的数据统计，截至2023年6月，网络红人的在线粉丝数已达到6.71亿，小红书已经成为网络红人进行营销的重要平台。

大学生作为媒体关注的主力军，消费观正处于形成的重要阶段，而且十分容易受到网络文化环境的影响。本文通过分析网络红人小红书营销对大学生购物行为的影响，引导当代大学生形成正确的消费观念，为网络经济规范有序的发展提供必要参考。

二、网络红人小红书营销与大学生购物行为关系的调研

（一）调查问卷的设计与发放

问卷调查法是调查人员使用自行设计的问卷向被调查对象了解其相关情况或寻求意见的调查方法，是开展描述性分析和相关性分析必不可少的度量工具之一，也是实证分析中最常用和最普遍的方法。

本文选择以大学生群体为研究对象，采用网络调研的方式对大学生群体进行问卷调查。为确保问卷的真实性，使用目前国内最大的在线问卷调查、考试和投票平台——问卷星进行问卷的设计与填写，并采用被调查者匿名填写的方式。

保证每个IP地址只能填写一次，剔除不完整问卷和无效问卷，保证问卷的有效性。问卷发放和回收的时间为2023年1—4月，总共有30道题，共收回有效问卷384份。

剔除调查问卷中不使用小红书以及使用小红书作为社交软件但并不关注网络红人的问卷，有效调查问卷为291份。

（二）问卷的信效度检验

1. 问卷信度分析

信度指的是调查问卷是否真实、可信的程度，通常采用一种方法来衡量一个变量测量结果的一致性水平，以相关系数值的大小来表示信度。本文将采用克隆巴赫信度系数法（SPSS 中的可靠性分析），克隆巴赫系数值越大，说明各个分类变量中各个题目之间的相关性就越大，内部一致性的水平也就越高。

对问卷各题项的信度分析结果见表1，克隆巴赫系数值为 0.920。可以得出其内在一致性有很好的效果，而且题项间的相关系数也较大，此问卷用于分析网络红人小红书营销对大学生购物行为的影响，分析可信度较高，研究分析比较有利。

表 1 分析可靠性统计量

克隆巴赫系数	项数
0.920	27

2. 问卷效度分析

效度分析是调查问卷数据统计常用的分析方法之一，可以用于检测调查问卷的正确性和有效性，帮助进行有侧重性的选择。本文将对各个分类量表中的各个题目进行效度检验，主要是用 KMO 值和 Bartlett 球形度检验显著性概率来测量总量表和分类量表的效度。

测量结果如表2所示，可以看出 KMO 值为 0.923（KMO 是效度分析的一个主要指标，越大越好，此处的值为 0.923，数值已经很高），Bartlett 球形度检验的 P 值小于 0.001，适合做因子分析。

表 2 效度分析表

KMO 检验统计量		0.923
Bartlett 球形度检验	近似卡方	3013.904
	P	0.001

(三) 描述性统计分析

调查对象个人基本信息的频率分析结果如表3所示，调查对象共291人，其中女性占67%，男性占33%。每月可支配收入中，大学生可支配收入最多为2000~3000元，占比46.7%；其次是3000~5000元，占比为25.1%；再次是1000~2000元，占比为23%；最后为5000元以上，占比为5.2%。此外，本文的数据通过问卷星填写，IP地址均不同，且被调查对象来自全国各地的大学生。

表3 个人基本信息情况表

		频率	百分比	有效百分比	累计百分比
性别	男	96	33%	33%	33%
	女	195	67%	67%	100%
	合计	291	100%	100%	
		频率	百分比	有效百分比	累计百分比
年级	大一	15	5.2%	5.2%	5.2%
	大二	109	37.5%	37.5%	42.7%
	大三	114	39.2%	39.2%	81.9%
	大四	45	15.4%	15.4%	97.3%
	研究生及以上	8	2.7%	2.7%	100%
	合计	291	100%	100%	
		频率	百分比	有效百分比	累计百分比
每月可支配收入	1000~2000元	67	23%	23%	23%
	2000~3000元	136	46.7%	46.7%	69.7%
	3000~5000元	73	25.1%	25.1%	94.8%
	5000元以上	15	5.2%	5.2%	100%
	合计	291	100%	100%	

三、小红书使用情况与小红书网络红人关注情况

(一) 小红书使用情况

近些年，小红书顺应互联网的潮流迅速崛起，成为拥有几亿用户的热

门社交软件。用户以青少年为主，在小红书上他们可以快速了解热门事件，与明星、红人近距离接触并了解热门产品等。

如图1所示，在收回的384份调查问卷中，有86.20%的大学生会使用小红书，如今大学生使用小红书作为社交软件已经是普遍现象。

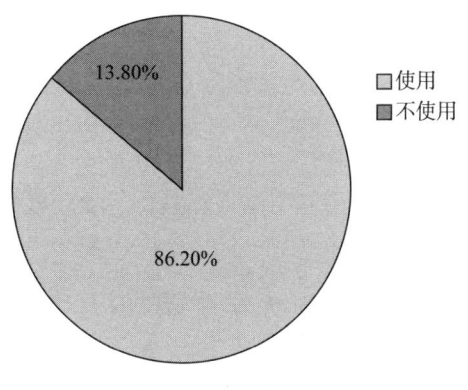

图1 小红书使用情况

使用交叉列表法对性别与大学生是否使用小红书进行分析，发现使用小红书的男生占总人数的88.4%，使用小红书的女生占总人数的85.2%，男生使用小红书的人数基本与女生持平。

（二）大学生关注小红书上网络红人的情况

为确保数据的真实性以及有效性，本文从384份问卷中剔除不使用小红书的53份问卷，则调查大学生关注小红书网络红人情况的有效问卷为331份。

如图2所示，87.92%的大学生会选择关注小红书的网络红人，现如今网络红人趋势大热，小红书上的网络红人对于大学生而言是普遍存在的影响。

使用交叉列表法对性别与大学生是否使用小红书进行分析，发现有89.7%的男生选择了关注小红书网络红人，有87.1%的女生选择了关注小红书网络红人，男生关注小红书网络红人的程度基本与女生持平。

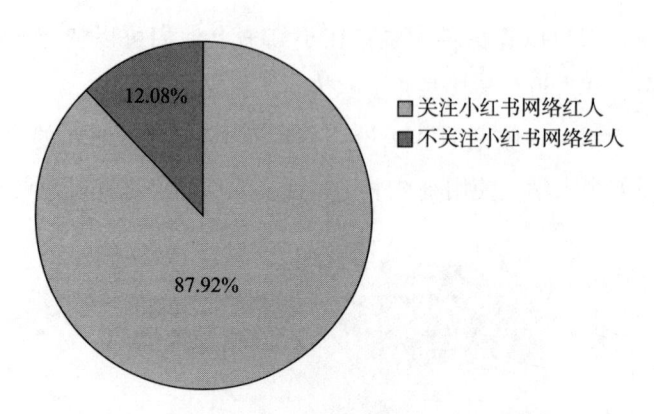

图 2 大学生对于小红书网络红人的关注程度

四、小红书网络红人对大学生购物行为的影响分析

本次论文研究的群体是使用小红书并且关注小红书上的网络红人的大学生，剔除调查问卷中不使用小红书作为社交软件以及使用小红书作为社交软件但并不关注网络红人的问卷后，有效调查问卷为 291 份。

（一）大学生关注并参与网络红人的小红书营销

1. 大学生对网络红人的小红书营销关注情况

关于大学生对网络红人的小红书关注情况，分析结果如图 3 所示，大部分大学生对于网络红人的小红书营销选择偶尔关注；93%的大学生选择关注网络红人的小红书。大部分大学生对网络红人的小红书关注度基本集中在"一般关注、偶尔关注"这两项，说明网络红人的小红书营销对大学生有一定影响。

使用交叉列表法对性别、年级、可支配收入与大学生对小红书营销关注情况进行分析，从结果来看差别不大。

2. 大学生对网络红人的小红书营销参与情况

如图 4 所示，参与互动甚至购买的大学生占总人数的 95.3%，网络红人的小红书营销能够直接影响大学生的购买消费行为。

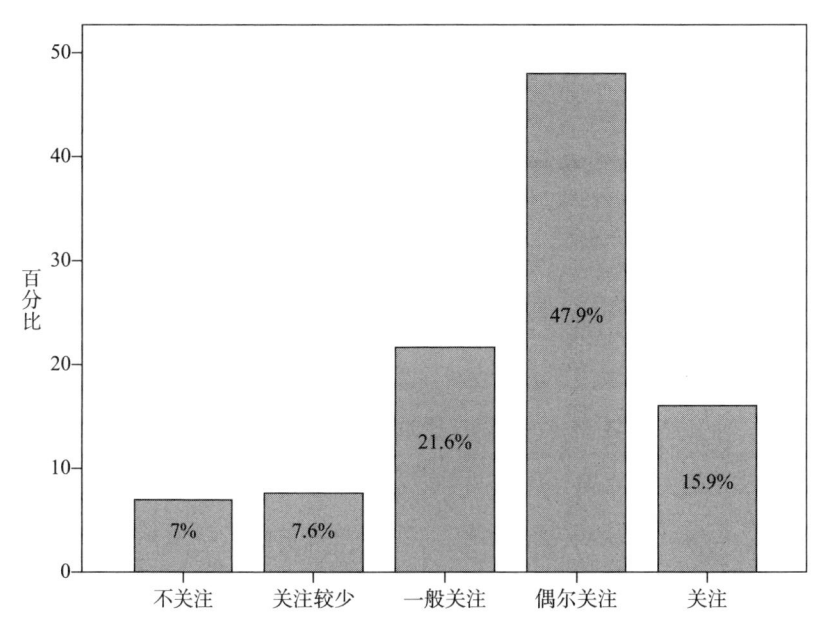

图 3 大学生对网络红人的小红书营销关注情况

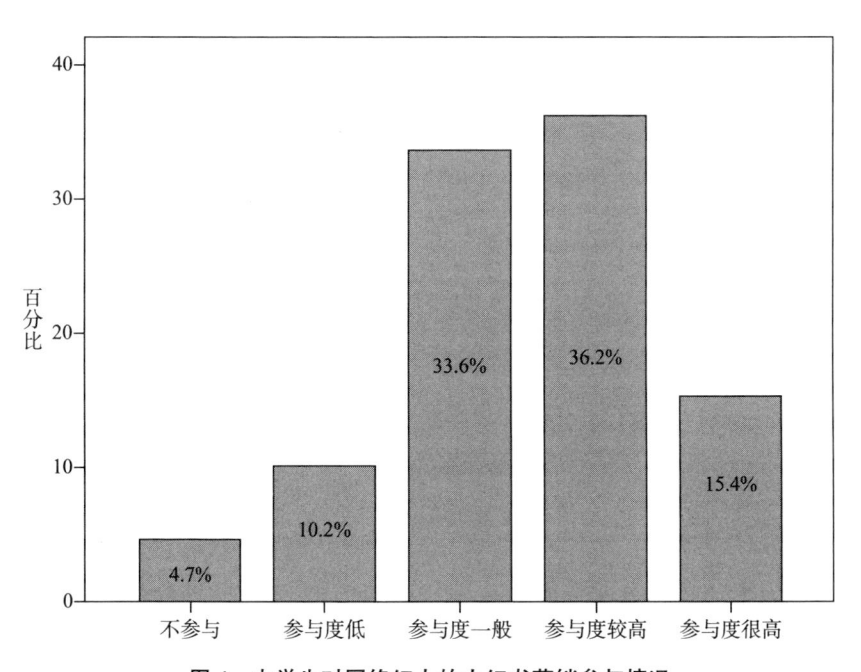

图 4 大学生对网络红人的小红书营销参与情况

· 257 ·

使用交叉列表法对消费产品类别与性别进行分析，发现男生参与度一般到参与程度很高占总人数的 85.5%，女生参与度一般到参与程度很高占总人数的 90.5%。女生参与程度略高于男生。

使用交叉列表法对不同可支配收入参与网络红人的小红书营销甚至购买其产品进行分析（见表 4），发现可支配收入为 1000~2000 元与 2000~3000 元参与度一般，占总人数比重较大，分别为 43.30% 和 37.50%。可支配收入为 3000~5000 元与 5000 元及以上参与度较高，占总人数比重较大，分别为 46.60% 和 46.70%。说明可支配收入的多少会直接影响大学生参与网络红人的小红书营销甚至购买，可支配收入越高参与度越高。

表 4 不同可支配收入参与网络红人的小红书营销甚至购买其产品交叉表

	不参与	参与度较低	参与度一般	参与度较高	参与度很高	合计
每月可支配收入为 1000~2000 元	2	4	29	23	9	67
	3.00%	6.00%	43.30%	34.30%	13.40%	100.00%
每月可支配收入为 2000~3000 元	2	9	51	48	26	136
	1.50%	6.60%	37.50%	35.30%	19.10%	100.00%
每月可支配收入为 3000~5000 元	3	8	16	34	12	73
	4.10%	11.00%	21.90%	46.60%	16.40%	100.00%
每月可支配收入为 5000 元及以上	1	1	4	7	2	15
	6.70%	6.70%	26.60%	46.70%	13.30%	100.00%
合计	8	22	100	112	49	291
	2.70%	7.60%	34.40%	38.50%	16.80%	100.00%

从表 5 可知，关注网络红人发布的营销内容和参与互动甚至购买营销产品之间的相关系数值为 0.416，并且在 0.01 的水平上显著，因而说明平时关注网络红人发布的营销内容与大学生对网络红人小红书营销的观察会决定是否参与互动甚至购买其产品，两者之间有着显著的正相关关系。

表5 大学生关注营销内容与决定参与甚至购买相关分析表

		您平时关注网络红人发布的营销内容	参与互动甚至购买网络红人小红书营销产品
您平时关注网络红人发布的营销内容	Pearson 相关性	1	0.416**
	显著性（双侧）		0.000
	N	291	291
您对网络红人小红书营销的观察会决定您是否参与互动甚至购买其产品	Pearson 相关性	0.416**	1
	显著性（双侧）	0.000	
	N	291	291

3. 大学生对于网络红人的小红书营销活动（转发/评论抽奖）参与情况

大学生对于网络红人的小红书营销活动（转发/评论抽奖）参与情况如图5所示，参与度较高的大学生占总人数的39.52%，参与度很高的大学生占总人数的22.68%。大学生日常面对这一类的营销活动都比较愿意参与其中。

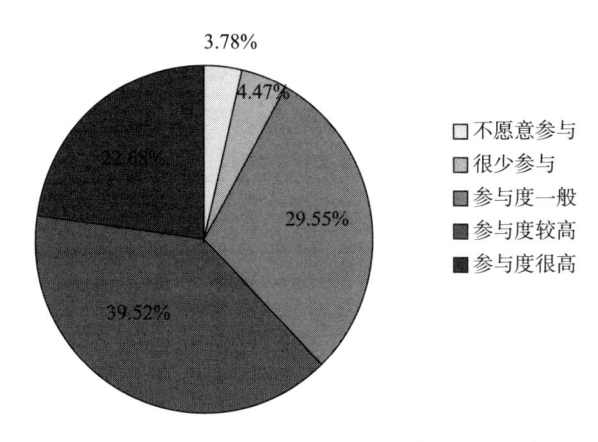

图5 大学生对于网络红人的小红书营销活动（转发/评论抽奖）参与情况

使用交叉列表法对性别与网络红人小红书营销活动（转发/评论抽奖）参与情况进行分析，得出男生参与度较高和参与度很高占比总和为65.7%，女生参与度较高和参与度很高占比总和为60.6%，男生参与活跃度高于女生，并且在面对有转发或者评论一类的抽奖活动的时候表现得更为积极、活跃。

（二）影响网络红人的小红书营销的因素

通过分析了解小红书营销的具体影响因素，不仅可以更加清楚地了解小红书的营销模式，还能帮助读者了解吸引大学生对营销感兴趣的具体原因。本部分通过对网络红人的社交方式、内容设置，以及环境影响来进行分析，从而了解网络红人的小红书营销方式。

1. 社交方式

如表6所示，一半以上的大学生都认为网络红人及时评论或者私信回复、经常性地分享个人生活细节以及普及知识与教程、发表软文鸡汤会提升网络红人小红书营销对大学生的吸引力。在这四种社交方式里大学生认为及时回复评论更为重要，可以看出大学生十分在意互动感。

表6 影响网络红人小红书营销的社交方式

		频数	百分比
及时回复评论及私信	完全不在意	8	2.80%
	在意程度较低	13	4.50%
	在意程度一般	72	24.70%
	在意程度较高	142	48.80%
	十分在意	56	19.20%
分享个人生活细节（如旅行照片、好物分享）	完全不在意	7	2.40%
	在意程度较低	16	5.50%
	在意程度一般	82	28.20%
	在意程度较高	129	44.30%
	十分在意	57	19.60%
普及知识分享教程	完全不在意	6	2.10%
	在意程度较低	22	7.60%
	在意程度一般	74	25.40%
	在意程度较高	133	45.70%
	十分在意	56	19.20%

续表

		频数	百分比
发表软文鸡汤	完全不在意	16	5.50%
	在意程度较低	22	7.60%
	在意程度一般	87	29.90%
	在意程度较高	115	39.50%
	十分在意	51	17.50%

使用交叉列表法对性别与影响网络红人的小红书营销的社交行为情况进行分析，得出男生在网络红人及时回复评论及私信、普及知识和分享教程、发表软文鸡汤方面在意程度较高，人数占总人数比重均高于女生。女生对网络红人分享个人生活细节（旅行、好物分享）方面在意程度较高，十分在意这两项人数占总人数比重均高于男生。

2. 内容设置

如表 7 所示，网络红人小红书营销内容设置对于大学生的吸引力由大到小依次为紧跟时尚潮流、内容实用、符合情景（如情人节、春节）、形式生动多样（如图文、视频形式）。由此可见，大学生是一个紧跟时尚潮流的群体，他们对于内容的时尚程度更为在意。

表 7 小红书内容设置吸引力情况

紧跟时尚潮流	不符合	5	1.70%
	比较不符合	10	3.40%
	一般	82	28.20%
	比较符合	139	47.80%
	符合	55	18.90%
形式生动多样（如图文、视频形式）	不符合	4	1.40%
	比较不符合	17	5.80%
	一般	92	31.60%
	比较符合	121	41.60%
	符合	57	19.60%

续表

内容实用	不符合	7	2.40%
	比较不符合	20	6.90%
	一般	76	26.10%
	比较符合	132	45.40%
	符合	56	19.20%
符合情景 （如情人节、春节）	不符合	12	4.20%
	比较不符合	10	3.40%
	一般	82	28.2%
	比较符合	120	41.20%
	符合	67	23%
	合计	200	100

通过交叉列表法对性别与影响网络红人的小红书营销的内容设置情况进行分析，得出男生在小红书营销内容设置中选择符合情景（如情人节、春节）的人数占总人数的比重大于女生，说明男生相较于女生在营销内容的设置上更加倾向于符合情景的设置。

3. 环境影响

大学生对于影响网络红人小红书营销的环境情况频数，如图6所示。分析可以看出外部环境对于网络红人的小红书营销影响较大，"朋友推荐>人气旺盛（粉丝众多）>参与人数多，相信众人评价>小红书团队精心准备"。大学生在面对环境对其影响中更在意周围朋友的推荐。

不同性别、年级、可支配收入多少对于选择影响网络红人小红书营销的外界环境没有较大差异。

根据表8，利用相关分析去研究人气旺盛（粉丝众多）、参与人数多和相信众人评价、朋友推荐、小红书团队精心准备这4项之间的相关关系，使用Pearson相关系数去表示相关关系的强弱情况。

学以致用篇

[人气旺盛（粉丝众多）]

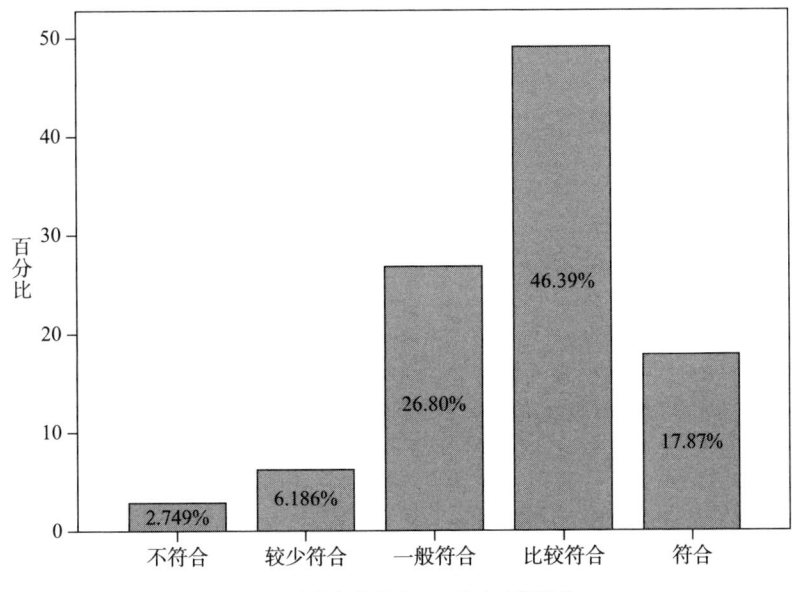

百分比

不符合 2.749%
较少符合 6.186%
一般符合 26.80%
比较符合 46.39%
符合 17.87%

（参与人数多，相信众人评价）

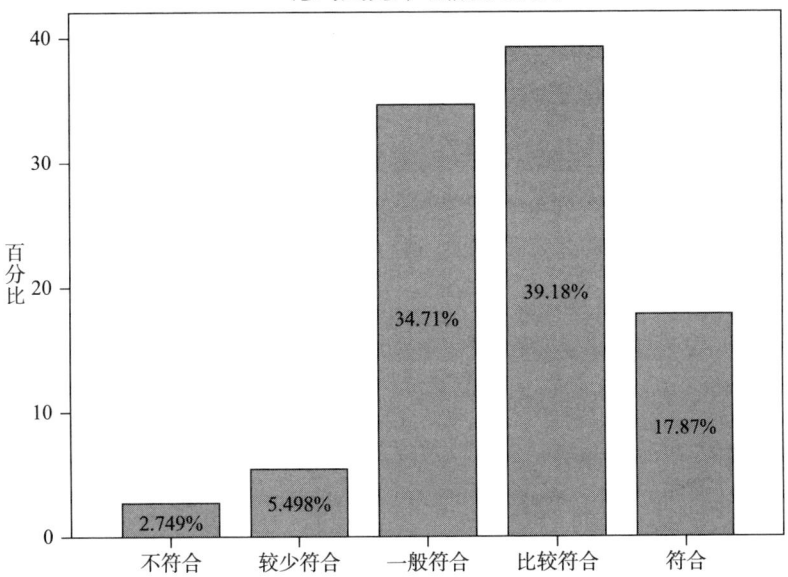

百分比

不符合 2.749%
较少符合 5.498%
一般符合 34.71%
比较符合 39.18%
符合 17.87%

（朋友推荐）

不符合 2.062%　较少符合 3.436%　一般符合 26.80%　比较符合 49.48%　符合 18.21%

（小红书团队精心准备）

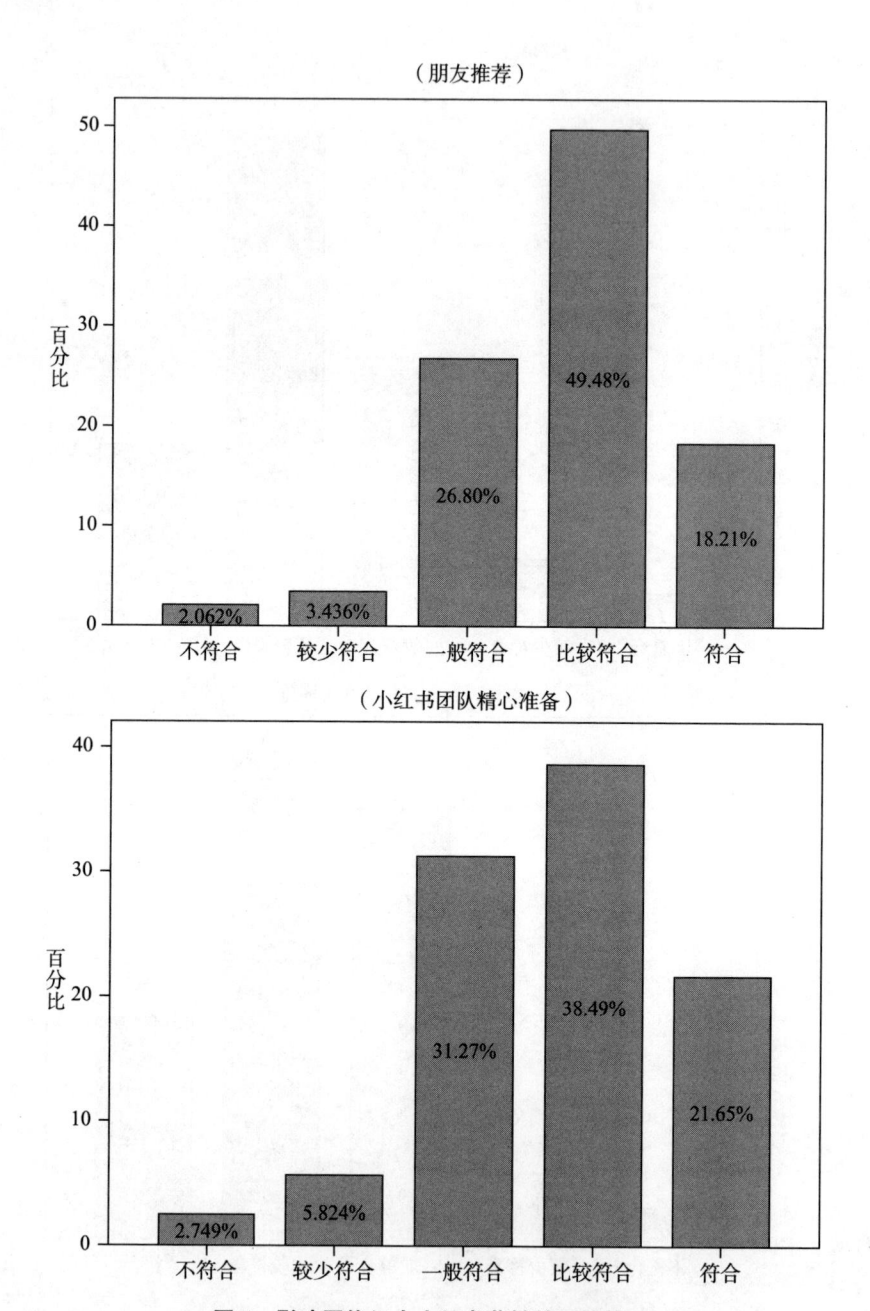

不符合 2.749%　较少符合 5.824%　一般符合 31.27%　比较符合 38.49%　符合 21.65%

图6　影响网络红人小红书营销的环境情况

表8 信任网络红人发布信息与影响信任程度的外界因素相关情况表

	平均值	标准差	您信任网络红人小红书发布的信息（如产品使用感想，服装搭配等）	人气旺盛（粉丝众多）	参与人数多，相信众人评价	朋友推荐	小红书团队精心准备
您信任网络红人小红书发布的信息（如产品使用感想，服装搭配等）	3.59	0.98	1				
人气旺盛（粉丝众多）	3.56	1.03	0.490**	1			
参与人数多，相信众人评价	3.52	0.95	0.447**	0.391**	1		
朋友推荐	3.7	0.92	0.345**	0.392**	0.337**	1	
小红书团队精心准备	3.67	1.04	0.384**	0.408**	0.484**	0.384**	1

具体分析可知：这4项之间均呈现出显著性，相关系数值分别是0.490、0.447、0.345、0.384，并且相关系数值均大于0，意味着这4项之间呈正相关关系。说明对于网络红人信任度高的大学生，外界因素对其影响程度也比较大。

（三）浅析大学生通过网络红人产生的消费

1. 消费占比

如图7所示，有53.61%的大学生通过网络红人引发的消费占总可支配收入的30%~50%，有27.15%的大学生通过网络红人引发的消费占总可支配收入的10%~30%，有17.53%的大学生通过网络红人引发的消费占总可支配收入的50%~80%，仅有1.72%的大学生通过网络红人引发的消费占总可支配收入的80%以上。由此可以得出大部分大学生通过网络红人小红书营销产生的消费在日常消费中的占比并未超过一半。网络红人通过营销小红书来推销产品仍有很大的进步空间。

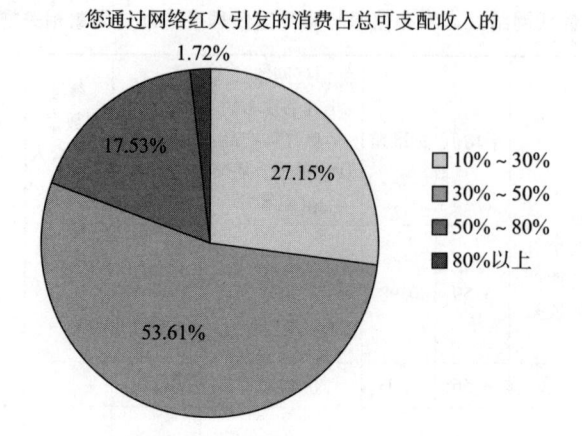

图7 大学生通过网络红人引发的消费情况

使用交叉列表法对大学生可支配收入和网络消费占总可支配收入百分比进行分析（见表9），可以得出可支配收入为1000~2000元的大学生，大部分网络消费占可支配收入的10%~30%；2000~5000元及以上的大学生，大部分网络消费占可支配收入的30%~50%。

表9 大学生可支配收入与网络消费占可支配收入百分比交叉表

			您通过网络红人引发的消费占总可支配收入的				合计
			10%~30%	30%~50%	50%~80%	80%以上	
您每月可支配收入为	1000~2000元	计数	35	23	9	0	67
		比例	52.2%	34.3%	13.4%	0.0%	100.0%
	2000~3000元	计数	30	85	19	1	136
		比例	22.1%	63.2%	14.0%	0.7%	100.0%
	3000~5000元	计数	13	40	17	3	73
		比例	17.8%	54.8%	23.3%	4.1%	100.0%
	5000元及以上	计数	1	7	6	1	15
		比例	6.7%	46.7%	40.0%	6.7%	100.0%
合计		计数	79	156	51	5	291
		比例	27.1%	53.6%	17.5%	1.7%	100.0%

但从表9明显可以看出可支配收入为2000~3000元的大学生，网络消费占可支配收入50%~80%的大学生占总人数的14%，网络消费占可支配

收入80%以上的大学生占总人数的0.7%；可支配收入为3000~5000元的大学生，网络消费占可支配收入50%~80%的大学生占总人数的23.3%，网络消费占可支配收入80%以上的大学生占总人数的4.1%；可支配收入为5000元及以上的大学生，网络消费占可支配收入50%~80%的占总人数的40%，网络消费占可支配收入80%以上的占总人数的6.7%。这说明大学生可支配收入的多少与他们的消费能力呈正相关，可支配收入的多少直接影响了他们的消费能力。

2. 消费心理

表10 大学生消费心理情况表

(从众消费)

	频率	百分比	有效百分比	累计百分比
不符合	8	2.8%	2.8%	2.8%
较少符合	16	5.5%	5.5%	8.3%
一般符合	85	29.2%	29.2%	37.5%
较高符合	131	45%	45%	82.5%
符合	51	17.5%	17.5%	100%
合计	291	100%	100%	

(冲动消费)

	频率	百分比	有效百分比	累计百分比
不符合	8	2.8%	2.8%	2.8%
较少符合	21	7.2%	7.2%	10%
一般符合	97	33.3%	33.3%	43.3%
较高符合	106	36.4%	36.4%	79.7%
符合	59	20.3%	20.3%	100%
合计	291	100%	100%	

(攀比消费)

	频率	百分比	有效百分比	累计百分比
不符合	15	5.2%	5.2%	5.2%
较少符合	26	8.9%	8.9%	14.1%
一般符合	82	28.2%	28.2%	42.3%
较高符合	119	40.9%	40.9%	83.2%

续表

	频率	百分比	有效百分比	累计百分比
符合	49	16.8%	16.8%	100%
合计	291	100%	100%	

(求实消费)

	频率	百分比	有效百分比	累计百分比
不符合	12	4.1%	4.1%	4.1%
较少符合	13	4.5%	4.5%	8.6%
一般符合	86	29.5%	29.5%	38.1%
较高符合	112	38.5%	38.5%	76.6%
符合	68	23.4%	23.4%	100%
合计	291	100%	100%	

通过对表10分析可以得出，大学生的从众消费和求实消费相较于冲动消费和攀比消费的较高符合及以上比重略高，但是这四种消费心理的差异并不大，大部分大学生在小红书营销消费过程中会出现多种消费心理。

使用交叉列表法对大学生可支配收入和网络消费心理进行分析，总体上可支配收入较低的大学生的从众消费以及求实消费百分比高于可支配收入较高的大学生；反之，总体上可支配收入较高的大学生的冲动消费以及攀比消费要高于可支配收入较低的大学生。但是也有少部分可支配收入较低的大学生冲动消费以及攀比消费要高于可支配收入高的同学。

（四）对策及建议

根据此次论文调查研究，以下是针对未来网络红人进行小红书营销的过程中，面对大学生作为消费主体的对策建议，仅供参考。

1. 对网络红人小红书营销的建议

传播正能量。网络红人可以在小红书或其他社交平台上多传播一些正能量的内容，或者多营销性价比较高的产品。比如很多网络红人从国际大牌转战到国货，可以使更多的青少年了解国货，支持自己国家的产品。

选好定位。清楚了解男女性面对营销时的选择与心理，男性产品与女性产品的营销模式需要有针对性地进行。

拉近与粉丝之间的距离。网络红人虽然是受人追捧的，但也一定要注意粉丝数量的维护，在维持老粉的基础上吸引新的粉丝，增加自己的流量。

树立正确消费观。在营销某些价格不适合大学生消费的产品时，要明确进行劝告，并且做出相关解释。

2. 关于大学生消费的建议

鉴于目前大学生消费观中出现的问题，需要研究如何有效地帮助他们树立正确的消费意识。

增强消费观念的教育。现如今关于大学生消费观的教育不够完善，是造成其不合理消费的重要因素。通过接受消费观的教育，大学生了解消费不仅包括物质层面，还有精神层面，不仅是个人行为，还能反映社会的经济因素。与此同时了解正确的消费计划、方式和结构，逐渐培养理财能力。

加强校园文化的建设。周围环境对人的影响是潜移默化的，校园文化对大学生的行为、思想的影响也是十分深远的。一个具有良好校园文化的大学可以让学生在日常生活与学习中养成正确的三观。

营造良好的社会风气。勤俭节约是中华民族的传统美德，我们要提倡这一美德，坚决反对浪费。因此，社会应该和网络媒体甚至是企业联合在一起，营造良好的消费风气。

五、结论与展望

（一）结 论

本文通过对全国各高校的在校大学生进行问卷调查和分析，得出结论如下。

1. 大学生的小红书使用情况

（1）现如今小红书已经成为大学生社交必不可少的软件之一，将近90%的大学生都会使用小红书。网络红人现象已经深入大学生的生活，成为大学生茶余饭后的话题。

（2）男生相较于女生来说更愿意使用小红书和关注网络红人。按照惯性思维，女生使用社交软件与关注网络红人的程度应高于男生，但是根据本次调查发现现实正好相反。所以本文认为小红书和网络红人都可以调整一下目标人群，相应增加一些男性用户喜爱的内容。

2. 大学生的关注度和参与度

（1）大学生对于网络红人的小红书营销关注度普遍较高。平时关注网络红人的大学生绝大部分都会关注网络红人的小红书。不论是男生还是女生，对于小红书营销的关注度普遍较高，没有差异。

（2）大学生对于网络红人的小红书营销参与度较高。大学生对于网络红人的小红书营销一般会选择参与甚至产生了购买行为。然而对比性别，男生的参与度高于女生，网络红人可以通过增加针对男性的营销策略进行调整。

（3）网络红人抓住了大学生喜欢参与感和冒险精神的心理。在面对转发、评论抽奖的活动时，大部分大学生愿意参与其中，男生在这方面比女生的占比要更高一些。

3. 影响小红书营销的因素

（1）影响网络红人小红书营销的因素多种多样，不仅有社交方式，还有其内容的设置以及粉丝和周围环境的影响。

（2）男性大学生相较于女性大学生更为感性。男生更看重网络红人的评论、回复等，内容上也更偏向于节日情景性强的内容，而女生却更看重内容的实用性以及网络红人对于产品的使用体验。

（3）大学生之间的相互影响传播对于网络红人小红书营销的影响较大。大学生对于网络红人的小红书营销的信任程度主要是通过周围朋友、同学的传播影响。

4. 大学生的可支配收入对消费的影响

（1）大学生的可支配收入是衡量消费水平的重要指标。可支配收入高的大学生消费能力明显比可支配收入低的大学生高。

（2）大学生的消费观有待加强。消费观总体趋势受可支配收入影响，但还是有一部分大学生可支配收入较低但是消费能力很强，说明攀比消费与冲动消费心理较强。

（二）展望与不足

现如今，互联网浪潮汹涌，不论是社交还是消费，我们的生活已经离不开互联网。互联网迅速改变了我们的生活模式，网络红人也借助互联网浪潮开始迅速崛起。大学生由于社会经验少以及喜欢新鲜事物，不论是生活态度还是消费行为往往受网络红人的影响较大。

这篇文章虽然收集了大量的论证材料来分析研究，但仍然有很多不足之处。从研究对象来看，只是将使用小红书并且同时关注网络红人的大学生作为研究对象，未涉及使用其他社交软件以及关注其他社交软件上网络红人的大学生。并且对于那些不使用小红书以及不关注小红书上网络红人的大学生，只粗略地了解，没有进行深入透彻的分析。从研究方法上看，文中只采用了描述性分析、相关性分析和交叉分析，应该引入更多的研究方法去进行更深更广的分析调查。

参考文献

[1] 邵巧露，张淼. 网红经济的营销建构 [J]. 现代营销（下旬刊），2016（04）：197.

[2] 罗希. 3.0时代网红经济营销渠道探索 [J]. 商，2016（20）：126，125.

[3] 蔡晓璐. 三问"网红经济" [J]. 艺术评论，2016（07）：11-18.

[4] 曹晓芳. 粉丝经济下网红的商业模式发展 [J]. 商，2016（23）：147.

[5] 梁立明. 网红经济行业研究报告 [J]. 首席财务官，2016（13）：62-65.

[6] 王卫兵. 网红经济的生成逻辑、伦理反思及规范引导 [J]. 求实，2016（08）：43-49.

[7] 黄立志，梁霄. 当前我国网红经济现象式微 [J]. 中国商论，2016（20）：8-10.

[8] 魏然. 网红经济热现象分析 [J]. 理论观察，2016（09）：54-55.

[9] 肖赞军，康丽洁. 网红经济的商业模式 [J]. 传媒观察，2016（09）：15-16.

[10] 郭勇. 自媒体时代下网红经济探析 [J]. 中国商论，2017（02）：5-6.

[11] 尹许可, 王肖华, 龚佃选. 浅析网红经济的运营与发展 [J]. 现代商业, 2017 (01): 248-249.

[12] 刘梅. 网红经济背后的大众文化走向与社群关系 [J]. 重庆科技学院学报 (社会科学版), 2017 (04): 29-32.

[13] 王战平, 柳瑶, 陈铭, 等. 社会化网络环境下营销效果测评——以微博为例 [J]. 情报科学, 2015, 33 (03): 118-122+156.

[14] 邓乔茜, 王丞, 周志民. 社会化媒体营销研究述评 [J]. 外国经济与管理, 2015, 37 (01): 32-42.

[15] 车诚, 戚晓琳, 马万祺, 等. 移动社交网络营销效果的影响因素实证研究 [J]. 中国管理科学, 2017, 25 (05): 145-149.

[16] 金中坤. 微博营销对消费者购买意愿影响的实证研究 [J]. 中国流通经济, 2015 (12): 37-45.

[17] 左文明, 黄秋萍, 陈华琼, 等. 基于社会网络的企业微博营销影响力模型 [J]. 管理评论, 2016 (9): 163-171.

[18] 梁欣萌. 网红品牌的营销策略与前景 [J]. 国际公关, 2016 (3): 60-65.

[19] Rattana Hiranpong, Pasu Decharin, Natcha Thawesaengkulthai. Structural equation modeling of a potentially successful person in network marketing [J]. Kasetsart Journal of Social Sciences, 2022, 37 (1): 22-29.

[20] Jane F. Bokunewicz, Jason Shulman. Influencer identification in Twitter networks of destination marketing organizations [J]. Journal of Hospitality and Tourism Technology, 2022, 8 (2): 205-219.

流动比率、速动比率指标的局限性及其改进

贾丽智[①]　邱　红[②]

摘　要　利益相关者对企业短期偿债能力的评价是财务分析的重要方面。本文通过 A 和 B 两家上市公司的案例分析发现短期偿债能力评价指标中的流动比率、速动比率存在诸多局限性，并不能全面准确地反映企业短期偿债能力的强弱。基于此，本文提出应用这两个指标进行企业短期偿债能力评价时，必须结合流动负债结构分析、流动资产质量分析、经营现金净流量分析等进行综合比较、验证。本文的研究结论为理解企业短期偿债能力的评价标准提供了新的思路。

关键词　流动比率　速动比率　流动负债结构　流动资产质量　经营现金净流量

分析企业的短期偿债能力，通常可运用一系列反映短期偿债能力的指标来进行。一般来说，流动负债用流动资产变现来偿还。因此，可通过计算企业流动资产对流动负债的保障程度来衡量企业的短期偿债能力。企业短期偿债能力的指标主要包括流动比率、速动比率、现金比率等。

---

① 贾丽智，高级会计师，硕士。研究方向为会计理论与实务。
② 通讯作者邱红，副教授，博士。研究方向为财务管理理论与实务。E-mail：bytqiuhong@buu.edu.cn。

一、流动比率、速动比率指标

流动比率是指流动资产与流动负债的比率，表示每一元的流动负债有多少流动资产作为偿还保证。流动比率=流动资产/流动负债。一般认为，流动比率为2时是比较合适的。此时，企业的短期偿债能力较强，对企业的经营也较为有利。

速动比率是指企业的速动资产与流动负债的比率，表示每一元的流动负债有多少速动资产作为偿还保证。速动比率=速动资产/流动负债。其中，速动资产=流动资产−存货。这是由于所有流动资产中存货的变现性是最差的，要先将存货变成应收账款，再将应收账款收回，存货才能真正变成现金。出于谨慎考虑，会计做了一个比较悲观的假设，假设所有存货都不能及时变现。用流动资产与存货的差去除以流动负债，计算出速动比率，用它来评价企业的短期偿债能力，可以部分弥补流动比率指标存在的缺陷。一般认为，在企业的全部流动资产中，存货大约占50%。因此，速动比率为1时是比较合适的。

二、案例分析

（一）A公司

A公司是一家集研发、生产、销售、服务于一体的国际化家电企业，主营家用空调、中央空调、热水器、生活电器、冰箱等产品，是我国家用电器的龙头企业。

如表1所示，从这几个短期偿债能力的指标来看，A公司的速动比率四年来都保持在1左右的水平，现金比率四年来都接近1，从这两个指标来看，A公司的短期偿债能力是不错的。但A公司的流动比率近年来都只在1.2左右的水平。如果只是看到流动比率很低，很可能会认为A公司的短期偿债能力存在较大问题，甚至短期内会陷入财务困境。

表1　A公司短期偿债能力指标

项目	2020年	2021年	2022年	2023年
流动比率	1.35	1.15	1.18	1.14
速动比率	1.17	0.93	1.00	0.97
现金比率	0.86	0.59	0.75	0.67

数据来源：东方财富网

由表2可以看出A公司的货币资金十分充裕，近4年平均每年有1300多亿元的规模。A公司的负债以不需要偿付利息的经营性负债为主，四年来主要经营性流动负债占总流动负债的比重为81%、78%、67%、69%（见表3）。有息负债也就是短期借款在总流动负债中的比重四年来分别只有13%、14%、24%、13%，A公司以货币资金全部偿还短期借款根本没有问题。四年来，A公司平均每年有1400多亿元的经营性负债，这样规模的常年欠供应商及经销商的经营性负债，显示A公司相对于供应商和经销商都有着较强的议价能力。供应商和经销商之所以允许或被迫允许A公司大量长期无偿占用他们的资金，源于A公司在收款安排和付款安排上有强大的竞争优势。从流动比率指标来看，好像A公司存在着很大的财务风险，但实质上风险聚集在经营风险，而不是财务风险。只要A公司能够保持存货周转、货款回收和盈利规模之间的动态平衡，那么就不会出现财务风险。

另外，在A公司的流动负债中，合同负债占了一定的比重。合同负债的偿还是以存货来完成的，其中包含了毛利润的部分。因此，企业实际的现金支付压力并没有流动比率表现得那么大。还有一个需要注意的项目是其他流动负债。查阅年报发现A公司其他流动负债的主体是空调销售返利，其本质是经营性负债。一般而言，企业各年度计提的销售返利如果比较恰当，当年计提销售返利的规模应该和实际支付给经销商的销售返利的规模差不多，存在于其他流动负债中的销售返利的规模不应有太大的变化。而A公司的销售返利逐年增加，可能的原因是各年计提得多，而实际支付得少，并且很可能在较长时间内无须给经销商支付。这实质上是无偿地利用经销商资金的一种方式。

表 2　A 公司货币资金

A 公司	2020/12/31	2021/12/31	2022/12/31	2023/12/31
货币资金（亿元）	1364	1169	1575	1241

数据来源：东方财富网

表 3　A 公司流动负债结构

A 公司		2020/12/31	2021/12/31	2022/12/31	2023/12/31
主要经营性流动负债	应付票据（亿元）	214	407	386	237
	应付账款（亿元）	316	359	329	411
	合同负债（亿元）	117	155	150	136
	其他流动负债（亿元）	644	624	577	611
	小计	1291	1545	1442	1395
	主要经营性流动负债/总流动负债	81%	78%	67%	69%
金融性流动负债	短期借款（亿元）	203	276	529	264
	小计	203	276	529	264
	金融性流动负债/总流动负债	13%	14%	24%	13%
流动负债总计		1585	1971	2164	2010

数据来源：东方财富网

A 公司经营活动获取现金的能力如表 4 所示，发现 A 公司以经营活动产生的现金流量净额对有息负债的保障程度较高。这说明如果企业经营得好，盈利能力强，利润质量高，能够产生现金流量，则不论其相关指标如何，企业的短期偿债能力都不会存在较大问题。

表 4　A 公司经营净现金

A 公司	2020 年	2021 年	2022 年	2023 年
经营活动产生的现金流量净额（亿元）	163.59	148.60	443.78	189.39
有息负债合计（亿元）	186.46	107.01	62.77	35.79
经营活动产生的现金流量净额/有息负债	0.87	1.39	7.07	5.29

数据来源：东方财富网

（二）B 公司

B 公司是一家集发制品及发用纤维原料的研制、开发、生产、销售于一体的发制品专业公司，公司于 2003 年 7 月 10 日在上海证券交易所上市。

由表 5 可以看出，B 公司的流动比率近四年基本在 2 左右，现金比率近四年在 0.2~0.4 波动，显示短期偿债能力尚可。但速动比率却只有 0.5 左右，显示短期偿债压力很大。两个短期偿债能力指标得出的结论正好相反。因此，我们需要分析流动负债的结构。B 公司的流动负债以短期借款为主，2020 年至 2023 年，短期借款与一年内到期的非流动负债的合计数约为 19 亿元、13 亿元、17 亿元、19 亿元，占全部负债的 90%、65%、71%、76%。这些短期借款都是保证借款和信用借款，具有刚性兑付的特点，确实构成了偿债压力。接下来我们需要分析流动资产的结构和质量。由表 6 可以看出，近四年 B 公司的存货期末余额均为 32 亿元左右，存货占流动资产的比例均在 73%以上，构成公司最重要的核心资产。速动资产等于流动资产减去存货，因此速动资产在流动资产中占比较少，导致计算出的速动比率仅有 0.5 左右。进一步分析存货的结构，由表 7 可以发现，存货包括原材料（包括人发原材料、自产化纤发丝和进口化纤发丝等）、在产品及自制半成品（包括经过整理和加工并具备出售价值的人发自制半成品）和库存商品等，其中库存商品的占比最大，在 50%左右，原材料的占比次之，在 35%左右。原材料在存货中的占比居高不下与公司执行的人发原材料储备战略有关。B 公司为什么要实施人发原材料储备战略呢？首先，在发制品行业中，人发产品需求旺盛，具有较高的附加值，从而成为企业最重要的原材料。随着经济发展和人们蓄发习惯的改变，人发原材料日益稀缺，长期看人发原材料呈现自然增值状态。其次，由于人发资源较为分散，收购周期较长，为了保持公司的正常生产经营，必须保证一定量的原材料储备。为了锁定人发原材料成本，应对公司快速发展的需要，B 公司实施了原材料储备战略。但因此也导致公司存货余额较大，存货周转率较低，对流动资金需求大，短期负债水平居高不下。由于存货中大部分为变现能力很强的人发原材料，并且人发作为稀缺资源，近几年价格呈上升趋势,即使市场发生变化,人发价格下跌空间也非常有限,使得公司可以保证在不影响正常生产的情况下,通过变现压缩原材料储备量来偿付到期的短期借款。因此,实际的短期偿债压力不大。另外,查阅现金流量表可以发现 B 公司常年以来借新债还旧债。B 公司通过多年与金融机构的合作,建立了良好的企业信誉,虽然借款有一定规模,但经营净现金基本为正,没有大规模的投资扩张行为,没有大额购进长期资产的支出,资产的流动性也比较好,因此,偿债压力也不大。如果不突然发生经营风险,那么财务风险也不大,通过借新债还旧债,经营可以实现滚动持续。

表 5　B 公司短期偿债能力指标

项目	2020 年	2021 年	2022 年	2023 年
流动比率	1.9	2.4	2.3	2.1
速动比率	0.4	0.4	0.6	0.6
现金比率	0.2	0.2	0.4	0.4

数据来源:东方财富网

表 6　B 公司存货占流动资产情况表

项目	2020 年	2021 年	2022 年	2023 年
存货(亿元)	31	32	32	32
流动资产合计(亿元)	39	39	44	44
存货占流动资产的比重	79%	82%	73%	73%

数据来源:东方财富网

表 7　B 公司存货结构分析表　　　　　　　　　　单位:亿元

项目	2020 年		2021 年		2022 年		2023 年	
	金额	占比	金额	占比	金额	占比	金额	占比
原材料	12.03	38%	11.52	35%	11.27	35%	10.05	31%
在产品	6.30	20%	6.40	20%	5.19	15%	4.91	15%
库存商品	13.21	42%	14.6	45%	16.18	50%	17.29	54%
合计	31.54	100%	32.52	100%	32.64	100%	32.25	100%

数据来源:东方财富网

三、流动比率、速动比率指标的局限性及其改进

在以上两个案例的分析中，为什么流动比率、速动比率指标都失效了？这是源于两个指标自身的局限性。第一，流动比率、速动比率指标在计算时没有考虑负债结构。经营性负债是企业在采购和销售环节与供应商或客户进行结算时所发生的债务，本质的特点是无须支付利息，实质是企业对商业信用资源的利用。如果一个企业能够大量长期无偿使用上下游企业的资金，反而说明企业相对于供应商和经销商都有着较强的议价能力，是企业在收款和付款安排上有竞争优势的表现。金融性负债一般是从资本市场或者金融机构获得的债务融资，本质的特点是需要支付利息，这才是产生财务风险的首要原因。第二，流动比率、速动比率指标在计算时没有考虑流动资产的结构和质量，优质的可变现性良好的流动资产才能体现真正的短期偿债能力。

流动比率、速动比率指标的使用不是万能的教条，短期偿债能力的评价不仅要借助指标，还必须结合对行业的认知、对财报披露质量的判断，以及与流动资产质量、流动负债结构、经营现金净流量等进行综合比较验证，才能得出正确的结论。首先，分析企业的流动负债结构。充分认识经营性负债最本质的特点是无须支付利息，实质是企业对商业信用资源的利用；金融性负债最本质的特点是需要支付利息，这才是产生财务风险的首要原因。密切关注负债结构中金融性负债的占比。其次，分析企业的流动资产质量。流动资产中与经营密切相关的两大项目分别是应收账款和存货。因此，应收账款和存货的质量分析至关重要。最后，结合经营活动获取现金的能力进行分析。对企业而言，能够获得足够的经营活动现金净流量则说明企业的利润质量高，有持续性，最终体现为偿债能力强。

参考文献

[1] 贾丽智，王彦芳，俞娜．短期偿债能力指标分析的局限与对策［J］．教育教学论坛，2020（01）：72-74．

[2] 陈笑笑．企业短期偿债能力分析——以青岛海信电器股份有限公司为例［J］．时代金融，2014（06）：103，106．

我国企业海外并购提升了企业价值吗[①]

——以 A 公司连续并购事件为例

刘方方[②]

摘　要　在经济全球化大背景下，特别是共建"一带一路"的提出，越来越多的中国企业走出国门从事海外并购业务，以实现全球资源配置和新的利润增长。在这样的背景下，本文以 A 公司的连续海外并购事件为研究对象，首先对其并购过程进行分析，详细阐述其并购的动因；然后运用事件研究法，对 A 公司连续海外并购的绩效进行研究。本文通过上述分析发现，A 公司借助连续海外并购改善了产业链结构，实现了降本增效，在事件窗口期内，海外并购对其财务绩效带来了正向影响，提升了公司价值。

关键词　工业机器人　海外并购　连续并购　并购绩效　事件研究法

一、引言

利用工业机器人实现先进制造业的发展飞跃，目前已成为全球共识。在制造业推广工业机器人等新技术，有助于推动技术创新、降本增效，提高我国制造业的产业竞争力，向全球产业价值链上游迈进。据国家统计局

[①]　基金项目：本文受教育部人文社会科学研究基金项目（项目编号：20YJA630045）资助。
[②]　刘方方，博士，北京联合大学应用科技学院教师，研究方向为公司理财与风险管理。

数据，我国工业机器人销量 2021 年达到 25.6 万台，同比增长 48.8%，我国连续 8 年成为全球最大的工业机器人消费国。然而，国内机器人产业兴起较晚，缺乏技术和项目经验积累，较高的行业门槛，促使企业寻求海外资本市场的帮助。

在经济全球化背景下，特别是共建"一带一路"的提出，我国企业海外并购业务日趋活跃。海外并购通常被认为是企业实现战略目标、迅速拥有先进专利技术、快速占领海外市场的重要手段。同时，企业战略目标通常是长期、动态的，越来越多的企业进行连续并购业务。连续并购在学术界并没有统一明确的界定，一般认为一家企业 3 年内发生 5 次及以上具有业务关联性的并购，可以认为是连续并购。由此看出"连续"强调的是并购行为发生的频率而非时间，且连续并购不是一次次独立无关的交易行为，而是具有联动属性的战略布局。

但一系列的事实也在不断提醒我们，中国企业的海外并购之路困难重重。2009 年，上汽集团收购韩国双龙汽车和四川腾中重工收购通用悍马这两起海外并购事件都以失败而告终。基于这些教训，针对海外并购业务，业界褒贬不一。在学术界，虽然有关海外并购绩效的文献不少，但不同国家、不同行业的并购动因以及背景截然不同，其并购结果差异较大；由此可见，海外并购是否能够提升企业价值值得进一步深入而细致的研究，特别是有关我国工业机器人制造企业海外并购的价值创造问题。本文希冀做一些有益的探索，深入剖析 A 公司连续海外并购的案例，梳理出我国智能制造类企业海外并购的经验与教训，为政府、业界提供一些有价值的启示。

二、A 公司连续并购过程及并购动因

（一）企业概况

A 公司是一家专注于自动化和机器人技术的公司，成立于 1993 年，总部位于江苏省南京市。该公司于 2015 年 3 月 20 日在深圳证券交易所正式挂牌上市。A 公司以智能工业机器人为主要产品，致力于成为拥有完全自

主核心技术的国产机器人主流上市公司。2020年6月22日，A公司入选"福布斯中国最具创新力企业榜"。2022年1月25日，A公司获得国家级专精特新"小巨人"称号，是第四批获得此称号的公司之一。2024年3月，A公司"光伏排版工业机器人"入选工信部第八批制造业单项冠军企业名单。

（二）A公司连续并购过程

基于时间先后顺序，A公司近年来的具体海外并购过程如表1所示。

表1 A公司海外并购事件回顾

并购时间	并购标的	并购对价
2016-02-16	意大利 Euclid Labs SRL 公司 20%股权	140万欧元（约合990万元人民币）
2017-02-06	英国 TRIO MOTION TECHNOLOGY 公司 100%股权	1550万英镑（约合1.33亿元人民币）
2017-04-13	美国 BARRETT TECHNOLOGY 公司 30%股权	900万美元（约合6 300万元人民币）
2017-09-14	德国 M. A. IGMBH&CO. KG 公司 50.11%股权	886.90万欧元（约合6 900万元人民币）
2019-08-26	德国 Carl Cloos Schwei. technik GmbH 公司 100%股权	19 607万欧元（约合15.5亿元人民币）

2016年2月，A公司收购意大利 Euclid Labs SRL 公司20%股权。被并购企业的核心技术是机器人三维视觉技术。A公司利用技术协同效应，补齐A公司在视觉系统软硬件上的短板。

2017年2月，A公司全资收购全球前十的运动控制器供应商英国 TRIO MOTION TECHNOLOGY。此次收购打通了A公司在智能装备核心部件生产领域的上下游产业链。TRIO MOTION TECHNOLOGY 的运动控制器与A公司交流伺服产品相结合，使A公司成功转型升级，可提供高端运动控制解决方案，针对机器人、3C电子等行业提供定制化服务。

2017年4月，A公司收购美国 BARRETT TECHNOLOGY 公司30%股权，以延伸产业链并开拓康复医疗机器人市场。此次收购为A公司掌握服务机器人核心零部件、进军国外企业垄断的高端伺服应用领域奠定了基础。

2017年9月，A公司收购德国系统集成商 M. A. IGMBH&CO. KG 公司50.11%的股权，拓展下游集成领域，转向高端制造以提高产品附加值。汲取其多年的经验积累和技术积淀，争取有效的配置资源，让德国先进技术赋能我国市场，优化产品设计，全面提升国际化技术水平，并开启 A 公司在欧洲市场的营销推广。

2019年8月，A公司全资收购德国焊接领域百年老店 Carl Cloos Schwei. technik GmbH 公司（简称 Cloos 公司），以协同拓展薄板中高端焊接机器人工作站市场，抢占激光焊接、激光3D打印机器人的先发优势。基于 Cloos 公司的核心技术、客户资源及全球销售服务网络，推动 A 公司机器人产品国际化进程。

（三）A 公司连续并购动因

1. 布局以工业机器人为核心的全产业链，获取协同效应

A 公司海外并购的企业以核心零部件和技术为主，同时也收购了国内各细分领域的系统集成商。A 公司各个生产基地的主要产品涉及不同领域。通过海外并购，A 公司不仅打通了工业机器人产业链上下游，还设立了欧洲研发中心，覆盖核心部件—工业机器人—集成应用的全产业链布局，有机配置全球优质资源，从而产生战略协同效应。

2. 获取关键核心技术，提升自主研发能力

在国家政策的鼓励下，我国庞大的中低端制造业市场，为国产工业机器人及智能制造系统提供了机会，A 公司为深入转型、深耕优势领域，布局运动控制系统业务。然而工业机器人行业发展日新月异，核心零部件生产技术及行业应用工艺壁垒高，短期内通过内生性发展的速度会比较慢，需要长时间积累。因此，A 公司积极寻求海外有领先技术和业绩支撑的优秀企业进行并购，在技术上不断追赶国际品牌，突破技术壁垒，实现多项技术的突破和创新。

3. 开拓国际市场，谋求国际化发展

长期以来，全球机器人市场由海外厂商主导，我国企业数量多，但企业规模小，零部件国产化低，自主研发和创新能力亟待提高，缺乏国际市场认可度。为了提高品牌认可度，开拓国际市场，A 公司积极推进国际化发展战略，通过海外并购，集中国外先进技术、经验及人才优势，促进企业整体研发和生产能力的快速发展。

三、A 公司海外并购绩效研究

企业海外并购对企业价值产生了怎样的影响，需要依据数据进一步分析。运用事件研究法分析窗口期内股票收益率变化，然后用财务指标分析其财务状况，阐明海外并购对 A 公司绩效的增减影响。

企业每进行一次收购，都是在向市场透露信号，相应会影响企业股票价格。采用事件研究法，分析 A 公司的海外并购活动是否为股东创造价值。将 A 公司 2016—2019 年的并购事件作为样本事件，选定窗口期，计算得出累计异常收益率（AAR）和累计平均异常收益率（CAAR），观察股票市场对 A 公司并购活动的反应，评判 A 公司海外并购的短期绩效总体趋势的变化。

（一）样本选择

将 A 公司 2016—2019 年（截至 2019 年 8 月 26 日）发生的并购事件作为样本事件，按以下条件筛选：（1）采用协议收购或要约收购的方式；（2）同一并购事件有多次发布公告的，以首次公告日为准；（3）如首次公告日停牌，则以公告日后的第一个交易日为事件公告日。

A 公司海外并购事件与首次公告日如表 2 所示。

表 2　A 公司海外并购事件与首次公告日

首次公告日	并购标的
2016-02-16	意大利 Euclid Labs SRL 公司 20%股权
2017-02-06	英国 TRIO MOTION TECHNOLOGY 公司 100%股权
2017-04-13	美国 BARRETT TECHNOLOGY 公司 30%股权
2017-09-14	德国 M. A. IGMBH&CO. KG 公司 50.11%股权
2019-08-26	德国 Carl Cloos Schwei. technik GmbH 公司 100%股权

（二）确定窗口期与估计期

将并购事件的首次公告日作为事件公告日，定义为 T=0。事件公告日前后 N 天就是事件窗口期。设定较长时间的窗口期，可以尽可能多地涵盖影响，确保信息收集的完整性。但也可能会出现其他不相关因素的干扰，影响判断结果。考虑到 A 公司在一个年度内进行了多次并购，且并购的间隔时间较短，为了避免窗口期重叠，更加客观地呈现分析结果，所以选取事件日前后各 5 个工作日为窗口期，即窗口期为 [-5, 5]。估计期也称为清洁期，不得与事件期有重叠，在保证数据准确性的前提下，事件估计期为 (-90, -10)。

（三）计算累计异常收益率和累计平均异常收益率

研究选取市场模型，计算 A 公司连续并购事件的累计异常收益率和累计平均异常收益率。数据来源于 CSMAR 数据库，数据整理分析使用 Excel、STATA16 软件。

以定义的估计窗口期数据为基础，对市场模型的参数进行估计测算。依据估计期 (-90, -10) 内 81 个交易日的上市公司和上证综指的日收益率，对市场模型中的 α_i、β_i 进行估计的市场模型如下：

$$R_{it} = \alpha_i + \beta_i R_{mt} + \varepsilon_i \tag{1}$$

其中，R_{it}、R_{mt} 为上市公司 i 和股票市场在交易日 t 时的日收益率，α_i 为常数项，β_i 为斜率项，ε_i 为随机误差项。

将估计窗口期的上市公司股票和股票市场日收益率进行回归分析，得出参数估计值 α'_i、β'_i，正常收益率计算公式为 $R'_{it} = \alpha'_i + \beta'_i R_{mt}$、异常收益率计算公式为 $R_{it},A = R_{it} - R'_{it}$；$R_{it},A$ 为上市公司 i 在交易日 t 时的股票异常收益率；R_{it} 为事件窗口内上市公司 i 在交易日 t 时的股票实际收益率。这些股票的平均异常收益率为 R_t，AAR = (1/n) $\sum R_{it},A$，i=1、2⋯n。若要反映事件对整体市场股票收益产生的影响，还需要计算事件窗口期内按时间累积的累计平均异常收益率，样本股票的累计平均异常收益率为 R_t，CAAR = (1/n) $\sum R_t$，AA，t=t1、t2⋯n。

对样本进行上述步骤后，分别对不同事件窗口期内 Rt，AAR 和 Rt，CAAR 进行 t 检验，分析并购对股价影响的显著性。显著性假设如下：

H0：Rt，AAR 和 Rt，CAAR 为 0

H1：Rt，AAR 和 Rt，CAAR 不为 0。

（四）结果与分析

根据上述步骤可以计算事件发生前后 [-5，5] 的 Rt，AAR 和累计平均异常收益率 Rt，CAAR 及其显著性，见表 3 和表 4。

表3 AAR 及 AAR 显著性检验

dif	AAR	sd	t 值	p 值	star
-5	-0.001663576	0.021963745	-0.185529045	0.858927112	
-4	-0.005456782	0.023114014	-0.578278272	0.584112618	
-3	0.01166497	0.013391266	2.13372079	0.07681358	*
-2	-0.007669644	0.011852113	-1.585094129	0.164037951	
-1	0.001763305	0.025558408	0.168993234	0.871355253	
0	0.021023583	0.020922903	2.46127658	0.049034464	**
1	-0.001313522	0.030886595	-0.104170073	0.920429237	
2	0.017944075	0.032780236	1.340863683	0.228495677	
3	0.002678012	0.02583383	0.253921443	0.808033821	
4	-0.020003705	0.018673664	-2.623955842	0.039377013	**
5	-0.01404639	0.021561693	-1.595722968	0.161662593	

注：* 表示 p<0.1，** 表示 p<0.05。

由表 3 可见，平均异常收益率（AAR）在事件日 -3、事件日 0、事件日 4 呈显著相关，在窗口期其他事件日的效果均不显著。

表4 CAAR 及 CAAR 显著性检验

dif	CAAR	sd	t 值	p 值	star
-5	-0.001663576	0.021963745	-0.185529045	0.858927112	
-4	-0.007120358	0.02411541	-0.723240651	0.496746408	
-3	0.004544611	0.015266795	0.729162767	0.493370829	
-2	-0.003125033	0.022823189	-0.33539291	0.748744993	

续表

dif	CAAR	sd	t 值	p 值	star
-1	-0.001361728	0.032238963	-0.103462933	0.920967139	
0	0.019661856	0.040329175	1.194210247	0.277461413	
1	0.018348334	0.038206951	1.176331905	0.284014948	
2	0.036292409	0.067585635	1.315336968	0.236424176	
3	0.038970421	0.079125754	1.206404267	0.273066525	
4	0.018966717	0.085099929	0.545932035	0.604801114	
5	0.004920326	0.087458194	0.137806286	0.894901898	

注：* 表示 p<0.1，** 表示 p<0.05。

由表4可见，累计平均异常收益率在窗口期内的效果均不显著。从事件日0至事件日5的CAAR均大于0。

图1为A公司5起海外并购事件AAR与CAAR走势，并购交易披露日前AAR由负转正，呈上升趋势，并且达到最大值；事件日后1~4天波动下降并达到最低点，并购消息带来的正面效应开始减弱。CAAR在窗口期内向上波动，在事件日4达到最高值，说明投资者逐渐认可此次并购。虽有一定波动，但海外并购事件在短期内确实给企业带来了财富正效应。

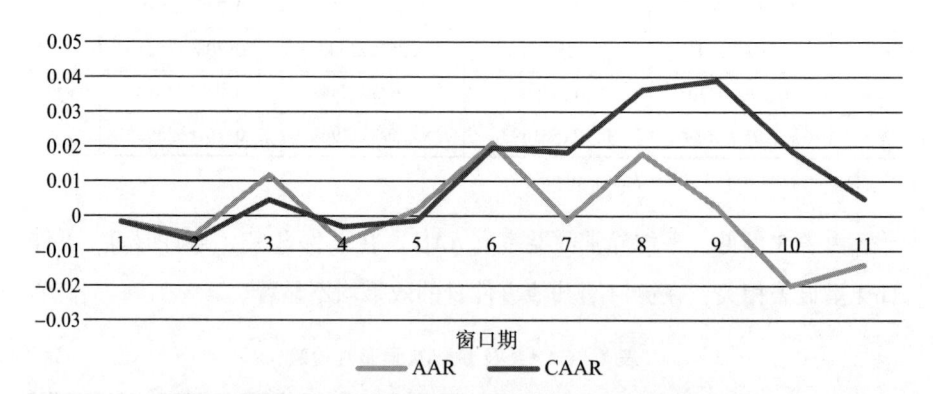

图1 A公司海外并购AAR与CAAR走势图

四、结论与启示

本文以A公司2016—2019年的连续并购事件为案例，首先介绍A公司在 2016—2019 年的 5 起海外并购事件，以及对连续并购动因进行分析，最后对 A 公司 2016—2019 年连续海外并购的短期绩效进行分析。本文得出的结论如下：A 公司进行连续海外并购的动因有多个方面，基于其在主营业务多年的经验积累和技术优势，以及国家政策出台的优势，依托企业发展战略，发挥资本平台的作用吸收先进技术再创新，提高产品竞争力；利用海外并购在技术和市场的协同效应，促进产业链上下游协作，实现内外资源共享和优势互补，构建全产业链竞争优势以发挥集聚效应。事件研究法研究的结果表明，A 公司的海外并购短期内提升了企业价值，累计平均异常收益率持续向上波动并逐步回归正常，短期市场反馈良好。

本文得出的案例启示包括以下几点。第一，政府监管部门应及时发布海外并购的行业和国别的指导意见，统筹安排与协调海外并购的战略、重点、规模及行业结构。同时，加强对企业海外并购行为的协调与引导，提供海外并购的信息情报和咨询服务。第二，企业应该科学制订海外并购的战略规划，构建产业链布局。企业应认清行业现状和发展趋势，围绕主营业务、根据战略定位决定是否以及如何整合全产业链。布局全产业链是一个循序渐进的过程，在自身优势的基础上，向上游攀升、向下延伸，加强中游、扩展下游，灵活调整、不断开拓，以适应市场变化。第三，海外并购企业应注重并购后的资源整合与协作。企业并购仅仅扩大了企业规模，获得被并购企业的控制权，最终能否达到预期目标，取决于整合的效果。如果决策不够科学、理性，没有适当利用并购的积极效应，后续负面影响未得到改善，那么结果将是弊大于利。将两个生产经营模式不同的企业融为一体，涉及财务、管理、人事、企业文化等多方面的整合。

参考文献

[1] A. Craig MacKinlay. Event Studies in Economics and Finance [J]. Journal of Economic Literature, 1997, 35（1）：13-39.

[2] 李文新，于婷. 基于现金流的埃斯顿连续并购效应研究 [J]. 商业会计, 2022（5）：66-69.

[3] 张鑫敏，余学斌. 全产业链战略下埃斯顿连续并购绩效研究［J/OL］. 经营与管理，2024（10）. https：//doi. org/10. 16517/j. cnki. cn12-1034/f. 20221102. 001.

[4] 张岚，范黎波，鲍哿. 为什么企业会连续并购？——来自我国制造业企业的证据［J］. 财会通讯，2018（30）：10-17，129.

[5] 盛春光，赵晓晴，钟凤英. 应用事件分析法对林业企业发行绿色债券市场效应的评价［J］. 东北林业大学学报，2021，49（2）：89-92.

[6] 吴浩. 能源转型背景下企业并购绩效研究——以上海电气并购天沃科技为例［J］. 现代商业，2021（13）：144-147.

控股股东股权质押与公司盈余管理[①]

庞世明[②] 张 谦[③]

摘 要 本文以2004年至2021年沪深A股上市公司为研究样本，研究了控股股东股权质押与公司盈余管理的相关关系。一是，控股股东的股权质押与上市公司的应计盈余管理和真实活动盈余管理均呈现正相关的关系。控股股东股权质押比例越高，公司正向真实活动盈余管理和应计盈余管理的程度也越高。二是，在控股股东股权质押的背景下，真实活动盈余管理和应计盈余管理之间表现为互补关系，而非文献所认为的替代关系。本文对监管层规范上市公司控股股东股权质押行为具有一定的政策启示。

关键词 控股股东 股权质押 盈余管理

一、引言

近年来，越来越多的上市公司控股股东采用股权质押的融资方式获得资金，股权质押具有限制少、手续简单的特点，可以帮助上市公司控股股东在不丧失控股权的情况下短时间获得大量资金，缓解资金需求。但同时

[①] 基金项目：本研究受北京联合大学科研项目（项目编号：SK20202305）和北京联合大学教育教学研究与改革项目（项目编号：JJ2022Y048）支持。
[②] 庞世明，经济学博士，注册会计师（非执业），北京联合大学应用科技学院副教授，硕士生导师。研究方向为并购重组与公司治理。
[③] 张谦，北京联合大学应用科技学院本科生。

意味着控股股东要承担股价下跌带来的风险，当股价下跌接近预警线时，质权人会要求控股股东补仓；而当股价继续下跌达到平仓线，控股股东没有补仓或解除质押时，质权人有权将控股股东质押的股票在二级市场抛售，从而带来新一轮的股价下跌，导致控股股东财富缩水甚至丧失控制权。因此，上市公司控股股东有强烈的动机来维持股价的稳定性。

在影响上市公司股价的诸多因素中，公司的盈余信息无疑是最重要的，而进行了股权质押的控股股东，自然有较为强烈的向上盈余管理动机，同时也可以利用其在股东大会和董事会的控制权，实施盈余管理的手段。盈余管理的手段包括真实活动盈余管理和应计盈余管理。真实活动盈余管理主要包括苏加塔·罗伊乔杜里（Roychowdhury S，2006）所指出的费用操纵、销售操纵和生产操纵，以及出售资产（凯瑟琳·A·冈尼，2010）和股票回购等方式。应计盈余管理主要是利用会计政策和会计估计对公司的盈余进行调整，如通过变更折旧政策、改变存货计价方法或长期股权投资的核算方法、调整合并报表编制范围以及变更资产减值准备的计提与转回等（王斌和宋春霞，2015）。

本文以 2004 年至 2021 年沪深 A 股上市公司为研究样本，研究了控股股东股权质押与公司盈余管理的相关关系。结果发现以下三点。一是，控股股东的股权质押与上市公司的应计盈余管理与真实活动盈余管理均呈现正相关的关系。控股股东股权质押比例越高，公司正向真实活动盈余管理和应计盈余管理的程度也越高。二是，在控股股东股权质押的背景下，真实活动盈余管理和应计盈余管理之间表现为互补关系。三是，上市公司控股股东股权质押水平越高，公司越倾向于通过操纵销售收入和产量进行正向的真实活动盈余管理，但很少通过减少酌量性费用进行正向盈余管理。

本文可能的学术贡献有以下两方面。一是，本文在理论上分析了控股股东股权质押与公司盈余管理之间的关系，特别对应计盈余管理和真实活动盈余管理的选择上，本文研究发现二者并非文献中所指出的替代关系。这丰富了控股股东股权质押与公司盈余管理的理论和实证研究。二是，本文发现可能存在混合盈余管理行为，即利用会计政策的真实活动盈余管理，通过修正的琼斯模型，可以识别这种盈余管理行为。

二、文献回顾

控股股东股权质押与公司盈余管理的相关关系文献的主要研究结论如下。一是，控股股东股权质押与真实活动盈余管理之间呈正相关关系（谢德仁和廖珂，2018；曹志鹏和朱敏迪，2018；金舒婷，2019；南星恒和孙雪霞，2020；廖湘岳和徐东晓，2022），其中，只有廖湘岳和徐东晓（2022）同时使用了"年末是否股权质押"和"股权质押比例"两个变量代表股权质押，其余文献仅使用了"年末是否股权质押"这一虚拟变量。二是，控股股东股权质押与应计盈余管理之间呈负相关关系，与真实活动盈余管理呈现正相关关系，或者说，上市公司的盈余管理手段会随股权质押从应计盈余管理转向真实活动盈余管理（王斌和宋春霞，2015；陈共荣等，2016）。其中，王斌和宋春霞（2015）虽然也使用了"是否发生股权质押"这样的虚拟变量和"股权质押比例"这样的连续变量来代表股权质押，但更多地强调统计年度内发生的质押行为，而非年末是否还存在股权质押以及股权质押的比例。二者的区别在于，如果控股股东在本年度进行了股权质押，但在年中解除了质押，那么控股股东无须在本年度进行正向盈余管理以维持市值。陈共荣等（2016）虽然选择了虚拟变量来测量控股股东的股权质押行为，但该变量将"上一年度存在股权质押，且股权质押比例超过股份20%"取值为1，否则取值为0。上一年度存在股权质押不一定代表本年度存在股权质押，如果上一年度存在持股比例占20%以上的股权质押，但本年度解除了质押，那么控股股东同样无须在本年度进行正向盈余管理。因此，这两篇文献得出的结论仍需进一步讨论。

在控股股东股权质押与具体盈余管理手段的关系上，谢德仁等（2017）认为控股股东股权质押的公司更倾向于将开发支出资本化以进行正向盈余管理；齐鲁光和李曼曼（2022）认为控股股东股权质押的企业财务重述概率较大，且股权质押比例越高、财务重述概率越大。这两种方式都是应计盈余管理行为，很显然与王斌和宋春霞（2015）以及陈共荣等

（2016）的结论相反。在真实活动盈余管理方面，李常青等（2018）发现控股股东股权质押会抑制企业创新投入，这是通过减少酌量性费用来进行正向真实活动盈余管理；王雄元等（2018）发现控股股东进行股权质押的上市公司更可能税收规避；张晓庆等（2022）发现控股股东进行股权质押后，公司广告投入水平显著提高，这和理论预期相反（后文再进行讨论）。因此，针对控股股东股权质押与公司盈余管理的相关关系，仍需展开理论梳理和实证检验。

三、研究假说

一般来说，控股股东都会综合运用两种手段来进行盈余管理，而不仅限于单一的手段。

（1）应计盈余管理手段可能是真实活动盈余管理的后续手段。例如，当上市公司采用放宽信用额度增加收入进而提高利润时，应收账款会显著上升，在这些应收账款中，实际上有很多无法收回，但上市公司可以通过降低坏账的计提比例来进行正向盈余管理。此时，上市公司同时使用放宽信用额度（真实活动盈余管理）和减少坏账准备的计提（应计盈余管理）两种手段来操纵利润，而且，减少坏账准备还是放宽信用额度的后续手段。

（2）存在混合真实活动盈余管理和应计盈余管理的盈余管理工具。这种类型盈余管理工具有两个特点，一是这种盈余管理行为是上市公司的真实活动，如并购重组；二是该活动利用了会计政策和会计处理方法。例如，如果上市公司出售子公司的部分股权，子公司转为上市公司的合营企业或者联营企业，需要使用权益法进行会计核算。在上市公司合并财务报表层面，视同将剩余股权按照公允价值重新计量，该公允价值与上市公司合并财务报表层面权益法的差额，确认投资收益[①]，但这部分投资收益并

[①] 根据CAS33（2014）第五十条，"企业因处置部分股权投资等原因丧失了对被投资方的控制权的，在编制合并财务报表时，对于剩余股权，应当按照其在丧失控制权日的公允价值进行重新计量。处置股权取得的对价与剩余股权公允价值之和，减去按原持股比例计算应享有原有子公司自购买日或合并日开始持续计算的净资产的份额之间的差额，计入丧失控制权当期的投资收益，同时冲减商誉。"

没有真实的现金流入。再如，对于上市公司的合营企业或联营企业，如果上市公司追加投资进而达到控制，在上市公司合并财务报表层面，视同将原有权益法核算下的股权按照公允价值重新计量，原权益法核算部分股权公允价值与账面价值的差额，确认投资收益[①]，这部分投资收益依然没有真实的现金流入。上述两例的"跨界"行为，一方面确实是公司的真实活动，是真实的股权转让行为；另一方面是利用现行的会计准则才会产生投资收益，从而提高当年的盈余水平，实现盈余管理。如果按照美国会计准则，"跨界"行为无须按照公允价值重新计量，权益法转成本法时，不会产生投资收益；成本法转权益法时，仅产生较少的投资收益（耿建新和徐同，2020）。这种混合盈余管理行为可以看成披着真实活动盈余管理外衣的应计盈余管理行为。需要注意的是，文献中经常使用的 Roychowdhury 模型只能发现费用操纵、销售操纵和生产操纵的真实活动盈余管理，而无法捕捉到这种混合盈余管理行为。而该混合盈余管理行为可以通过修正的琼斯模型加以识别。

文献中给出的"上市公司的盈余管理手段会随股权质押从应计盈余管理转向真实活动盈余管理"的理由包括应计性盈余管理方式带来的盈余增加并不具备持续性（王斌和宋春霞，2015）、适用于短期的报表粉饰需要（陈共荣等，2016）、盈余可能在短期内反转（谢德仁和廖珂，2018）。实际上，控股股东只需要在股权质押期内进行正向盈余管理，如果这个时间较短，自然可以使用传统的应计盈余管理工具，而控股股东如果在较长时间进行股权质押，那么上述真实活动盈余管理和应计盈余管理的"组合拳"以及混合盈余管理行为就可以派上用场了。至于谢德仁和廖珂（2018）指出的应计盈余管理意味着要通过会计政策和会计估计的变更来进行盈余管理，通过分析也可以发现无须如此，无论是本文提到的应计盈余管理工具，还是其他文献中提到的开发支出资本化（谢德仁等，2017）

---

① 根据 CAS33（2014）第四十八条，"企业因追加投资等原因能够对非同一控制下的被投资方实施控制的，在合并财务报表中，对于购买日之前持有的被购买方的股权，应当按照该股权在购买日的公允价值进行重新计量，公允价值与其账面价值的差额计入当期投资收益。"

以及财务重述（齐鲁光和李曼曼，2022）均不涉及会计政策和会计估计变更。

总之，在控股股东进行股权质押时，上市公司会同时使用真实活动盈余管理和应计盈余管理进行正向盈余管理。股权质押的比例越高，盈余管理的程度也越高。综上，本文提出如下假设。

假设 H1：控股股东的股权质押与上市公司的盈余管理呈现为正相关的关系，盈余管理包括应计盈余管理和真实活动盈余管理。

四、研究设计

（一）样本选择与数据来源

本文的研究样本选自 2004—2021 年沪深 A 股上市公司，研究数据来源于 CSMAR 数据库。在删除金融行业相关公司和数据缺失公司样本的基础上，对连续变量进行 1% 的双边 Winsorize 缩尾，最终得到了 36 088 个研究样本。

（二）变量定义和说明

1. 应计盈余管理

本文使用修正的琼斯模型（Dechow et al., 1995）来度量公司应计盈余管理的程度，修正的琼斯模型考虑到了营业利润和经营活动现金流的偏离，对于不产生现金流的营业利润增量非常敏感，当一项经济业务只提升营业利润但不产生现金流时，根据上述模型计算出的操纵性应计利润会显著为正，反映出正向盈余管理程度高。上文提到的混合盈余管理行为，如公司对被投资单位增减投资所导致的成本法与权益法的"跨界"，相应股权公允价值重新计量所产生的投资收益，就属于没有现金流支撑情况下提高营业利润的一种类型，容易被修正的琼斯模型甄别出来。

2. 真实活动盈余管理

借鉴苏加塔·罗伊乔杜里（Roychowdhury S, 2006）的研究方法，本文使用异常经营现金净流量（R_ CFO）、异常产品成本（R_ PROD）和异常可操控性费用（R_DISX）这三个指标来衡量真实盈余管理水平。模型中并不涉及营业利润或净利润变量，这就导致与营业收入、营业成本、存货、经营活动现金流、管理费用以及销售费用无关的指标（例如投资收益）发生显著变化时，不能被 Roychowdhury 模型捕捉到，即使这是一项真实活动盈余管理行为。

3. 股权质押

本文参考相关文献，选取控股股东年末的股权质押率为连续变量，使用年末控股股东未解押的股数占其所持总股数的比例来进行衡量。

4. 控制变量

参考相关研究文献，本文选取公司规模、资产负债率、总资产收益率、营业收入增长率、董事会规模、两职合一、董事会独立性、是否四大会计师事务所审计和产权属性为控制变量。相关变量的定义如表 1 所示。

表 1 主要变量定义

变量名称	变量符号	变量定义
应计盈余管理	DA	修正的琼斯模型（Dechow et al., 1995）
真实活动盈余管理	REM	参照苏加塔·罗伊乔杜里（Roychowdhury S, 2006）
股权质押比例	Ratio	年末控股股东股权质押数量除以股股东持股总数
公司规模	Size	年末总资产的自然对数
资产负债率	Lev	负债总额/资产总额
总资产收益率	ROA	净利润/年末总资产
成长能力	Growth	营业收入增长率
董事会规模	Directors	董事会人数的自然对数
两职合一	Dual	董事长和总经理是否两职合一，如是取 1，不是取 0
董事会独立性	Independent	独立董事人数除以全体董事人数的比值
是否由四大会计师事务所审计	Big4	四大审计取值为 1，否则为 0
产权属性	SOE	国有控股取值为 1，否则为 0

（三）模型设定

本文构建模型 1 和模型 2 来检验假设 H1，模型 1 以上市公司的应计盈余管理（DA）为被解释变量，以控股股东股权质押（Ratio）为解释变量，除控制变量（Control）外，模型还控制了行业（Ind）和时间（Year），来检验控股股东股权质押与应计盈余管理之间的关系：

$$DA = \alpha_0 + \alpha_1 Ratio + \beta \sum Control + \sum Ind + \sum Year + \varepsilon \quad (1)$$

预计 Ratio 系数的结果为正，意味着控股股东的股权质押比例越高，公司正向应计盈余管理的程度越高。

模型 2 以上市公司的真实活动盈余管理（REM）为被解释变量，以控股股东股权质押（Ratio）为解释变量，并控制其他因素的影响，来检验控股股东股权质押与真实活动盈余管理之间的关系：

$$REM = \alpha_0 + \alpha_1 Ratio + \beta \sum Control + \sum Ind + \sum Year + \varepsilon \quad (2)$$

同样，预计 Ratio 系数的结果也为正，意味着控股股东的股权质押比例越高，公司正向真实活动盈余管理的程度越高。

五、实证结果与分析

（一）描述性统计

表 2 为本文变量的描述性统计结果，结果显示，应计盈余管理的均值为 0.002，标准差为 0.091，最大值和最小值分别为 0.315 和 -0.308；真实活动盈余管理的均值为 -0.014，标准差为 0.135，最大值和最小值分别为 0.495 和 -0.464，说明不同上市公司盈余管理在程度和方向上存在较大差异。Ratio 的均值为 0.132，中位数为 0.000，最大值 1.000，最小值为 0.000，说明不同上市公司控股股东的股权质押存在较大差异。其他控制变量均处于合理的区间，Growth 的平均值为 0.190，中位数为 0.112，说明不同上市公司间增长率的差异较大。Dual 的均值为 0.229，说明有 22.9% 的样本公司董事长和总经理两职合一。Big4 均值为 0.059，说明 5.9% 的样本公司为四大会计师事务所审计。SOE 的均值为 0.213，说明 21.3% 的样本公司为国有控股公司。

表 2 主要变量描述性统计

VarName	Obs	Mean	SD	Min	Median	Max
REM	36088	-0.014	0.135	-0.464	-0.018	0.495
DA	36088	0.002	0.091	-0.308	0.003	0.315
Ratio	36088	0.132	0.262	0.000	0.000	1.000
Size	36088	21.972	1.301	19.063	21.811	25.888
Lev	36088	0.469	0.219	0.052	0.463	1.161
ROA	36088	0.027	0.080	-0.398	0.032	0.205
Growth	36088	0.190	0.505	-0.664	0.112	3.335
Directors	36088	2.147	0.206	1.609	2.197	2.708
Dual	36088	0.229	0.420	0.000	0.000	1.000
Independent	36088	0.371	0.054	0.273	0.333	0.571
Big4	36088	0.059	0.236	0.000	0.000	1.000
SOE	36088	0.213	0.410	0.000	0.000	1.000

(二) 实证结果与分析①

如表3所示，表中第（1）列显示了因变量为应计盈余管理（DA）的回归结果，Ratio的系数为正，t统计量为6.92，显著性水平小于1%，说明Ratio与DA之间存在正向关系，反映出控股股东进行高股权质押的公司倾向于更高的正向应计盈余管理。表中第（2）列显示了因变量为真实活动盈余管理（REM）的回归结果，Ratio的系数为正，t统计量为3.46，显著性水平为1%，说明Ratio与REM之间存在正向关系，反映出控股股东进行高股权质押的公司倾向于更高的正向真实活动盈余管理。换句话说，控股股东高股权质押的公司会同时采取应计盈余管理和真实活动盈余管理来提高盈利。因此，研究假设H1通过检验。

---

① 本文使用了替代变量、倾向得分匹配等方法进行稳健性检验，由于篇幅限制，稳健性检验及其结果未予列示，需要者可向作者索取。

表3 H1的检验结果

	(1) DA	(2) REM
Ratio	0.012*** (6.92)	0.010*** (3.46)
Size	0.000 (1.07)	-0.010*** (-13.55)
Lev	-0.007*** (-2.96)	0.061*** (15.26)
ROA	0.506*** (80.70)	-0.097*** (-9.51)
Growth	-0.009*** (-10.02)	-0.035*** (-23.99)
Directors	0.007*** (2.76)	0.004 (0.89)
Dual	0.001 (0.86)	0.000 (0.15)
Independent	0.021** (2.28)	0.015 (1.00)
Big4	-0.011*** (-5.72)	-0.006** (-1.97)
SOE	0.003** (2.06)	0.007*** (3.52)
_cons	-0.034*** (-2.86)	0.151*** (7.71)
N	36088	36088
R2_A	0.200	0.050
F	87.688	19.126
Indcd	yes	yes
Year	yes	yes

t statistics in parentheses
* $p<0.1$, ** $p<0.05$, *** $p<0.01$

在控制变量中，营业收入的增长率（Growth）在两个模型中的系数均为负，说明高增长的公司倾向于进行负向盈余管理使收入增长更加平稳。四大审计（Big4）的上市公司进行盈余管理的程度更低。国有控股企业

（SOE）更可能进行正向盈余管理。此外，高财务杠杆（Lev）的公司更可能进行真实活动盈余管理而非应计盈余管理。高资产收益率（ROA）的公司更倾向于应计盈余管理而非真实活动盈余管理。两职合一（Dual）虽然会提升盈余管理的程度，但并不显著。

六、结论与建议

本文主要探讨大股东股权质押与公司盈余管理的相关关系，结论如下。

（1）上市公司大股东通过股权质押进行融资时，会担心因股价下降导致强制平仓从而丧失控制权，会有动机地进行盈余管理行为。实证研究显示，控股股东的股权质押与上市公司的真实盈余管理呈现正相关的关系；控股股东的股权质押与上市公司的应计盈余管理同样呈现正相关的关系。或者说，控股股东股权质押比例越高，公司正向真实活动盈余管理和应计盈余管理的程度也越高。

（2）真实活动盈余管理和应计盈余管理之间为互补关系，而不是王斌和宋春霞（2015）等文献所认为的替代关系。第一，应计盈余管理手段可能是真实活动盈余管理的后续手段；第二，存在混合真实活动盈余管理和应计盈余管理的盈余管理工具。

本文通过探讨大股东股权质押与公司盈余管理的相关关系，提出以下建议。

第一，监管部门应该加强对控股股东股权质押的监管和限制。股权质押虽然是一种普遍的融资手段，但是如果控股股东过度质押股权，可能会对公司的财务稳定性和透明度产生负面影响。因此，监管部门应该加强对股权质押风险的监测和评估，并制定相应的政策和措施，限制控股股东过度质押股权的情况发生。特别是当控股股东股权质押率较高时，应加强对控股股东资金用途、财务和经营状况等相关信息的披露。

第二，投资者应该重视控股股东股权质押的情况，并在评估公司的投资价值时进行考虑。当投资者发现某个公司控股股东存在高比例的股权质押时，应该更加关注该公司财务报告的真实性和财务风险。

参考文献

[1] Roychowdhury S. Earnings management through real activities manipulation [J]. Journal of Accounting and Economics. 2006，42（3）：335-370.

[2] Gunny K A. The Relation Between Earnings Management Using Real Activities Manipulation and Future Performance：Evidence from Meeting Earnings Benchmarks [J]. Contemporary Accounting Research，2010，27（3）：855-888.

[3] 王斌，宋春霞. 大股东股权质押、股权性质与盈余管理方式 [J]. 华东经济管理，2015，29（08）：118-128.

[4] 谢德仁，廖珂. 控股股东股权质押与上市公司真实盈余管理 [J]. 会计研究，2018（08）：21-27.

[5] 曹志鹏，朱敏迪. 控股股东股权质押、股权结构与真实盈余管理 [J]. 南方金融，2018（10）：49-58.

[6] 金舒婷. 企业生命周期、大股东股权质押与盈余管理 [J]. 财会通讯，2019，(33)：73-76.

[7] 南星恒，孙雪霞. 控股股东股权质押、企业社会责任与真实盈余管理 [J]. 投资研究，2020，39（01）：60-76.

[8] 廖湘岳，徐东晓. 控股股东股权质押对真实盈余管理的影响研究 [J]. 财会通讯，2022（12）：48-52.

[9] 陈共荣，李婧怡，蔡树人. 大股东股权质押对盈余管理的影响研究 [J] 会计之友，2016（14）：12-17.

[10] 谢德仁，廖珂，郑登津. 控股股东股权质押与开发支出会计政策隐形选择 [J]. 会计研究，2017（3）：30-38.

[11] 齐鲁光，李曼曼. 控股股东股权质押与财务重述 [J]. 华东经济管理，2022，36（07）：118-128.

[12] 李常青，李宇坤，李茂良. 控股股东股权质押与企业创新投入 [J]. 金融研究，2018（07）：143-157.

[13] 王雄元，欧阳才越，史震阳. 股权质押、控制权转移风险与税收规避 [J]. 经济研究，2018，53（01）：138-152.

［14］张晓庆，马连福，高塬．控股股东股权质押、控制权转移风险与广告投入［J］．经济管理，2022，44（01）：140-158．

［15］耿建新，徐同．合并财务报表准则的历史沿革、国际比较与展望［J］．财会月刊，2020，880（12）：48-59．

［16］Dechow Patricia M.，Sloan Richard G..Detecting Earnings Management［J］．Accounting Review，1995，70（2）：193-225．

基于三权分置的数据资产确权研究：法律文书视角[1]

王献东[2]

摘　要　数据作为五大生产要素之一，在经济发展中扮演着越来越重要的角色，并且以数据资源和数据资产的形式体现在企业的生产经营活动中。文章通过分析腾讯、淘宝等头部企业涉诉案例以及相关典型案例，从法律文书的视角，基于数据资源持有权、数据加工使用权和数据产品经营权的三权分置，结合会计确认，探讨数据资产的确权方式与确权途径。文章指出了数据资产权属界定的一般规则，丰富了数字金融的内涵和外延。

关键词　数据资源持有权　数据加工使用权　数据产品经营权　数据资产确权

一、引言

2023 年，我国数据生产总量达 32.85 ZB，同比增长 22.44%，数据存储总量为 1.73ZB，新增数据存储量为 0.95ZB（国家工业信息安全发展研究中心，2024）。据中国信通院（CAIT）测算，2022 年，我国数字经济总量在 GDP 中所占比重达到 41.5%，绝对值高达 50.2 万亿元。2022 年 12

---

[1]　基金项目：企业课题"人工智能在财会领域的应用研究"，2024。
[2]　王献东，北京联合大学应用科技学院教师，注册管理会计师（CMA）。

月,《中共中央 国务院关于构建数据基础制度更好发挥数据要素作用的意见》(简称"数据二十条")第三条指出:建立数据资源持有权、数据加工使用权、数据产品经营权等分置的产权运行机制,推进非公共数据按市场化方式"共同使用、共享收益"的新模式。2023年8月,财政部印发的《企业数据资源相关会计处理暂行规定》(简称"规定")指出,企业应当按照企业会计准则相关规定,根据数据资源的持有目的、形成方式、业务模式,以及与数据资源有关的经济利益的预期消耗方式等,对数据资源相关交易和事项进行会计确认、计量和报告。美国财务会计准则委员会在第五号财务会计概念公告(SFAC NO.5)中将"确认"定义为:把一个事项作为一项资产、负债、收入和费用等正式加以记录和列入财务报表的过程。按照"规定",数据资源可以作为一项资产列入资产负债表,至于哪些数据资源可以列入,首先要解决的问题就是数据资产的确权。

文章基于数据资产的三权分置,从法律文书[1]的视角,结合"规定"的精神,探讨数据资产的确权方式与确权途径。

二、数据资产确权

当市场交易存在成本时,如果初始的权利界定不当,很可能影响资源的最终配置并带来社会福利损失(Coase, 1960)。龚强等(2022)认为,依据数据的"场景专用性"特点,基于不完全契约理论,数据交易存在"数据安全"与"数据流通"的悖论,数据资产的交易要从传统的"数据所有权交易"转变为"数据使用权交易"。以数据收益分配为主导建构交易制度(杨东等,2024)。

"数据二十条"搁置了数据所有权的争执,提出了"数据资源持有权、数据加工使用权、数据产品经营权"三权分置的数据资产产权运行机制,体现了"谁持有谁受益、谁加工谁受益、谁投入谁受益"的数据资产权利原则,而且"加工"和"投入"的受益权高于持有的受益权,有效促进了

---

[1] 文章援引的法律文书,均来自中国裁判文书网,网址:https://wenshu.court.gov.cn/。

数据资源的转化和价值实现。

数据资产确权和法律保护，目前主要依照《中华人民共和国著作权法》《中华人民共和国反不正当竞争法》《中华人民共和国个人信息保护法》《中华人民共和国数据安全法》《中华人民共和国网络安全法》《中华人民共和国刑法》等法律法规加以规制。数据资产确权，在实践中表现为市场主体在数据交易所的登记。数据交易所一般会审核数据资产的基础信息、质量评估报告和价值评估报告，但仅限于形式审核。

三、数据资源持有权

1. 原始数据的权益

数据可以分为原始数据和衍生数据。

某民事判决书认为，原始网络数据，只是对网络用户信息进行了数字化记录的转换，网络运营者虽然在此转换过程中付出了一定劳动，但原始网络数据的内容仍未脱离原网络用户信息范围，网络运营者对于原始网络数据仍应受制于网络用户对于其所提供的用户信息的控制，而不能享有独立的权利，网络运营者只能依其与网络用户的约定享有对原始网络数据的持有权和一定的使用权。

某民事判决书认为，数据作为新的生产要素，是经济社会发展的基础资源和创新引擎。在使用《中华人民共和国反不正当竞争法》对数据权益进行保护时，既要肯定数据收集者的利益，又要考虑新技术运用对数据开放、共享、流通和运用的需求，充分权衡不同主体之间的利益，保障社会利益最大化。用户因注册、浏览、交互式参与等行为在平台留下的原始数据，如果平台在收集数据后，没有投入更多的成本将这些数据作为重要资源予以运营和保护，则不宜因平台主张利益就对其进行保护，否则将导致数据封闭和数据垄断，不利于数字经济的发展。A公司收集的游戏用户的账号信息及参与游戏的相关数据，均属于原始数据。B公司收集这些原始数据的行为，不构成对A公司合法权益的损害。

对于包括但不限于个人、企事业单位、社会团体等各数据来源者所持有的或拥有的各类原始数据，仅收集原始数据而未进行数据处理的，不能享有相关数据权益。按照"规定"，该类原始数据只能列为数据资源，不能入表。

2. 衍生数据的权益

衍生数据是经营者在原始数据基础上开发处理的经营性成果，经营者应享受相关权益。通过数据产品所建立的信息共享和服务，维持用户流量和用户黏性，使数据产品具有场景感知性。某民事判决书认为，互联网经济即注意力经济，用户注意力体现为用户数量以及用户所浏览页面数量等相关数据指标，即流量，流量越高则意味着更高的关注度和更大的财产价值。C公司为研发、推广和运行平台服务付出了巨大的人力、物力和财力，平台已形成拥有庞大用户群体的平台生态系统，具有较高的市场知名度和良好的商业信誉，C公司作为平台软件的共同权利人及运营商，其对平台软件涉案数据所产生的衍生性商业价值，具有正当合法利益。C公司由此获得网络用户注意力和与此相关的正当商业利益及竞争优势应当受到法律保护。

按照"规定"，该类原始数据由于形成生态系统、较高的市场知名度和良好的商业信誉而被认定为衍生数据，具有衍生性商业价值，应列为数据资产，在资产负债表列报。

3. 撞库与非法抓取

《中华人民共和国数据安全法》第八条规定，通过绕开、破解他人设置的反爬虫技术措施，包括但不限于检测UA来控制访问、限制IP及访问次数、设置验证码或滑动条等，而获得的原始数据，不能确认数据权益。

某民事判决书中，法院认为，D公司通过撞库方式破解E公司等网站付费会员的账户、密码后，登录该网站获取涉案经销商数据库信息为己所用，违背了公认的社会道德，构成不正当竞争行为。

某刑事判决书中，法院认为，F公司等违反国家规定，采用突破或规避被害单位反爬虫安防措施的技术手段获取非公开信息，构成非法获取计算机信息系统数据罪。

某民事判决书中，法院认为，Robots协议只涉及抓取数据的行为是否符合公认的行业准则，不能以此为由确定其合法性，未经许可使用或利用数据时应遵循"最少、必要"原则，兼顾数据互联互通和多方主体的利益，超出必要限度的数据爬取、利用行为会破坏正常的产业生态，造成负面影响，损害消费者利益。

从以上案例和分析可以看出，无实质性加工的，如未经非公开数据处理者授权，以机器人抓取、网络爬虫爬取等自动化工具访问数据库并获得的数据，不能认定数据权益。合法地持有数据资源受到法律的保护，非法持有数据不能认定数据资源持有权。

四、数据加工使用权

1. 创新性劳动

根据"数据二十条"，企业对数据进行创新性加工的，对于经过创新性劳动的数据资产享有持有权和使用权。共享、动态的数据资源通过新的资源编排方式创造出全新的价值创造范式，从而成为企业新的重要战略性资源（Amit & Han，2017）。

对于某案件，法院认为，G 公司利用公开的商标公告资料开发了商标信息数据库和查询软件，有偿供用户查询，并对外销售查询系统。数据本身不构成作品，不具备独创性，但 G 公司对数据进行了有独创性的选择或者编排，而经过选择或者编排后所形成的作品作为一个整体可以作为汇编作品获得著作权法保护。G 公司对公开资料中的商标信息进行提取、分类和整理，对后续变更情况进行汇总，并加入自定义的字段信息等，其对商标数据的编排和整理体现出独创性。

某民事判决书认为，"生意参谋"数据产品将巨量枯燥的原始网络数据通过一定的算法过滤，整合成适应市场需求的数据内容，形成大数据分析，并直观地呈现给用户，能够带给用户全新的感知体验，已不是一般意义上的网络数据库，而是网络大数据产品。网络大数据产品不同于原始网络数据，其提供的数据内容虽然源于网络用户信息，但其是经过网络运营者大量的智力劳动成果投入，经过深度开发与系统整合，最终呈现给消费者的数据内容，已独立于网络用户信息、原始网络数据之外，是与网络用户信息、原始网络数据无直接对应关系的衍生数据。网络运营者对于其开发的大数据产品，应当享有自己独立的财产性权益。

随着互联网科技的迅猛发展，网络大数据产品虽然表现为无形资源，但可以被运营者实际控制和使用，网络大数据产品应用于市场能为网络运营者带来相应的经济利益。随着网络大数据产品市场价值的日益凸显，网络大数据产品自身已成为市场交易的对象，已实质性具备了商品的交换价值。"生意参谋"在帮助商户提高经营水平的同时，也为H公司带来了可观的商业利益与市场竞争优势。"生意参谋"数据产品是H公司的劳动成果，其所带来的权益，应当归H公司所享有。

按照"规定"，经过提取、分类和整理，其编排体现出独创性的创新性劳动加工后的数据，应列为数据资产，在资产负债表列报。

2. 实质性加工

史蒂夫·拉瓦勒等（Lavalle, S., Lesser, E., Shockley, R., et al., 2011）研究发现，经过分析的数据所发现的结果能够指导企业的商业行为进而创造数据价值。根据"数据二十条"，企业为数据的收集、处理及产品化而直接发生人力资源、资金、知识产权、算法、算力等投入的，以及为维护产品数据运行和安全而投入资金及人力的，企业享有数据加工使用权。

某民事判决书认为，在当前的市场环境下，数据已经逐渐成为经营者，尤其是互联网经营者之间相互竞争的基础性资源。经营者获得数据意味着可据此进行分析并改进、完善产品功能，从而获得更多的经营利益。当经营者为收集、整理数据，以及维护其互联网产品中的数据运行和安全而付出成本，且该种数据整体上可为经营者进行衍生性利用或开发从而获得进一步的经营利益时，其他经营者未经许可擅自抓取且使用平台数据的行为，可以在反不正当竞争法的范围内调整权益关系。I公司所主张的涉案数据虽来源于微博用户，但并非零散且相对独立的数据简单集合，而是进行了数据安全保护等加工后形成的数据。

经过长期经营达到一定规模且持续经营，其数据价值远高于单一数据，数据产品具有场景感知性。某民事判决书认为，涉案"生意参谋"数据产品中的数据内容虽然来源于原始用户信息数据，但 H 公司经过深度开发，已不同于普通的网络数据。该产品所提供的数据内容不再是原始网络数据，而是在巨量原始网络数据基础上通过一定的算法，经过深度分析过滤、提炼整合以及匿名化脱敏处理后而形成的预测型、指数型、统计型的衍生数据。该产品呈现数据内容的方式是趋势图、排行榜、占比图等图形，提供的是可视化的数据内容。

五、数据产品投资与数据产品经营权

根据"数据二十条"，企业对数据产品进行投资的，享有数据产品经营权。对数据产品的选择、组织和呈现方式具有个性化特性，形成用户依赖，具有场景感知性。

1. 持续投资并形成派生于产品呈现方式的用户习惯而形成的经营权

某民事判决书认为，作为金融信息服务的终端产品，J 产品的核心是指标体系。J 指标体系中虽然包括了股票、期货、债券等常见指标，但 K 公司在海量指标中选择出了特定指标，并按照自己的方式组织、编排，从而形成了 J 独有的指标体系，没有证据显示 J 指标体系与同类产品的指标体系雷同。在这个独有的指标体系基础上，形成了特有的报表体系，进而衍生出特有的模块，这些最终导致了与其相关的页面呈现出独特性，赋予了 J 产品个性化的特点。

J 产品问世较早，且曾获得较高的市场占有率，故 K 公司对金融数据的选择、组织和呈现方式会在一定程度上培养出用户习惯，而在其后产生的产品争夺客户则取决于用户作别已有习惯的决心，故派生于产品呈现方式的用户习惯在这里成为一个宝贵的竞争因素。此外，J 产品设计了 Excel 插件，通过赋予指标特定的公式，使得金融信息可以导入 Excel 表格进行运算。这些都是 K 公司在诉讼中强调客户路径依赖的原因所在。

持续经营和投资的过程中，派生于产品呈现方式的用户习惯而形成的客户路径依赖，主体具有数据产品经营权。按照"规定"，应列为数据资产，在资产负债表列报。

2. 投资数据资产形成的经营权

某民事判决书认为，L 公司被美国拳头公司、韩国新人类股份有限公司和韩国笑门信息科技有限公司分别授权，取得游戏《英雄联盟》《地下城与勇士》《穿越火线》在我国大陆独家代理运营的权利，L 公司有权主张涉案网络游戏的著作财产权。

六、结论

某涉数据抓取交易不正当竞争纠纷案是国内首例非法调用服务器 API 接口获取数据予以交易转卖的案件，法院终审判决某两公司依法赔偿 M 公司损失 2000 万元。

从以上司法案例可以看出，数据持有权分为合法持有和非法持有。合法持有的数据，持有者必须通过付出，包括但不限于创新性劳动、人力、物力、投资等，所产生的收益才能归付出者所有。数据资产确权，实际上确认的是市场主体是否有所付出。

参考文献

[1] Coase R H. The Problem of Social Cost [J]. Journal of Law & Economics, 1960, 3: 1-44.

[2] 龚强，班铭媛，刘冲. 数据交易之悖论与突破：不完全契约视角 [J]. 经济研究，2022，57（07）：172-188.

[3] 杨东，高一乘. 赋能新质生产力发展：企业数据资产"确权"的三重维度 [J]. 商业经济与管理，2024（04）：83-93.

[4] Amit R, Han X. Value creation through novel resource configurations in a digitally enabled world [J]. Strategic Entrepreneurship Journal, 2017, 11 (3): 228-242.

[5] LaValle, S., Lesser, E., Shockley, R., Hopkins, M. S. and Kruschwitz, N. Big Data, Analytics and the Path from Insights to Value [J]. MIT Sloan Management Review, 2011, 52: 21-22.

短视频对哈尔滨冰雪旅游的影响因素分析

吴 霞[①] 王彦芳[②]

摘 要 本文探讨了短视频在哈尔滨冰雪旅游中的营销效果，通过4I理论构建并验证假设模型。采用问卷调查法，分析了短视频的趣味性、利益性、互动性和个性化对旅游意愿的影响。结果显示，趣味性和个性化对旅游意愿有直接正向影响，而利益性和互动性通过情感认同的中介作用间接影响旅游意愿。研究提出了提升短视频内容趣味性和个性化、加强情感认同、利用社交媒体扩大影响力和强调可持续旅游的策略建议，旨在促进旅游业发展和提升旅游目的地的品牌形象。

关键词 短视频 4I理论 结构方程 中介效应 哈尔滨冰雪旅游

一、绪论

在过去几年里，中国的互联网发展迅速，在这一背景下，短视频与旅游业的结合起到了"病毒式传播"的作用。短视频平台上的热门旅游目的地或景点的视频内容吸引用户点击和分享，迅速在社交媒体上传播。或者通过旅游达人或内容主播（网红）在短视频中展示各种旅行体验或推荐特

---

① 吴霞，副教授，硕士研究生导师，研究方向为财务管理。
② 王彦芳，讲师，研究方向为审计实务。通讯作者，E-mail：yykjtwangyanfang@buu.edu.cn。

色景点，吸引粉丝和观众的转发与关注，间接增强相关景点或目的地的热度，促进旅游消费。此外，旅游部门或旅游机构还利用娱乐性和趣味性的短视频形式发布各种文旅主题的宣传片或广告，进行产品营销和品牌推广。

深入了解短视频在哈尔滨冰雪旅游中的主要影响因素对于推动旅游行业的发展具有重要意义。

二、调查方案

本研究对象聚焦于18~35岁的年轻人，他们是旅游消费的主力军。调查方法包括问卷调查法和文案调研法。问卷调查法因其经济高效、数据收集快速、覆盖面广等优点而被采用，同时网络问卷系统减少了数据处理错误，提高了问卷的可靠性。文案调研法则通过分析现有文献和资料，为问卷设计提供理论和技术支撑。

通过这些调查为地方短视频的发展提供有针对性的指导，以更好地满足用户需求，推动文旅业的进步与发展。

三、研究假设与研究设计

(一) 研究假设

本次调查的理论基础是4I营销理论。以互联网思维为前提，强调自媒体环境下的"病毒式传播"，其具体内容包括趣味原则（Interesting）、利益原则（Interests）、互动原则（Interaction）、个性原则（Individuality），强调在传播时传播主体要注重内容的趣味性，以消费者为中心，关系为目的，重视用户的体验和利益。

结合短视频的特点，将短视频趣味性（QW）、利益性（LY）、互动性（HD）、个性化（GX）设置为4个自变量，参考包亚芳（2023）提出的"情感认同—行动参与—创新发展"的观点，在模型中引入情感认同（QG）作为中介变量，旅游意愿（YY）为因变量。探究短视频在哈尔滨冰雪旅游业中各因素的影响力大小。研究提出如表1所示的假设。

表1 研究假设

假设编号	假设内容
H1	短视频趣味性对促进用户旅游意愿具有显著的正向影响
H2	短视频利益性对促进用户旅游意愿具有显著的正向影响
H3	短视频互动性对促进用户旅游意愿具有显著的正向影响
H4	短视频个性化对促进用户旅游意愿具有显著的正向影响
H5	短视频趣味性能够正向影响用户情感认同
H6	短视频利益性能够正向影响用户情感认同
H7	短视频互动性能够正向影响用户情感认同
H8	短视频个性化能够正向影响用户情感认同
H9	情感认同能够正向影响用户旅游意愿
H10	情感认同在短视频趣味性与促进用户旅游意愿关系间具有中介作用
H11	情感认同在短视频利益性与促进用户旅游意愿关系间具有中介作用
H12	情感认同在短视频互动性与促进用户旅游意愿关系间具有中介作用
H13	情感认同在短视频个性化与促进用户旅游意愿关系间具有中介作用

（二）研究设计

调查研究采用结构方程模型（SEM）进行统计分析，调研问卷由两部分组成，分别是基本信息部分和量表设计部分。调研基本信息部分主要是对被调查者的旅游偏好等基本信息的收集，共计14个题项；量表设计部分主要是针对4I理论选取了短视频的趣味性、利益性、互动性和个性化作为自变量，以用户情感认同为中介变量，以旅游意愿为因变量。问卷量表题采用李克特5级量表进行程度衡量。

四、数据检验

本次调研采用随机抽样的方法，收回问卷304份。对所得问卷进行筛选，剔除答案选项完全一致或答题时间短于40秒的问卷24份，最终获得有效问卷280份，问卷有效率为92.11%。

（一）信度检验

信度检验结果如表2所示，模型中所有变量的Cronbach's α 都大于

0.9，组成信度 CR 都大于 0.9，这说明每个变量中所有观察变量一致性地解释该变量，变量具有较好的建构信度。观测变量的标准化载荷系数都大于 0.6，说明该问卷的信度非常好。

表2 变量信度和效度分析表

变量	观察变量	标准化载荷系数	Cronbach's α	CR	AVE
趣味性	QW1	0.94	0.954	0.954	0.873
	QW2	0.923			
	QW4	0.94			
利益性	LY1	0.934	0.951	0.952	0.833
	LY2	0.948			
	LY3	0.939			
	LY4	0.846			
互动性	HD1	0.923	0.961	0.962	0.862
	HD2	0.941			
	HD3	0.938			
	HD4	0.912			
个性化	GX1	0.925	0.959	0.959	0.855
	GX2	0.925			
	GX3	0.956			
	GX4	0.89			
情感认同	QG1	0.933	0.921	0.934	0.829
	QG2	0.932			
	QG3	0.838			
旅游意愿	YY3	0.936	0.923	0.924	0.859
	YY4	0.917			

（二）效度检验

效度检验结果如表3所示，问卷的 KMO 值为 0.96，Bartlett 球形度检验的结果显著性指标为 0.000[***]，具有良好的结构效度。表2中的 AVE 是平均方差萃取量，即收敛效度，经监测各变量的 AVE 值都大于 0.5，说明该模型具有良好的收敛程度。

表3 变量KMO和Bartlett检验球形度检验结果

KMO 值		0.96
Bartlett 球形度检验	近似卡方	9020.419
	自由度 df	190
	显著性 P	0.000***

注：***、**、*分别代表1%、5%、10%的显著性水平

区别效度参考皮尔逊相关系数，检验发现对角线值都大于下三角区域内的值，表明变量自身内部的相关性大于变量与变量之间的相关性，表明变量之间具有很好的区别效度（见表4）。

表4 变量区分度分析

	趣味性	利益性	互动性	个性化	情感认同	旅游意愿
趣味性	0.934					
利益性	0.936	0.913				
互动性	0.808	0.816	0.928			
个性化	0.863	0.877	0.755	0.925		
情感认同	0.804	0.835	0.91	0.804	0.91	
旅游意愿	0.9	0.908	0.84	0.875	0.891	0.927

注：***、**、*分别代表1%、5%、10%的显著性水平，斜对角线数字为该因子AVE的根号值

（三）随机性检验

在进行信度和效度检验之后，使用游程检验的方法来检验调研所得到数据的随机性。游程检验是用于检验某一事件的发生是否是随机的一种方法，通过游程检验分析每个分析项是否呈现出显著性（P<0.05），若呈显著性，拒绝原假设，说明数据为非随机数据，反之则说明呈现随机性。假设检验问题如下。

原假设H0：调研序列样本数据表现样本随机性。

使用软件对"旅游的喜爱程度""初次了解哈尔滨冰雪文旅的渠道""性别""年龄段"4个分类变量进行随机检验。显著性P值都大于0.05，水平上不呈现显著性，不能拒绝原假设，因此样本为随机样本（见表5）。

表 5　游程检验结果

名称	样本量	Z	P
旅游的喜爱程度	280	0.511	0.610
初次了解哈尔滨冰雪文旅的渠道	280	1.119	0.263
性别	280	−0.495	0.113
年龄段	280	−1.393	0.164

注：***、**、* 分别代表 1%、5%、10%的显著性水平

五、数据分析

（一）描述性分析

1. 样本基本信息分析

样本基本信息如表 6 所示。

表 6　样本基本信息描述统计分析

名称	选项	频数	百分比（%）
性别	女	171	61.071
	男	109	38.929
年龄段	18 岁以下	49	17.5
	18~29 岁	185	66.071
	30~44 岁	25	8.929
	45~60 岁	18	6.429
	60 岁以上	3	1.071
学历	本科以下	150	53.571
	本科	120	42.857
	研究生或以上	10	3.572

2. 对变量的描述性分析

量表题采用的是李克特 5 级量表对符合程度进行打分，结果如表 7 所示。

表7 各变量描述统计分析

变量名称	最大值	最小值	平均值	标准差
趣味性	5	1	4.232	0.954
利益性	5	1	4.257	0.947
互动性	5	1	4.016	1.178
个性化	5	1	4.288	0.919
情感认同	5	1	4.145	1.009
旅游意愿	5	1	4.218	0.974

（二）实证分析

1. 假设验证

在前文研究假设和数据检验有效性基础上，利用SPSSPRO数据分析平台对SEM模型路径系数进行显著性检验，结果如表8所示。

表8 模型回归系数表

潜变量	→	显变量	标准化系数	标准误	Z	P	结论
趣味性	→	旅游意愿	0.286	0.093	3.084	0.002***	有效
利益性	→	旅游意愿	−0.013	0.139	−0.098	0.922	无效
互动性	→	旅游意愿	−0.164	0.073	−1.929	0.054*	无效
个性化	→	旅游意愿	0.417	0.14	3.347	0.001***	有效
趣味性	→	情感认同	−0.385	0.106	−3.974	0.000***	有效
利益性	→	情感认同	−0.103	0.068	−1.715	0.086*	无效
互动性	→	情感认同	0.887	0.019	44.377	0.000***	有效
个性化	→	情感认同	0.583	0.12	5.958	0.000***	有效
情感认同	→	旅游意愿	0.486	0.069	6.465	0.000***	有效

注：***、**、*分别代表1%、5%、10%的显著性水平

通过数据分析结果可以得出以下结论。

基于配对项趣味性→旅游意愿、个性化→旅游意愿、趣味性→情感认同、互动性→情感认同、个性化→情感认同、情感认同→旅游意愿的显著性P值在1%的水平上呈现显著性，则拒绝原假设，因此假设H1、假设H4、假设H5、假设H7、假设H8、假设H9路径有效。假设H2、假设H3

和假设 H6 路径无效。

模型路径如图 1 所示。

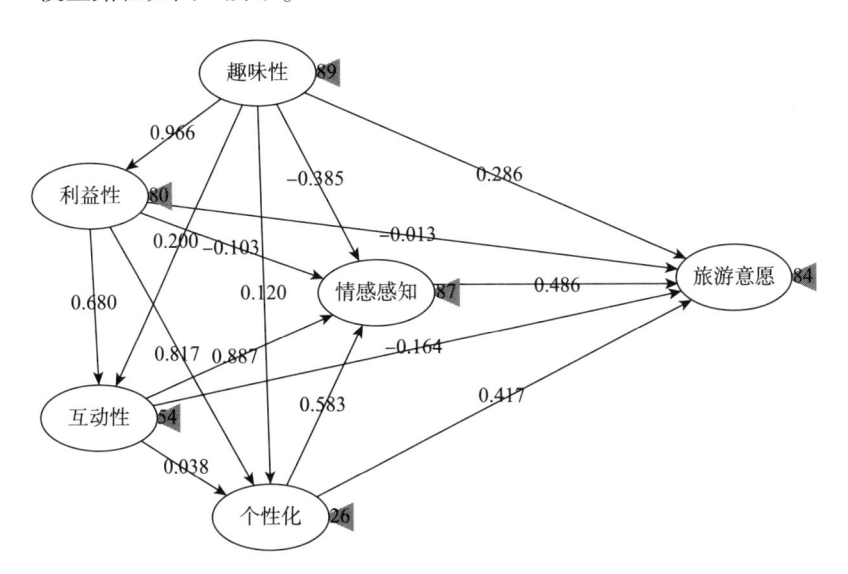

图 1　结构方程模型路径

在整体拟合系数表 9 中，GFI（拟合优度指数）的值为 1，RMSEA（近似误差均方根）的值为 0.118，可以接受；CFI（比较拟合指数）的值为 0.998，适配度良好；NNFI（非规范拟合系数）的值为 1.006，说明拟合的模型表现良好。综上所述，模型的整体拟合效果良好。

表 9　模型拟合系数表

χ^2	df	P	卡方自由度比	GFI	RMSEA	CFI	NFI	NNFI
—	—	>0.05	<3	>0.9	<0.10	>0.9	>0.9	>0.9
0	-6	NaN	0	1	0.118	0.998	1	1.006

注：***、**、* 分别代表 1%、5%、10% 的显著性水平

2. 中介效应验证

通过因果逐步回归检验法对模型进行中介作用效应检验，共包含三个模型，结果如表 10 所示。

表 10 中介效应回归模型系数表

	旅游意愿 系数	标准误	t	P	情感认同 系数	标准误	t	P	旅游意愿 系数	标准误	t	P
常数	0.068	0.101	0.678	0.498	0.185	0.105	1.759	0.080*	-0.013	0.09	-0.149	0.881
趣味性	0.22	0.065	3.396	0.001***	-0.08	0.068	-1.181	0.239	0.255	0.058	4.424	0.000***
利益性	0.298	0.068	4.395	0.000***	0.263	0.071	3.717	0.000***	0.182	0.062	2.942	0.004***
互动性	0.191	0.031	6.08	0.000***	0.478	0.033	14.615	0.000***	-0.021	0.037	-0.564	0.573
个性化	0.277	0.048	5.734	0.000***	0.293	0.05	5.808	0.000***	0.147	0.045	3.242	0.001***
情感认同									0.442	0.051	8.617	0.000***
R^2	0.878				0.876				0.904			
调整 R^2	0.876				0.874				0.902			
F	$F_{(4, 275)} = 495.684$ $P = 0.000***$				$F_{(4, 275)} = 486.611$, $P = 0.000***$				$F_{(5, 274)} = 517.017$, $P = 0.000***$			

注：***、**、* 分别代表1%、5%、10%的显著性水平

模型 1：自变量 X 与因变量 Y 进行回归模型构建。

旅游意愿=0.068+0.22×趣味性+0.298×利益性+

0.191×互动性+0.277×个性化

结果显示短视频的趣味性、利益性、互动性和个性化都与旅游意愿存在显著影响关系，回归系数分别为：0.22，0.298，0.191，0.277。

模型 2：自变量 X 与中介变量 M 进行回归模型构建。

情感认同=0.185-0.08×趣味性+0.263×利益性+

0.478×互动性+0.293×个性化

结果显示短视频的利益性、互动性和个性化三个因素与情感认同存在显著影响关系，回归系数分别为：0.263，0.478，0.293。

模型 3：自变量 X 和中介变量 M 一起与因变量 Y 进行回归模型构建。

旅游意愿=-0.013+0.255×趣味性+0.182×利益性-0.021×互动性+

0.147×个性化+0.442×情感认同

加入中介变量情感认同后，趣味性、利益性和个性化与旅游意愿存在显著影响关系，说明存在中介效应。

进一步进行中介效应检验发现，情感认同在利益性和旅游意愿中的中介作用明显，见表 11。利益性对旅游意愿的总效应值为 0.298，其中直接效应为 0.182，情感认同的中介效应为 0.116，假设 H11 得到完全验证；个性化对旅游意愿的总效应值为 0.277，其中直接效应为 0.147，情感认同在两者间的中介效应为 0.13，假设 H13 得到完全验证。此外，情感认同在趣味性与旅游意愿之间中介作用不显著，假设 H10 不成立；情感认同在互动性与旅游意愿之间存在遮盖作用，假设 H12 不成立。

表 11　中介效应检验结果汇总表

项	c 总效应	a	a（p 值）	c′直接效应	检验结论
趣味性=>情感认同=>旅游意愿	0.22	-0.08	0.239	0.255	中介作用不显著
利益性=>情感认同=>旅游意愿	0.298	0.263	0.000***	0.182	完全中介
互动性=>情感认同=>旅游意愿	0.191	0.478	0.000***	-0.021	遮掩作用
个性化=>情感认同=>旅游意愿	0.277	0.293	0.000***	0.147	完全中介

综上所述，得出假设验证结果如表 12 所示。

表 12　模型的假设检验结果汇总表

编号	假设内容	检验结论
H1	短视频趣味性对促进用户旅游意愿具有显著的正向影响	成立
H2	短视频利益性对促进用户旅游意愿具有显著的正向影响	不成立
H3	短视频互动性对促进用户旅游意愿具有显著的正向影响	不成立
H4	短视频个性化对促进用户旅游意愿具有显著的正向影响	成立
H5	短视频趣味性能够正向影响用户情感认同	成立
H6	短视频利益性能够正向影响用户情感认同	不成立
H7	短视频互动性能够正向影响用户情感认同	成立
H8	短视频个性化能够正向影响用户情感认同	成立
H9	情感认同能够正向影响其旅游意愿	成立
H10	情感认同在短视频趣味性与用户旅游意愿关系间具有中介作用	不成立
H11	情感认同在短视频利益性与用户旅游意愿关系间具有中介作用	成立
H12	情感认同在短视频互动性与用户旅游意愿关系间具有中介作用	不成立
H13	情感认同在短视频个性化与用户旅游意愿关系间具有中介作用	成立

3. 研究小结

实证研究探讨了短视频的四个特性（趣味性、利益性、互动性和个性化）以及情感认同如何影响用户的旅游意愿。通过对调查数据的详细分析和结构方程模型的应用，研究结果揭示了不同因素之间的复杂关系。

（1）短视频的趣味性和个性化对旅游意愿的正向影响。研究结果证明了短视频的趣味性和个性化对促进用户旅游意愿具有显著的正向影响。这表明，当短视频内容既有趣又能够满足用户的个性化需求时，更能激发用户的旅游兴趣。

（2）利益性和互动性的限定影响。虽然直觉上认为短视频的利益性和互动性可能正向影响用户的旅游意愿，但本文发现这两个变量对旅游意愿的直接影响并不显著。这表明，尽管这些特性对于用户的整体短视频体验是重要的，但它们并不直接转化为旅游决策的动力。

（3）情感认同的中介作用。情感认同在趣味性、个性化与用户旅游意愿之间起到了重要的中介作用。特别是个性化内容通过增强用户的情感认同进而显著提高了旅游意愿,这强调了建立与用户情感共鸣的内容的重要性。

(4) 情感认同在利益性与旅游意愿之间的特殊角色。值得注意的是,情感认同在利益性和旅游意愿之间展现了显著的中介作用,尽管利益性本身对旅游意愿的直接影响并不显著。这意味着,通过提高用户对品牌或目的地的情感认同,利益性内容仍然可以间接地增强用户的旅游意愿。

六、调查结论与建议

(一) 调查结论

研究不仅验证了短视频特性对旅游意愿的影响,还探索了情感认同在这一过程中的中介作用,以及旅游偏好、目的地选择和宣传效果的相关因素。研究结论如下。

1. 短视频的重要性

短视频是现代旅游市场营销的重要工具,以其趣味性和个性化内容吸引了大量潜在游客的关注,并显著提高了他们的旅游意愿。

2. 情感认同的作用

情感认同作为一个中介变量,在短视频的趣味性、个性化特征与旅游意愿之间起着至关重要的桥梁作用。当观众对视频内容产生情感共鸣时,他们对目的地的兴趣和向往显著增强。

3. 多元化的动机与偏好

旅游动机和偏好的多样化体现了旅游决策过程的复杂性。哈尔滨冰雪旅游的案例显示,短视频、文化兴趣和朋友推荐是影响人们旅游选择的主要因素。

4. 营销策略的启示

短视频成功推广案例,如哈尔滨冰雪旅游,为旅游业提供了宝贵的营销策略启示。有效的短视频营销不仅要强调内容的趣味性和个性化,还要构建情感共鸣,同时利用文化吸引力和社交影响。

（二）建议

短视频的成功在于提供有趣、有价值和个性化的内容，从而显著提高旅游地的吸引力，增加访客数量并提升知名度。使用短视频进行旅游营销的核心策略包括如下几点。

1. 注重短视频的趣味性和个性化制作

制作和推广短视频时，要确保内容趣味性十足，吸引观众的注意力，并尽可能地满足不同用户的个性化需求。这可以通过采用有趣的叙事方式、丰富的视觉效果和个性化的推荐等手段实现。趣味性和个性化的短视频还有助于构建转发新场景或引发二次切片创作，最终实现"病毒式传播"的效果。

2. 加强情感认同的建立

情感认同在旅游决策中起着重要的中介作用，因此，旅游从业者制作的短视频应首先让用户与品牌或目的地建立情感联系。进而加深潜在游客对目的地的好感，激发其前往的愿望。

3. 关注短视频利益性和互动性的间接效果

尽管利益性和互动性对旅游意愿的直接影响不显著，但它们在构建品牌忠诚度和增强情感认同方面发挥着关键作用。因此，应设计能够激励用户参与和互动的活动，如在线竞赛、问答和评论互动，以提高用户的参与度和对品牌的忠诚度。

4. 充分利用平台的推送和转发功能

鼓励游客分享他们的体验，通过口口相传扩大宣传和影响力，积累一定的播放量和点赞数，吸引平台二次推送传播，从而为目的地带来更多关注和游客。

5. 强调可持续旅游和社会责任

短视频在内容创作时，不仅要展示目的地的美丽和吸引力，还要传达可持续旅游和对当地社区负责的信息。这将帮助树立品牌形象，吸引那些重视环境保护和社会责任的旅游者。

在此基础上，旅游从业人员精准把握短视频对旅游业的影响因素，不仅可以大幅提升用户的旅游意愿，还有助于在旅游业中构建竞争优势，推动可持续发展的实现。小视频，大能量，人人都是游客、处处都是场景，小视频影响旅游大市场的时代已到来。

参考文献

[1] 中国互联网络信息中心. 第53次《中国互联网络发展状况统计报告》[R/OL]. (2024-03-22).

[2] 孙平, 王德刚. 从"媒体出圈"到"价值共创": 非传统旅游城市目的地品牌生态圈塑造研究[J]. 山东大学学报（哲学社会科学版）, 2024（1）.

[3] 彭国斌, 张佳佳. 视觉体验: 桂林城市形象的媒介流变与短视频赋能[J]. 中共桂林市委党校学报, 2023（3）.

[4] 万童蛟, 杨尚鸿. 旅游短视频用户需求构成及对用户行为的影响——以重庆为例[J]. 时代经贸, 2024（1）.

[5] 杨宇涛. 自媒体短视频在区域形象建构与传播中的作用探析——以贵州"村超"为例[J]. 新闻世界, 2024（2）.

[6] 邓秀军, 关越. 可供、可见与可接纳: 移动短视频用户的旅游意向生成机制[J]. 现代传播（中国传媒大学学报）, 2022（12）.

[7] 刘婷. 媒介融合背景下桂林旅游目的地整合营销创新探讨[J]. 玉林师范学院学报, 2022（5）.

[8] 迟浩杰, 陈进. 抖音短视频对旅游意愿影响研究[J]. 经济研究导刊, 2022（5）: 79-82.

[9] 柴凤. 短视频对旅游营销的影响——以抖音短视频为例[J]. 旅游纵览, 2022（7）: 191-193.

数字经济赋能低碳转型发展的路径研究[①]

杨 博[②]

摘 要 数字经济为我国经济社会绿色低碳转型提供了新的契机，是实现产业化升级、技术创新、低碳排放、提升能源利用率及低碳转型发展的重要保障。但数字经济赋能低碳转型发展仍存在资源配置、技术创新、人才匹配、治理体系等关键问题，针对这些问题从政府、要素、技术、人才、政策等方面提出数字经济赋能低碳转型发展的路径，以加快推进人与自然和谐共生的现代化。

关键词 数字经济 数字技术 创新 低碳转型

一、引言

2024年7月31日，《中共中央 国务院关于加快经济社会发展全面绿色转型的意见》对加快经济社会发展全面绿色转型进行了系统部署。文件提出"坚定不移走生态优先、节约集约、绿色低碳高质量发展道路，以碳达峰碳中和工作为引领，协同推进降碳、减污、扩绿、增长，深化生态文明体制改革，健全绿色低碳发展机制，加快经济社会发展全面绿色转型，形成节约资源和保护环境的空间格局、产业结构、生产方式、生活方式，全

---

① 基金项目：北京市社会科学基金资助项目（项目编号：21JJB011）；北京联合大学2023年度教育教学研究与改革项目（项目编号：JJ2023Y048）。
② 杨博，副教授，博士，主要从事财务会计、低碳经济、风险管理等研究工作。

面推进美丽中国建设，加快推进人与自然和谐共生的现代化""推动经济社会发展绿色化、低碳化，是新时代党治国理政新理念新实践的重要标志，是实现高质量发展的关键环节，是解决我国资源环境生态问题的基础之策，是建设人与自然和谐共生现代化的内在要求"。这无疑体现了我国低碳发展的迫切性和重要性，不但提出2030年和2035年的系列性目标，还从5大领域、3大环节部署加快形成节约资源和保护环境的空间格局、产业结构、生产方式、生活方式。

我国工业化和城市化的发展导致能源需求不断增长，仍无法有效摆脱对传统化石能源的依赖，面临巨大的碳排放压力。低碳转型发展经济对推动我国经济社会转型升级、保障国家能源资源安全、应对气候变化展现大国担当等方面发挥着重要作用。低碳转型主要是通过节能减排、结构升级和技术进步等途径实现经济发展方式的转变，进而实现经济增长与碳减排的双赢目标，是促进中国经济实现高质量发展、全面推进美丽中国建设的重大战略选择（魏文栋等，2024）。在智能化、信息化、数字化融合推动经济发展的大环境中，云计算、大数据、物联网、人工智能、5G、工业互联网和区块链等新兴技术催生了数字经济（张庆龙，2020）。数字技术的迅猛发展引发能源产业生产、传输、消费等各个领域的巨变，并渐渐形成一种全新的能源互联网形态（陈晓红等，2022）。《中华人民共和国国民经济和社会发展第十四个五年规划和2035年远景目标纲要》提出"实施'上云用数赋智'行动，推动数据赋能全产业链协同转型。"作为中国实现碳中和目标的关键支柱之一。党的二十大报告提出"加快发展数字经济""推动形成绿色低碳的生产方式和生活方式"。数字经济与绿色低碳发展的深度融合将成为实现碳减排、推动经济高质量发展的关键支撑力量（刘定平，施雨，2024）。

数字经济为我国经济社会绿色低碳转型提供了新的契机。数字经济能有效降低碳排放并提升碳绩效，实现二氧化碳排放减少、全要素碳生产率提高，进而促进低碳转型（梁小燕等，2024）。关于数字经济与低碳发展的多数研究认为，数字经济是顺应全球低碳转型、推动城市低碳可持续发展的重要途径，数字经济发展能够有效缓解城市蔓延、降低碳排放并促进技术创新，从而为中国实现城市低碳可持续发展提供助力（李晓琪等，2023）。从理论上看，数字经济以数字化的知识和信息为核心要素，数字技术的快速发展能够优化要素配置、降低能源强度、提升生态效率并充分赋能产业转型升级（肖静，2023）。实证层面主要聚焦于探讨数字经济发展对绿色全要素生产率的影响与作用机制（赵巍，2022）。有学者考虑到政策的作用，基于政策评估的视角研究了数字经济发展对区域碳排放的赋能作用，发现数字经济可以通过优化产业结构等手段为城市经济赋能，从而降低城市碳排放，尤其对于非资源型城市和基础设施完善的城市来说，数字经济的赋能作用更加显著（郭劲光等，2022）。尽管数字产业规模的扩大可能会增加碳排放量，但可以通过引入新的技术和创新的方式来减少碳排放，进而推动环保型社会的建设（易子榆等，2022）。

二、数字经济赋能低碳转型发展中的主要问题

作为一种新型的经济形态，数字经济逐渐成为推动低碳转型发展的重要手段。研究预测显示，到2030年，数字技术将赋能全社会总体减排12%~22%，其中工业、交通业、建筑业等各行业的减碳贡献度可达到10%~40%（魏文栋等，2024）。与此同时，数字经济赋能低碳转型发展实践中仍存在着资源配置、技术创新、人才匹配、治理体系等问题。针对这些问题，从政府、要素、技术、人才、政策等方面提出数字经济赋能低碳转型发展的路径，以加快推进人与自然和谐共生的现代化。

（一）数字要素资源需要重新配置

资源配置是否得当对低碳转型发展的意义重大。资源配置失效，不仅阻碍社会经济增长，还会造成资源浪费与环境污染问题，进而不利于我国经济高质量发展（宋马林等，2016）。数字经济正在引发资源配置机制重构，将会减少资源错配，不断优化要素资源配置效率（刘启雷，2023）。同时，在新质生产力背景下，将解决环境污染问题纳入资源配置机制重构的框架中，是数字经济赋能低碳转型发展的重要抓手。

数据不但是数字经济时代最为关键的生产要素，更是新质生产力的主要构成要素。目前，数据的生成速度与规模呈现井喷式增长。云计算、区块链、人工智能等数字技术使数据搜集、整理、加工与处理等工作更加快速、精准，通过数据的模式化、结构化，可以将海量数据整合为有效信息。数字化平台将汇聚各类市场交易主体，可以将生产、分配、流通、消费等各环节的海量信息有效整合，以便充分发挥资源聚集与资源共享优势；通过规范数字化平台，可以规范要素市场主体交易行为，简化交易流程，增强数据要素市场运作的透明度（白俊红等，2022）；各类市场交易主体因为增加了数字化平台而拓展了交易活动范围。因此，数字经济有利于提高资源要素市场的一体化水平，进而通过提高资源配置效率赋能低碳发展。

我国目前关于数字经济、新质生产力、高质量发展等问题的理论框架尚处于构建过程中，还未达成共识。数字化平台的构建也处于初期和不断完善中。这些理论和实务方面的问题不解决，势必影响数字经济赋能低碳转型发展。

（二）数字技术创新难以满足低碳转型需求

技术创新是实现低碳发展、改变我国高度依赖化石能源现状的必然途径，因此我国应加快对与清洁生产、新能源、碳捕获、碳封存等相关的绿色低碳技术进行创新。数字技术是数字经济时代最关键的核心技术，并逐步成为数字经济赋能低碳发展的核心驱动力。数字技术具有极强的通用性，能够深度嵌入各领域与各类生产活动（王彬等，2023），是推动全社会创新水平提升的关键共性技术；数字技术能够对创新主体的创新模式与创新环境进行改革，使创新模式向开放式、开源式转化，更好地引导资源、资本流向节能减排、防污、可再生能源等应对温室气体的低碳项目中；大多数数字技术本身具有低碳属性，例如区块链技术具有数据透明、可追溯、无篡改以及供应链管理等天然优势，能够全面提升产业链各环节的生产效率与资源利用水平，并显著增强低碳、零碳相关产业的市场竞争力。因此，数字经济能够通过提高绿色低碳技术创新水平赋能低碳发展。

实践中，数字技术创新难以满足低碳转型需求，一是数字技术普及程度及创新能力不足。数字化投入缺乏有效的激励制度和保障政策支持企业进行数字低碳技术的持续创新，数字化应用尚处于初级阶段，特别是在生产过程中的普及仍有上升空间。二是数字化减碳技术创新能力不足。数字化必然增加对数据中心、5G 基站等设施的需求，进而导致碳排放量增加，同时，高碳行业的数字化转型因成本高、技术瓶颈等制约因素，尚未达到有效应用的程度。三是"数据孤岛"、数据安全、数据质量等问题仍未有效解决。受数字化平台建设水平、数据管理制度及标准、数字产权等因素制约，我国数字技术仍限制着低碳转型发展。

（三）数字人才供给与低碳转型人才需求之间存在不均衡

从短期看，数字人才的培养会带来能源消耗，不利于低碳转型；从长期看，数字人才质量的不断提升对技术创新的贡献将对低碳转型带来正向影响，对数字人才的投入最终将创造更大的价值。现状是数字人才供给与低碳转型人才需求之间不均衡。首先是数字人才的培养和供给不足，无论从总量还是质量上看，我国数字技术人才还不能满足低碳转型的技术需求。其中最突出的是数字技术方面的高端人才和管理人才数量不足；数字科技创新能力不强，创新意识和创新能力均有待提升。其次是数字人才与低碳转型人才的复合人才缺口较大。数字经济赋能碳减排需要涉及多个细分领域的知识和技能，复合型人才可以有效地搭建数字技术与行业应用之间跨界沟通和协调的桥梁，推动低碳转型的落地和实施。

（四）数字治理体系尚需健全

一是数字经济赋能低碳转型的具体指导方案需要尽快出台。尽管我国自 2020 年提出"双碳"目标后发布了一系列关于"双碳"的政策文件，明确了总体目标和重点领域，但对于如何推动各行各业实现数字经济赋能低碳转型尚缺乏具体指导。标准体系、评价和监督机制、有效的激励与惩罚机制等都需要建立和不断完善。二是数字要素市场与碳市场的协同融合尚需推进。数字要素市场是数字经济发展的重要支撑，碳市场是碳治理的重要手段。这两大市场目前还没有形成有效的融合机制，缺乏有效的协同和互补，数字要素市场对碳市场的作用效果不明显。

三、数字经济赋能低碳转型发展的路径

（一）政府：构建数字化政府，引导数字化治理下的低碳发展

数字经济赋能绿色低碳发展需要政府从政策制定层面和政府数字化建设层面奠定宏观基础。同时，《国务院关于加强数字政府建设的指导意见》《"十四五"推进国家政务信息化规划》等文件，要求建立数字化政府，从国家层面完善低碳转型治理体系，提升"双碳"目标实现的治理能力现代化。

在此基础上，进一步完善数据标准体系，构建数据供需的对接机制（即供需市场），通过供需数据流通，充分发挥数据资源在数字经济助力低碳转型发展中的优势和价值。例如，为了实现"双碳"目标，各地政府部门需要对生态环境相关的信息数据进行动态采集和精准识别，在开展各项数据监测分析的过程中，需要完善碳排放的核算与监测体系，形成动态化、智能化的监测核算系统，形成以"双碳"为目标的智能化生态治理感应体系，在这种数字化和智能化的治理模式下打造绿色低碳发展新环境。

构建数字政府协同机制，完善数字经济绿色低碳制度，构建考核评价机制，提升政府在数字经济绿色低碳发展中的信息化与数字化治理能力，为"双碳"发展创造良好的环境和提供基础保障。

政府通过数字化途径倡导群众节能减排，培养绿色低碳的生活方式，使得政府和群众在碳减排行动中协同共进。

（二）要素：尽快完成要素资源配置的重塑，奠定低碳转型基础

从理论层面研究数字经济、新质生产力以及高质量发展的内涵、理论框架、机制、路径等，并梳理三者之间的关系；从应用层面构建数字化平台，数字经济通过引入数字化资源共享网络和管理信息系统，促进要素流动，进而降低要素错配水平，满足数字化减碳管理的要素需求，为绿色技

术创新奠定雄厚的物质与知识基础，从而间接提升碳排放效率。要不断完善资源数字化配置机制，充分激活数字经济赋能低碳发展的各类生产要素。首先，政府应尽快出台并持续完善相关领域的法律法规与配套政策文件，加速推进资源数字化配置机制的落地实施，持续推动公共资源交易平台的数字化转型，优化畅通各类要素资源的流动与配置渠道；其次，加大中国各地区包括计算机网络、5G基站、数据中心、云计算、人工智能、物联网、区块链等在内的数字基础设施建设，并不断优化布局、结构、功能和发展模式，逐步奠定要素资源数字化配置的坚实基础；最后，鼓励合理利用数字化技术优化资源和要素配置，加快运营流程的数字化改造，提高碳生产率，为工业绿色低碳转型赋能（杨林燕，2023）。

（三）技术：加快数字与低碳技术创新，实现低碳转型的技术迭代路径

在我国经济发展的数字化与低碳化叠加、交融、互促的协同发展阶段，要通过不断提升数字技术的创新能力，推进数字技术的应用进度，加快建设数字产业化和产业数字化，着力推动低碳转型发展。通过加大数字技术的研发投资，激发各创新主体的积极性，形成"产学研金介"协同合作机制，提升数字技术的创新能力。通过推广创新技术，在实践中不断尝试拓展数字化减碳技术，在应用中继续创新数字技术。加速数字核心技术、低碳关键核心技术突破，深入推进数字技术与低碳技术的融合发展。着力加大对低碳技术研发的扶持力度，赋能低碳技术创新发展（张哲华，2023）。积极推进数字技术与绿色低碳技术的转移转化和应用，鼓励各主体依托自身资源优势建立协同有序的转移转化机制，搭建数字技术与绿色低碳技术转移转化交易平台，不断畅通技术转化与落地通道，不断强化数字经济赋能低碳发展的低碳技术支撑。通过定位技术为减碳服务，全面分析减碳需求，并全力满足减碳需求，推动产业绿色转型升级。

（四）人才：加快对数字人才与低碳技术人才的培养，挖掘低碳转型价值

数字人才是数字经济高质量发展的重要驱动力。应加强数字技术教

育，加强高校、企业、科研机构等利益相关者之间的合作与交流，以满足数字经济和低碳技术创新的需求。首先，通过改革教育体系培养人才，解决数字人才与低碳技术人才需求不足的问题。通过改革教育体系，推动政府、高校与企业等主体共同参与，健全数字人才与低碳技术人才培养体系、创新教学模式、强化产学研协作（张哲华，2023），建立数字技术人才与低碳技术人才培养机制。提供灵活多样的学习机会，满足不同人群的学习需求，并建立和完善数字技术与低碳技术人才工程师等新职业标准，填补人才需求缺口。其次，通过构建与低碳转型发展相适应的人才体系，不断壮大人才队伍。加快数字工程师、数据建模工程师、软件工程师等数智人才队伍建设，提高数字人才与低碳技术的匹配度。再次，通过优化人口流动机制，解决人才优化配置问题。各地政府一方面应积极推动融合数字技术的新业态、新产业、新岗位的发展，另一方面应不断完善人才落户与产业迁移政策，以合理引导数字人才与低碳技术人才人口流动，协同提升人力资源配置水平，赋能低碳转型发展（张哲华，2023）。最后，通过不断完善人才激励制度，发挥人才推动低碳转型价值。

（五）政策：不断健全数字治理体系，实现低碳转型

数字经济赋能低碳转型发展，需要形成以政府为主导、企业为主体、社会组织和公众共同参与的多元治理体系。首先，从政府政策设计方面，尽快出台数字经济赋能低碳转型的具体指导方案，通过推动政策创新和制度变革，明确数字技术赋能低碳转型发展的具体要求、评价标准、奖惩机制等，建立更有效的碳排放治理机制，对碳排放重点领域明确数字技术推进"零碳""低碳"发展的具体措施与路径。其次，加快数字要素市场与碳市场的有机融合。数字经济通过向数字要素市场与碳市场提供数据要素供给和平台技术支持，促进绿色技术创新与低碳转型。数据既是核心生产要素，又是创新资源和价值载体，通过碳排放数据的全覆盖，可以完善数据服务供给市场体系；以互联网、区块链、物联网等技术为支撑，有助于碳交易市场有序发展。

参考文献

[1] 刘定平,施雨.中国"双碳"目标背景下数字经济赋能区域绿色发展的碳减排效应研究[J].区域经济评论,2024(03):151-160.

[2] 魏文栋,孙洋,刘备,等."技术—组织—环境"视域下数字经济赋能低碳转型发展的路径[J].中国科学院院刊,2024,39(06):1047-1059.

[3] 李锦怡."双碳"背景下数字经济赋能绿色低碳发展的路径研究[J].商展经济,2024(10):066-069.

[4] 韩晶,姜如玥.数字经济赋能低碳发展:理论逻辑与实践路径[J].统计研究,2024,14(04):54-67.

[5] 张哲华,钟若愚.数字经济、绿色技术创新与城市低碳转型[J].中国流通经济,2023(5):60-70.

[6] 肖静,曾萍.数字经济赋能地区低碳转型:内在机制与空间溢出[J].现代经济探讨,2023(07):23-33.

[7] 杨昕,赵守国.数字经济赋能区域绿色发展的低碳减排效应[J].经济与管理研究,2022(12):85-100.

[8] 邬彩霞.中国低碳经济发展的协同效应研究[J].管理世界,2021,37(8):105-117.